OEUVRES POÉTIQUES

D'ADAM DE SAINT-VICTOR

TEXTE CRITIQUE

PAR

LÉON GAUTIER

MEMBRE DE L'INSTITUT, PROFESSEUR A L'ÉCOLE DES CHARTES

TROISIÈME ÉDITION

PARIS

ALPHONSE PICARD ET FILS, ÉDITEURS

82, RUE BONAPARTE, 82

—

1894

ŒUVRES POÉTIQUES

D'ADAM DE SAINT-VICTOR

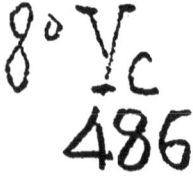

MACON, PROTAT FRÈRES, IMPRIMEURS.

OEUVRES POÉTIQUES

D'ADAM DE SAINT-VICTOR

TEXTE CRITIQUE

PAR

LÉON GAUTIER

MEMBRE DE L'INSTITUT, PROFESSEUR A L'ÉCOLE DES CHARTES

TROISIÈME ÉDITION

PARIS
ALPHONSE PICARD ET FILS, ÉDITEURS
82, RUE BONAPARTE, 82

1894

A LA MÉMOIRE

DE DOM GUÉRANGER

AVERTISSEMENT AU LECTEUR

I. — DE L'AUTHENTICITÉ DES PROSES D'ADAM[1]

On peut réduire à quatre le nombre des « autorités » qui ont NOMINALEMENT attribué telle ou telle prose à Adam de Saint-Victor. Ces quatre autorités sont les suivantes : A. Une liste de proses dont on a longtemps fait honneur à Guillaume de Saint-Lô (abbé de Saint-Victor en 1345, mort en 1349) et que l'on peut à tout le moins supposer de la fin du xve siècle [2]. B. Une note, placée au f° 121 v° du ms. de la Bibl. Nat. lat. 14872 (anc. Saint-Victor 577) et qui est sans

---

1. Sur la vie d'Adam, chanoine de Saint-Victor de Paris au xiie siècle, voy. notre première édition, *Introduction*, I, pp. LV-XCIV, et notre *Littérature catholique et nationale*, 1894, pp. 197-219.
2. La liste en question se trouve deux fois dans le manuscrit de la Bibl. Nat. lat. 15058 (anc. Saint-Victor 842) où elle a été transcrite par deux mains différentes. La première copie (f° 18-21) est d'une écriture du xvie siècle; la seconde (f° 172, 173) appartient aux premières années de ce siècle, comme en fait foi une nomenclature des évêques de Paris (f° 201, v[o]) qui est de la même main et s'arrête à Etienne de Poncher, lequel occupa le siège de Paris de 1503 à 1519. = La plus complète de ces deux listes est celle des f°s 172, 173. Nous la désignons par la lettre A, et nous désignerons l'autre (f°s 18-21) par A[2]. = Il n'y a d'ailleurs entre les deux textes que des différences peu considérables. Les deux proses de Noël : *In natale Salvatoris* et *Jubilemus Salvatori*, se trouvent dans A, et font défaut dans A[2]. La prose des Evangélistes : *Jocundare, plebs fidelis*, tout au contraire, fait défaut dans A et est indiquée dans A[2]. L'ordre des proses n'est pas le même dans les deux textes, et il faut ici donner la préfé-

doute de la main de Claude de Grandrue, bibliothécaire de Saint-Victor à la fin du xv₉ siècle. C. Les *Annales de Saint-Victor*, œuvre composée au xvii₉ siècle par le victorin Jean de Thoulouse, et où l'on reproduit la liste attribuée à Guillaume de Saint-Lô[1]. D. Les *Vies et Maximes saintes des hommes illustres qui ont fleuri dans l'abbaye de Saint-Victor*, par le P. Simon Gourdan, victorin († 1725).

Durant tout le cours de ce volume, nous avons désigné ces quatre « autorités » par les lettres ABCD.

Nous allons successivement les passer en revue et préciser le degré de créance que nous devons accorder à chacune d'elles. Nous étudierons en dernier lieu une cinquième autorité, qui semblera peut-être la meilleure et la plus précieuse de toutes, le graduel de Saint-Victor.

A. Liste attribuée à Guillaume de Saint-Lô. Nous avions, dans notre première édition, accordé jadis trop de confiance à une « Notice sur Adam » et à une « liste de ses proses » que nous avions trop facilement attribuées à Guillaume de Saint-Lô. Or la Notice nous a été conservée en deux manuscrits, l'un du commencement

rence à A, dont la disposition est plus rationnelle. En revanche, A^2 ne renferme pas certaines erreurs de scribe que M. l'abbé Misset a trop volontiers attribuées à Guillaume de Saint-Lô lui-même. Le scribe de A^2 écrit : *Tuba Sion*, et non *tumba*; *per unius casum grani*, et non *per unius casum gratia*; *missus Gabriel de cœlis*, et non *de cœlo*. Quelques erreurs sont communes aux deux listes (*Jesse virgam humilem*; *Orbis totus nitida*). = Une « Notice biographique sur Adam » que nous avons publiée dans notre première édition (I, p. LXI) précède cette « liste de proses » aux f°° 16 et 171 de ce même manuscrit 15058, et on l'y peut lire une troisième fois, sans la liste, au f° 292 (après lequel un feuillet a jadis été arraché). C'est cette même Notice que l'on retrouve *sans la liste* dans le manuscrit de la Bibl. Nat. lat. 14970 (anc. Saint-Victor 554). Nous en parlerons un peu plus loin.

1. Nous désignons par C^2 une nouvelle édition des *Annales*, qui fut élaborée au XVIII₉ siècle, et porte le titre d'*Antiquités de Saint-Victor*. C^1 et C^2 sont inédits.

du xv⁰ siècle (Bibl. Nat. lat. 14970, anc. Saint-Victor 554), l'autre du xvi⁰ (Bibl. Nat. lat. 15058, anc. Saint-Victor 842), qui ne nous offrent, ni l'un ni l'autre, cette attribution à Guillaume. Quant à la fameuse liste, elle ne se trouve que dans le manuscrit du xvi⁰ siècle, « et rien n'empêche de croire qu'elle a été composée vers la fin du xv⁰ ». Bref, ce serait Jean de Thoulouse qui, au xvii⁰ siècle, aurait été le véritable auteur de l'attribution de ces deux documents à l'abbé Guillaume de Saint-Lô, et il faut bien confesser que cette autorité ne suffit pas pour emporter la certitude. Tels sont les faits que M. Léopold Delisle a mis en lumière dans un excellent article de la *Bibliothèque de l'École des Chartes*[1]. Quel que soit d'ailleurs l'auteur de la liste en question, il mérite à coup sûr d'être jugé sévèrement. M. l'abbé Misset a démontré sans peine[2] que ce très médiocre écrivain a commis, en cette liste même, plus d'une méprise ridicule; qu'il a admis dans sa nomenclature des séquences de la première époque et, par conséquent, antérieures à notre victorin; qu'il a regardé comme authentiques plusieurs autres pièces dont la rythmique diffère notablement de la rythmique d'Adam, ou qui sont littérairement fort indignes d'un tel poète. Ce sont là les quatre chefs d'accusation de M. l'abbé Misset contre le prétendu Guillaume de Saint-Lô. Il en conclut, un peu trop vite peut-être, que ce document est d'une valeur absolument nulle, et qu'il en a détruit toute l'autorité. C'est ici que, suivant nous, le critique est peut-être tombé en quelque excès. La liste attribuée à Guillaume de Saint-Lô est un document dont il faut se défier : ce n'est pas un document sans valeur. C'est une autorité insuffisante, et non pas nulle. Que la liste en question ait été dressée par un victorin du xiv⁰ siècle (comme nous avons eu tort de le

---

1. T. xx, 1859-1860, pp. 196-198.
2. *Lettres chrétiennes*, 1881, II, p. 250.

croire) ou du xve (comme le suppose M. Léopold Delisle), quelles que soient les erreurs qu'elle renferme, elle a été dressée dans l'abbaye de Saint-Victor, et contient à tout le moins quelques éléments plus ou moins défigurés de la tradition victorine. Sur quatre-vingt-quatorze pièces dont cette table nous offre les premiers mots, quarante-cinq se trouvent dans le graduel de Saint-Victor, et quarante et une sont véritablement d'Adam. Bref, il ne faut pas se servir de la liste attribuée à Guillaume de Saint-Lô comme d'un guide infaillible (le graduel de Saint-Victor est loin de l'être), mais comme d'un témoignage qui corrobore utilement l'autorité de ce graduel où, sur soixante-douze pièces, plus de vingt ne sont pas d'Adam.

B. Manuscrit de la Bibl. Nat. lat. 14872 (anc. Saint-Victor 577). On ne saurait, à coup sûr, porter sur ce document le même jugement que sur la liste attribuée à Guillaume de Saint-Lô. Le Recueil de proses qui se trouve dans le manuscrit 14872 n'est réellement qu'une Anthologie sans critique de proses anonymes, composée sans doute vers la fin du xive siècle, et où l'on rencontre à la fois des éléments du xe et du xiiie siècle. M. Léopold Delisle, avec son ordinaire sûreté et clarté de critique, nous a fait observer qu'à l'origine ce Recueil ne portait pas de nom d'auteur, et que, probablement, c'est vers l'année 1500, que le bibliothécaire de Saint-Victor, Claude de Grandrue (*de Grandi-Vico*) lui a donné le titre suivant : *Prosæ editæ a magistro Adamo Britonis quondam canonico Sancti-Victoris*. Voilà qui diminue singulièrement la valeur du manuscrit 14872, que nous avions jadis tenu en une estime excessive. Il nous semble néanmoins très probable que l'auteur de cette Anthologie s'était spécialement proposé de faire entrer dans sa collection, parmi d'autres proses, celles du graduel de Saint-Victor et celles d'Adam auxquelles il attachait plus d'intérêt qu'à toutes les autres. Ce qu'il y a de certain, c'est que, sur cent treize proses dont il est formé, le Recueil du ms. 14872 en renferme soixante-cinq qui se trouvent dans le plus ancien graduel de Saint-Victor et quarante-trois qui appartiennent véritablement à Adam. D'où je me permettrai simplement de conclure, en empruntant les propres paroles de M. l'abbé Misset, que, si le manuscrit en question « ne peut servir qu'à confirmer une autorité réelle », il peut légitimement servir à cet usage. Une prose qui ne serait attribuée à Adam que par B demeurerait d'une attribution absolument incertaine; mais sa présence dans B n'est pas sans ajouter quelque poids, si léger qu'il soit, à l'autorité du graduel.

C. Annales de Saint-Victor, par Jean de Thoulouse (xviie siècle). Dans la liste des proses que nous donne ce victorin, il ne faut voir que la reproduction matérielle et peu intelligente de la liste attribuée à Guillaume de Saint-Lô. Nous ne pouvons donc que répéter au sujet des *Annales* de Jean de Thoulouse ce que nous avancions tout à l'heure au sujet de la prétendue liste de Guillaume.

D. *Vies et maximes saintes des hommes illustres qui ont fleuri dans l'abbaye de Saint-Victor*, par le P. Simon Gourdan († 1725). Il est trop vrai que cet homme excellent et médiocre n'a connu les proses d'Adam que par le missel de Saint-Victor en 1529 et l'*Elucidatorium ecclesiasticum* de Clichtove (1556). C'est assez dire que l'autorité du P. Gourdan peut être considérée comme nulle. Quand une prose n'est attribuée à Adam que par D, cette attribution ne saurait avoir aucune valeur.

E. Graduel de Saint-Victor. M. l'abbé Misset ne reconnaît, à vrai dire, que cette autorité, et il semble qu'il y ait quelque exagération dans ce procédé scientifique. Il importe avant tout de se rappeler que, dans un graduel, toutes les pièces SONT NÉCESSAIREMENT ANONYMES. Pas de nom d'auteur! on avouera bien qu'un précieux élément de critique nous fait ici complètement défaut. Il est fort probable d'ailleurs que notre Adam a composé un bien plus grand nombre de proses que ce graduel n'en renferme. Mais voici qui est plus grave : M. l'abbé Misset lui-même est forcé d'admettre que ce graduel contient UN CERTAIN NOMBRE DE PROSES QUI NE SONT PAS D'ADAM, et il se livre ici à toute une série de défalcations nécessaires. Il défalque tout d'abord un certain nombre de pièces notkériennes; puis, quelques autres pièces encore, dont le rythme ou le style lui semble tout à fait indigne de notre victorin. Donc, en bonne critique, le GRADUEL N'EST PAS UNE AUTORITÉ INFAILLIBLE; donc, CETTE AUTORITÉ A BESOIN D'ÊTRE CORROBORÉE PAR D'AUTRES TÉMOIGNAGES.

Ces témoignages corroboratifs sont, suivant nous, de deux sortes : la rythmique d'une part, et, de l'autre, les documents victorins.

M. l'abbé Misset a traité tout au long de la rythmique d'Adam. Nous nous sommes repris à l'étudier à notre tour, de plus près que nous n'avions pu le faire autrefois. Pour n'aborder ici que le point le plus important, il est certain qu'Adam a généralement accentué, dans ses octosyllabes trochaïques, les syllabes impaires (1, 3, 5, 7) et qu'en second lieu il s'est imposé la loi, déjà pratiquée avant lui, d'établir une pause après la quatrième syllabe. Toutes les fois donc que ces lois ne seront pas observées, il y aura à concevoir quelque doute sur l'authenticité de telle ou telle pièce. M. l'abbé Misset s'est excellemment servi de ce procédé, et nous aurons lieu, après lui, de nous en servir plus d'une fois en cette nouvelle édition des proses d'Adam.

C'est ici qu'on devra tenir quelque compte et tirer quelque parti des « monuments de la tradition victorine ». Ce sont là, sans doute, des mots bien solennels pour désigner la liste attribuée à Guillaume de Saint-Lô et sa reproduction dans les *Annales* de Jean de Thoulouse ; mais, encore un coup, nous estimons que l'autorité de ces documents n'est pas nulle, et qu'elle est faite à tout le moins pour confirmer utilement celle du graduel. Nous ne voulons rien dire, nous ne dirons rien de plus.

En résumé, nous ne considérons une prose comme APPARTENANT VÉRITABLEMENT A ADAM que si elle se trouve au graduel de Saint-Victor ; si, en second lieu, elle lui est nominalement attribuée par ABC, ou tout au moins par AC, et si enfin la rythmique en est régulièrement conforme à la rythmique d'Adam. L'autorité de B étant à peu près nulle, et celle de D l'étant tout à fait, nous n'accordons généralement aucune valeur à leur témoignage, lorsqu'il est unique.

Nous regardons comme DOUTEUSES toutes les proses qui ne sont pas dans le graduel de Saint-Victor, fussent-elles attribuées à Adam par ABCD. Il en est parmi elles dont l'authenticité est très probable à raison de leur style et de leur rythme. Nous ferons de cette probabilité le cas qu'il faut en faire ; mais nous ne saurions jamais l'élever à la hauteur d'une certitude. Sont également DOUTEUSES les pièces (peu nombreuses d'ailleurs) qui, insérées au graduel de Saint-Victor et attribuées à Adam par ABC ou AC, sont rythmées contrairement à la rythmique d'Adam. Sont DOUTEUSES, enfin, les pièces du graduel dont l'attribution n'est justifiée que par le témoignage unique de B ou de D.

Il est inutile d'ajouter que nous tenons pour FAUSSES toutes les pièces qui ne sont pas au graduel de Saint-Victor et ne sont pas attribuées à Adam par ABCD.

Sauf de très rares exceptions, nous ne publions *in extenso* que les proses authentiques, et nous nous contentons d'indiquer les autres en un Appendice où nous expliquons les motifs de notre sévérité et de nos doutes.

Telles sont les règles qui nous ont guidé en cette publication difficile. Elles nous ont amené à contester l'attribution de certaines pièces dont l'authenticité serait peut-être admise par d'autres critiques. Nous souhaiterions qu'elles nous eussent conduit à des résultats encore plus certains.

II. — ÉTABLISSEMENT DU TEXTE

Les manuscrits où l'on trouve le texte des proses d'Adam peuvent se diviser ainsi qu'il suit :

1º Documents victorins
- *a* liturgiques.
- *b* extra-liturgiques.

2º Documents non victorins
- *a* liturgiques.
- *b* extra-liturgiques.

Les documents « victorins-liturgiques », les graduels et missels de Saint-Victor, constituent notre famille de textes la plus importante.

Or nous avons eu à notre disposition trois beaux graduels du XIIIe siècle (Bibl. Nat. lat. 14452 et 14819; Ars. 197) et un missel du XIVe siècle (Bibl. Nat. lat. 14448).

Le manuscrit 14452 est, à coup sûr, le plus précieux de tous nos textes. Il est complet, tout d'abord, et ce n'est point un avantage à dédaigner; mais c'est son ancienneté qui le recommande surtout à notre estime. On n'y lit pas au 11 août la prose *Regis et pontificis*, et cette circonstance a fourni à M. l'abbé Misset un précieux élément pour en fixer la date. Cette prose est, en effet, « celle qui se chantait le jour de la fête de la sainte Couronne, dont la Susception eut lieu en 1239 ». Donc, ce graduel nous offre très exactement

« ce qui se chantait à Saint-Victor avant 1239, c'est-à-dire moins d'un demi-siècle après la mort d'Adam[1] ». Il serait difficile de trouver mieux. = Le manuscrit 14819 présente le même caractère et aurait la même valeur, s'il était complet ; mais les derniers feuillets ont disparu depuis longtemps, et le texte de neuf proses y fait malheureusement défaut. = Le manuscrit de l'Arsenal contient le texte de la prose de la sainte Couronne : c'est dire qu'il représente un état de choses moins ancien que les deux manuscrits précédents, et qu'il ne saurait avoir la même autorité. A cette exception près, il nous offre les mêmes éléments[2] et est aussi complet que le manuscrit 14452. On le consultera toujours avec profit. = Bien moindre est l'importance du manuscrit 14448, qui n'est qu'un missel du xive siècle. Nous y avons néanmoins puisé d'excellentes variantes, et il confirme utilement le témoignage des trois autres.

Ces manuscrits constituent une véritable famille, qui a ses caractères nettement déterminés.

Parmi les documents « victorins extra-liturgiques », le plus important est le manuscrit 14872 (ancien 577 du fonds de Saint-Victor). C'est une très médiocre copie du xive siècle, qui a été exécutée tellement quellement d'après d'autres manuscrits victorins. La plupart des leçons de 14872 sont les mêmes que celles du graduel[3].

Nous n'avons que peu de choses à dire des documents

---

1. *Lettres chrétiennes*, II, 200 et 202.
2. Jusques à la prose *Hodiernæ lux diei* inclusivement.
3. Il en diffère cependant en quatre cas qui ne sont pas sans importance : 1° Dans la prose *Jubilemus Salvatori*, le ms. 14872 ne nous offre pas les deux strophes : *Ut ascendat homo reus* et *Quidnam jocundius*, qui se trouvent dans tous les graduels et missels de Saint-Victor sans exception. 2° Dans la prose *Mundi renovatio*, le ms. 14872 intercale une strophe ridicule : *Ignis volat mobilis*, qui ne se trouve point dans le graduel. 3° Dans la prose *Augustini præconia*, le ms. 14872 renferme trois strophes (2, 14, 15) qu'on ne lit pas dans le missel victorin du xive siècle (14448).

extra-victorins, qui ne sont pas liturgiques, et ce ne sont
guère que quelques citations de Thomas de Cantimpré,
d'Alain de Lille, etc., qui ne peuvent être d'aucune valeur
pour l'établissement d'un texte critique ; mais nous attirons
toute l'attention de notre lecteur sur la très importante
famille de documents liturgiques qui est représentée par les graduels de Paris au XIIIᵉ siècle.
Nous en possédons, à tout le moins, deux excellents manuscrits (Bibl. Nat. lat. 15615 et Ars. 110). Tous deux sont du
xiiiᵉ siècle, et très probablement du temps de saint Louis.
D'après une étude minutieuse de leur texte, et sans aller
trop loin dans la voie de l'affirmation, il est permis de supposer que, le jour où l'on introduisit dans le graduel de Paris
les proses d'Adam, on leur fit subir une sorte de revision
théologique et littéraire. Ce qu'il y a d'évident, c'est qu'un
certain nombre de leçons sont particulières au graduel de
Paris : nous en avons relevé vingt-cinq [1], dont quelques-unes
ne sont pas sans importance. Comme l'Église de Paris avait

4° La strophe 4 de la prose de saint Marcel : *Gaude, superna civitas*, est notablement différente dans le ms. 14872 et dans le graduel victorin (supplément du ms. 14452).

1. 1° Prose *Splendor Patris et figura*, v. 7 : le graduel de Paris
nous donne *promat*, tandis que le graduel de Saint-Victor nous
offre *prome*. 2° *Nato nobis Salvatore*, v. 4 et 5 : *Nobis datur — Et
nobiscum conversatur*, au lieu de *datus et conversatus*. 3° *Ecce dies
celebris*, v. 18 : *Præcinuit* au lieu de *præinnuit*. 4° *Mundi renovatio*,
v. 40 : *Tanta* au lieu de *tali*. 5° *Simplex in essentia*, v. 4 : *Tenebras*
au lieu de *latebras*. 6° *Heri mundus exsultavit*, v. 19 : *Agonista* au
lieu d'*agoniza*. 7° *Gratulemur ad festivum*, v. 39 : *Redivivus* au lieu
de *redit vivus*. 8° *Gaude, Sion, et lætare*, v. 21 : *Cantia* au lieu
d'*Anglia*. 9° *Genovefæ solemnitas*, v. 17 : *Insomplem* au lieu d'*infantem*. 10° *Ecce dies præoptata*, v. 12 : *Imperio* au lieu d'*arbitrio*.
11° Ibid., v. 45 : *Non* au lieu de *nec*. 12° *Ad honorem tuum, Christe*,
v. 21 : *Edit* au lieu d'*indit*. 13° Ibid. La strophe *Capitali justus
pœna* n'est pas dans le graduel de Paris et se trouve dans celui de
Saint-Victor. 14° Ibid., v. 69 : *Nec nos* au lieu de *ne nos*. 15° *Roma
Petro glorietur*, v. 49 : *Sed et una* au lieu de *sed hæc una*. 16° *Prunis datum admiremur*, v. 26 : *Hujus tensio* au lieu de *huic tensio*.
17° Ibid., v. 41 : *Pugnam* au lieu de *pugna*. 18° *Laudemus omnes*

dans le monde chrétien une importance plus considérable que l'abbaye de Saint-Victor, ce sont les leçons du graduel de Paris — il ne faut pas s'en étonner — qui eurent le plus de diffusion, le plus de succès. Elles furent adoptées dans un grand nombre d'autres graduels et pénétrèrent tout naturellement dans le texte de Clichtove, et de là dans la plupart des textes imprimés.

A côté des missels de Paris il convient de signaler ceux de cette colonie de victorins qui s'appelle l'abbaye de Sainte-Geneviève. Nous possédons un admirable missel de cette abbaye (BBl1) qui semble antérieur à 1239 et renferme treize proses de notre Adam, sans parler de six autres qui lui ont été plus tard attribuées[1]. Les génovéfains ont

---

inclyta, v. 13 : *Permisit* au lieu de *præsumit*. 19° Ibid., v. 37 : *Disparuit* au lieu d'*apparuit*. 20° *Salve, mater Salvatoris*, v. 20 : *Mediatrix* au lieu de *restauratrix*. 21° Ibid., v. 68 : *Nos assigna* au lieu de *nos commenda*. 22° *Laus erumpat ex affectu*, v. 46 : *Diversæ* au lieu de *divisæ*. 23° *Gaude, Sion, quæ diem recolis* : les deux strophes *Hic Martinus qui fana destruit* et *Hic Martinus qui semper oculis* sont dans le graduel de Saint-Victor et ne sont pas dans celui de Paris. 24° Ibid., v. 45 : *Quam* au lieu de *quod*. 25° *Supernæ matris gaudia*, v. 33 : *Mirantur nec* au lieu de *mirantur et*, etc. = Il importe d'ajouter que six de ces corrections ne se trouvent que dans un seul des manuscrits par nous consultés, à savoir les n°ˢ 3, 5, 9 et 22 dans le seul ms. de l'Ars. 110, et les n°ˢ 7 et 17 dans le seul ms. de la Bibl. Nat. 15615. = Enfin nous n'avons pas fait entrer dans cette nomenclature un certain nombre de leçons qui sont sans doute antérieures à l'introduction des proses d'Adam dans le graduel de Paris : telles sont les sept variantes qui nous sont offertes par le célèbre manuscrit 1139, dont nous aurons l'occasion de reparler tout à l'heure (*Lux jocunda, lux insignis*, v. 50 : *Nisi* au lieu de *sine*; Ibid., v. 60 : *Tu quis condis omne bonum* au lieu de *nostris cordis omne bonum*; Ibid., v. 65 : *Puritatis* au lieu de *pietatis*. — *Quam dilecta tabernacula*, v. 17 : *Prole sera* au lieu de *prole sacra*. — *Rex Salomon fecit templum*, v. 22 : *ima* au lieu de *prima*. — *Corde, voce pulsa cœlos*, v. 32 : *Cruciatur* au lieu de *trucidatur*. — *Præcursorem summi regis*, v. 26 : *Nec terretur* au lieu de *nec veretur*).

1. Un autre manuscrit, un missel de Sainte-Geneviève (BB12) dont le texte est du xiv° siècle et dont les grandes miniatures n'ont été exécutées qu'au xv°, renferme un plus grand nombre de proses d'Adam et nous a fourni quelques bonnes variantes.

emprunté le texte de ces proses tantôt au graduel de Saint-Victor, tantôt au graduel de Paris [1].

« Dix proses qui appartiennent réellement à Adam, dix autres qui lui ont été longtemps attribuées », voilà ce que nous trouvons dans un célèbre manuscrit, provenant de l'abbaye de Saint-Martial de Limoges, et conservé à la Bibliothèque Nationale (lat. 1139). Il convient d'ailleurs de ne voir en ce très précieux document que la réunion artificielle de plusieurs manuscrits originellement distincts et de date un peu différente. C'est ainsi qu'à côté d'un de nos plus précieux tropaires du XIIe siècle on y voit figurer la transcription, due à plusieurs mains, d'un certain nombre de proses de la première ou de la seconde époque, que les religieux de Saint-Martial n'ont peut-être pas fait exécuter LITURGIQUEMENT dans l'église de leur monastère, mais dont ils s'estimèrent heureux de se procurer le texte noté. En d'autres termes, nous avons affaire ici à une Anthologie, à un Recueil de proses choisies. Une première série, où l'on a eu quelque préoccupation de l'ordre des fêtes dans l'année liturgique, nous offre (f° 149-162) trente-six proses, dont vingt-cinq sont des notkériennes. Neuf autres sont de celles qu'on a plus ou moins rationnellement attribuées à Adam [2] ; une seule est sûrement de lui, le *Rex Salomon fecit*

---

1. Au graduel de Saint-Victor ont été empruntées les leçons des proses *Lux jocunda, lux insignis* (v. 60 : *Nostri cordis omne bonum*; v. 65 : *Pietatis*). *Simplex in essentia* (v. 4, *Latebras*). *Gratulemur ad festivum* (v. 39 : *Redit vivus*). *Ad honorem tuum, Christe* (v. 21 : *Indit*). *Salve, mater Salvatoris* (v. 20 : *Restauratrix*; v. 68 : *Nos commenda*). *Laus erumpat ex affectu* (v. 46 : *Divisæ*). etc. Au graduel de Paris a été emprunté le texte des proses *Ecce dies celebris* (v. 18 : *Præcinuit*). *Mundi renovatio* (v. 40 : *Tanta*). *Heri mundus exsultavit* (v. 29 : *Agonista*, BB12). *Genovefæ solemnitas* (v. 17 : *Insomptem*), etc.

2. *Laudes crucis; Quam dilecta; Ave, mundi spes Maria; Mane prima sabbati; Ave, Maria, gratia plena; Hodiernæ lux diei; Congaudentes exsultemus* (S. Nicolas); *Missus Gabriel de cœlis; Jesse virgam humidavit.*

templum. Une autre série s'étend du f° 219 au f° 228. Aucun ordre, aucune méthode; mais enfin nous sommes ici plus heureux, et le copiste a transcrit, à la suite l'une de l'autre, quatre des plus belles proses de notre victorin [1], consacrées à Pâques, à l'Ascension et à la Pentecôte. Enfin, dans une troisième et dernière série (f° 10-20), que l'on peut rattacher étroitement à la précédente, nous avons le bonheur de rencontrer cinq nouvelles proses de notre cher poète, cinq pièces véritablement authentiques [2]. Toutes ces copies, fort médiocres, et où les fautes pullulent, ont dû être exécutées vers le milieu du règne de Philippe-Auguste, et ce sont à coup sûr LES PLUS ANCIENNES TRANSCRIPTIONS que nous possédions des œuvres poétiques d'Adam. De là l'importance que nous attachons à ce document.

Mais l'antiquité de ce manuscrit n'en est pas le seul mérite, et il nous offre encore de notables et intéressantes variantes. Pour un certain nombre de nos proses, on peut relever, dans le vieux séquentiaire limousin, d'excellentes leçons qu'on ne trouve que là. Nous en avons recueilli jusqu'à trente-trois, qui ne sont pas toutes sans valeur [3]. C'est ce

---

1. *Salve, dies, dierum gloria*; *Postquam hostem et inferna*; *Qui procedis ab utroque*; *Lux jucunda, lux insignis.* Une autre prose, moins sûrement attribuée à Adam, est le *Præcursorem summi regis*, que notre copiste a écrite à la suite des quatre précédentes.
2. *Gaude, Roma, caput mundi*; *Corde, voce pulsa cœlos*; *Exsultemus et lætemur*; *Prunis datum*; *Mundus heri lætabatur*, maladroite copie de notre *Heri mundus exsultavit.* — Il faut ajouter que le *Prunis datum* a été transcrit une seconde fois par une autre main au f° 6.
3. I. Proses d'Adam. 1. *Postquam hostem et inferna*, v. 48 : *Sempiternum præmium*, au lieu de *sempiternum gaudium.* — 2. *Lux jocunda, lux insignis*, v. 39 : *Si non uni moribus*, au lieu de *Si discordes moribus.* — 3. *Qui procedis ab utroque*, v. 59 : *Consolator, confortator*, au lieu de *Consolator et fundator.* — 4. Ibid., v. 82 : *Reddit* au lieu de *reddat.* — 5. *Rex Salomon fecit templum*, v. 26 : *Et ter tantum universæ* au lieu de *sed et partes universæ.* — 6. Ibid., v. 27 *Alti* au lieu de *lati.* — 7. *Heri mundus exsultavit.* Toute la prose a été gravement modifiée, comme on le verra plus loin. —

qui nous permet de considérer le manuscrit 1139 comme nous offrant une véritable famille de textes avec laquelle il faut compter, et dont il convient de faire scientifiquement usage.

Telles sont les familles de textes dont nous avons eu à utiliser le témoignage. La meilleure est incontestablement représentée par le graduel de Saint-Victor. A moins d'une

---

8. *Gaude, Roma caput mundi*, v. 17 : *Nondum* au lieu de *necdum*. — 9. Ibid., v. 61 : *Frendet* au lieu de *fremit*. — 10. *Corde, voce pulsa cœlos*, v. 6 : *Cum gloria* au lieu d'*in gloria*. — 11. Ibid., v. 18 ; *Victus* au lieu de *vinctus*. — II. Proses attribuées à Adam. 12. *Ave, Maria, gratia plena*, v. 40 : *Claritatis* au lieu de *charitatis*. — 13. *Ave, mundi spes Maria*. L'ordre des deux demi-strophes de la strophe 4 est interverti dans 1139, ainsi que l'ordre des strophes 7 et 8. — 14. *Congaudentes exsultemus* (S. Nicolas), v. 41 : *Illam* au lieu d'*ipsam*. — 15. Ibid., v. 44 : *Qua sanavit* au lieu de *Qui*. — 16. *Hodiernæ lux diei*, v. 11 : *Corde, ore, voce, voto* au lieu de *Cordis, oris, voce, voto*. — 17. Ibid., v. 13 : *Ave, Domina cœlorum*, au lieu de *Ave, Regina cœlorum*. — 18. Ibid., v. 21 : *Via maris in via* au lieu de *via viris invia*. — 19. *Laudes crucis attollamus*, v. 8 : *Pulcet* (sic) au lieu de *tangat*. — 20. Ibid., v, 16 : *Qui per crucem* au lieu de *Per quam crucem*. — 21. Ibid., v. 19 : *Totius populi* au lieu de *sæculi*. — 22. Ibid., v. 75 : *Signum* au lieu de *lignum*. — 23. Ibid., v. 76 : *Mundi vera salus* au lieu de *Vera mundi salus*. — 24. Ibid., v. 83 : *Insistentes*, au lieu d'*assistentes*. — 25. *Mane prima sabbati*. L'ordre des strophes 8 et 9 est interverti dans 1139. — 26. *Missus Gabriel de cœlis*, v. 13-16 : *Ad hoc facit argumentum — De cognata documentum — Et virtutis sacramentum — Insperati fœderis*, au lieu de *Mater fiam, inquit illa*, etc. — 27. Ibid. L'ordre des deux demi-strophes, dans la strophe 4, est interverti dans 1139. — 28. *Quam dilecta tabernacula*, v. 9 : *Præ consinna* au lieu de *Per concinna*. — 29. Ibid., v. 40 : *Ejus tinctus sanguine* au lieu de *ejus tutus sanguine* (*tinctus* est assez effacé). — 30. Ibid., v. 55 : *Sicut* au lieu de *sic et*. — 31. Ibid., v. 62 : *Sic obscura* au lieu de *Hæc futura*. — Ibid., v. 76 : *Una* au lieu de *pari*. — 33. Ibid., v. 77 : *Dicentia* au lieu de *psallentia*, etc. = Nous n'avons pas cru nécessaire de signaler ici les fautes de scribe, qui ne sont que trop nombreuses dans le texte de 1139, et nous ferons seulement remarquer pour la seconde fois que sept autres leçons du Séquentiaire de Saint-Martial (*Lux jocunda, lux insignis*, v. 50 : *nisi*; Ibid., v. 60 : *Tu qui condis omne bonum*; Ibid., v. 65 : *puritatis*; *Quam dilecta tabernacula*, v. 17 : *prole sera*; *Rex Salomon fecit templum*, v. 23 : *ima*; *Corde, voce pulsa cœlos*, v. 32 :

erreur évidente et sauf quelques cas exceptionnels, les leçons du graduel de Saint-Victor doivent être préférées à celles du graduel de Paris et aux autres.

III. — DE LA NOTICE BIBLIOGRAPHIQUE PLACÉE EN TÊTE DE CHAQUE PIÈCE DE CE RECUEIL

Nous avons placé, en tête de chaque prose, une *Notice bibliographique*, qui se divise en cinq parties désignées par les chiffres I, II, III, IV, V.

Dans la première partie (I) nous répondons à cette question : « Par quelles autorités cette prose est-elle attribuée à Adam ? » Dans la seconde (II), nous faisons connaître les manuscrits où l'on en trouve le texte, et dans la troisième (III) les livres imprimés où elle a été publiée avec ou sans attribution spéciale. Nous indiquons, dans la quatrième (IV), la place exacte qui était réservée à cette même prose dans la liturgie des diverses églises. Dans la cinquième enfin (VARIANTES ET CORRECTIONS) nous donnons, d'après les différentes familles de textes, toutes les variantes utiles et corrigeons attentivement les fautes de notre première édition.

Ce serait ici le lieu d'indiquer tout ce dont nous sommes redevables à M. l'abbé Misset. Nous avons, dans notre seconde édition, noté scrupuleusement, vers par vers, toutes les corrections qu'il nous a proposées et dont nous nous sommes fait un devoir de lui attribuer tout l'honneur.

Si nous ne renouvelons pas aujourd'hui ces indications qu'exigeait l'honnêteté scientifique, c'est sur la demande

---

cruciatur; Præcursorem summi Regis, v. 26 : *nec terretur*) se retrouvent, comme nous l'avons dit plus haut, dans le graduel de Paris au XIIIe siècle.

expresse de M. l'abbé Misset et pour déférer au désir d'une amitié à laquelle nous attachons un véritable prix.

Il ne nous reste plus qu'à recommander à la bienveillance du public une œuvre que nous avons dû naguères recommencer vingt-cinq ans après l'avoir faite. Nous la dédions, comme on l'a vu plus haut, à la mémoire de D. Guéranger, abbé de Solesmes, qui avait accueilli, avec la plus vive bienveillance et les plus précieux encouragements, la première édition d'un livre humblement consacré par son auteur à la gloire de la liturgie catholique et de la poésie du moyen âge.

I

PROPRE DU TEMPS

I

NOEL

NOTICE BIBLIOGRAPHIQUE

I. La prose suivante est attribuée à Adam par ABCD. Sa présence dans les missels et graduels de Saint-Victor confirme cette attribution.

II. Le texte manuscrit s'en trouve *sous le nom de l'auteur* dans le manuscrit de la Bibl. Nat. lat. 14872 (anc. 577 de Saint-Victor), et *sans attribution* dans les missels et graduels de l'abbaye de Saint-Victor et dans ceux de l'abbaye de Sainte-Geneviève. Elle n'a pénétré qu'assez tard dans ces derniers, comme le prouve le ms. BB11 de la Bibliothèque Sainte-Geneviève, qui est du xiiie siècle, et où elle ne se trouve pas.

III. Elle est inédite.

IV. Elle se chantait, dans l'abbaye de Saint-Victor, le jour même de la Nativité de Notre Seigneur.

V. Variantes et corrections. — Vers 1. *Natali* (Sainte-Geneviève BB12. — V. 2. *Grata* (Bibl. Nat. lat. 14872). — V. 31. *Concurrunt* (Sainte-Geneviève BB12 et 1re édition). *Concurrant* nous est donné par les graduels et missels de Saint-Victor (Bibl. Nat. lat. 14452, 14819, 14448, Ars. 197); et par le ms. de la Bibl. Nat. lat. 14872. La leçon du manuscrit génovéfain semble mieux justifiée par le contexte que celle des manucrits victorins. — V. 34. *Ut persona*. Erreur de notre 1re édition, corrigée dans son *Erratum* (I, p. 360). — V. 40. *Præsapit* (14872). — V. 43. *Modum* (Ibid.). — V. 60.

Les mss. portent tous : *Post Deum spes*, qui semble cependant contraire à la rythmique d'Adam. — V. 69. *Brevis* (Ars. 197; 1re édition). *Brevi* nous est donné, d'une part, par les mss. 14452, 14819, 14448, et, de l'autre, par le ms. 14872. — V. 74. *His*. Les mss. nous offrent les formes *hii*, *hiis*, etc. — V. 76. *Et* (ms. 14872) au lieu de *da*. = Cette prose, comme toutes les autres, est liturgiquement terminée par *Amen*. Observation une fois faite.

TEXTE D'ADAM

1

In natale Salvatoris,
Angelorum nostra choris
   Succinat conditio :
Harmonia diversorum,
Sed in unum redactorum,   5
   Dulcis est connexio.

2

Felix dies hodiernus,
In quo Patri coæternus
   Nascitur ex Virgine !
Felix dies et jocundus !   10
Illustrari gaudet mundus
   Veri solis lumine.

3

Ne periret homo reus,
Redemptorem misit Deus,
   Pater unigenitum;   15

Visitavit quos amavit
Nosque vitæ revocavit
  Gratia, non meritum.

4

Infinitus et Immensus
Quem non capit ullus sensus   20
  Nec locorum spatia,
Ex æterno temporalis,
Ex immenso fit localis,
  Ut restauret omnia.

5

Non peccatum, sed peccati   25
Formam sumens, vetustati
  Nostræ se contemperat :
Immortalis se mortali,
Spiritalis corporali,
  Ut natura conferat.   30

6

Sic concurrunt in personæ
Singularis unione
  Verbum, caro, spiritus.
Ut natura non mutetur
Nec persona geminetur,   35
  Sed sit una penitus.

7

Tantæ rei sacramentum
Latet hostem fraudulentum :
  Fallitur malitia.

Cæcus hostis non præsagit 40
Quod sub nube carnis agit
  Dei sapientia.

8

Hujus nodum sacramenti
Non subtilis argumenti
  Solvit inquisitio. 45
Modum nosse non est meum:
Scio tamen posse Deum
  Quod non capit ratio.

9

Quam subtile Dei consilium!
Quam sublime rei mysterium! 50
  Virga florem,
  Vellus rorem,
  Virgo profert filium.

10

Nec pudorem læsit conceptio,
Nec virorem floris emissio : 55
  Concipiens
  Et pariens
  Comparatur lilio.

11

O Maria, stella maris,
Post Deum spes singularis 60
  Naufragantis sæculi,

Vide quam nos fraudulenter,
Quam nos vexant violenter
    Tot et tales æmuli.

12

Per te virtus nobis detur;   65
Per te, mater, exturbetur
    Dæmonum superbia;
Tuæ proli nos commenda,
Ne nos brevi, sed tremenda
    Feriat sententia.   70

13

Jesu, noster salutaris,
Qui prudenter operaris
    Salutis mysterium,
His qui colunt hunc natalem
Da salutem temporalem,   75
    Da perenne gaudium.

II

NOEL

NOTICE BIBLIOGRAPHIQUE

I. La prose suivante est attribuée à Adam par ABCD. Sa présence dans les missels et graduels de Saint-Victor confirme cette attribution.

II. Le texte manuscrit s'en trouve *sous le nom de l'auteur* dans le manuscrit de la Bibl. Nat. lat. 14872 (anc. 577 du fonds de Saint-Victor) et *sans attribution* : 1º dans les missels et graduels de l'abbaye de Saint-Victor; 2º dans ceux de l'Église de Paris ; 3º dans le manuscrit de la Bibl. Nat. lat. 15105, etc. — Une traduction française du xvᵉ siècle est renfermée dans le manuscrit de la Bibl. Nat. fr. 180.

III. Le texte imprimé s'en trouve *sous le nom de l'auteur :* 1º dans l'*Elucidatorium ecclesiasticum* de Clichtove (1556), quatrième partie; 2º dans la *Patrologie* de Migne, au t. CVXCVI (*Proses d'Adam*, col. 1431); 3º dans les notes du *Rational ou Manuel des divins offices*, de Guillaume Durand, traduit par Ch. Barthélemy (III, 507); 4º dans le recueil de Félix Clément, intitulé : *Carmina e poetis christianis excerpta* (p. 471); 5º dans l'*Année liturgique* de D. Guéranger (2ᵉ édition, II, 414). — D. Guéranger et Ch. Barthélemy en ont donné chacun une traduction en regard du texte, et F. Clément en a donné une troisième dans la traduction de ses *Carmina*.

IV. Cette prose était chantée à Saint-Victor le 30

décembre, et, dans l'Église de Paris, le dimanche pendant l'octave de la Nativité.

V. Variantes et corrections. — V. 7. *Promat* (graduel de Paris au xiiie siècle, Bibl. Nat. lat. 15615 et Ars. 110). C'est de là, sans doute, que cette leçon a passé dans le texte de Clichtove et dans les autres textes imprimés. Cf. Bibl. Nat. lat. 8884 (xive siècle). *Prome* nous est offert, d'une part, par le ms. de la Bibl. Nat. 14872, et, de l'autre, par les missels et graduels de Saint-Victor (Bibl. Nat. lat. 14452, 14819, 14448, Ars. 197). *Promat* semble mieux justifié par le contexte. — V. 17. *Sit* (Ars. 110 et Bibl. Nat. lat. 15615, graduel de Paris au xiiie siècle; 1re édition). *Est* est donné par les manuscrits victorins : 1° par les missels et graduels de Saint-Victor (mss. 14452, 14819, 14448, Ars. 197); 2° par le ms de la Bibl. Nat. lat. 14872). — V. 18. *Sit*. Le ms. 14448, seul, offre *sic*. — V. 23. *Supra* (Ars. 110).

TEXTE D'ADAM

1

SPLENDOR Patris et figura
Se conformans homini,
Potestate, non natura,
    Partum dedit Virgini.

2

    Adam vetus,   5
    Tandem lætus,
Novum promat canticum:
    Fugitivus
    Et captivus
Prodeat in publicum!   10

3

    Eva luctum,
    Vitæ fructum
Virgo gaudens edidit,
    Nec sigillum
    Propter illum   15
Castitatis perdidit.

4

Si crystallus sit humecta
Atque soli sit objecta,
    Scintillat igniculum :
    Nec crystallus rumpitur,   20
    Nec in partu solvitur
Pudoris signaculum.

5

Super tali genitura
Stupet usus et natura,
    Deficitque ratio :   25
    Res est ineffabilis
    Tam pia, tam humilis
Christi generatio.

6

Frondem, florem, nucem sicca
Virga profert, et pudica   30
    Virgo Dei Filium.

Fert cœlestem vellus rorem,
Creatura Creatorem,
  Creaturæ pretium.

7

Frondis, floris, nucis, roris   35
Pietati Salvatoris
  Congruunt mysteria.
Frons est Christus protegendo,
Flos dulcore, nux pascendo,
  Ros cœlesti gratia.   40

8

Cur, quod virgo peperit,
Est Judæis scandalum,
Cum virga produxerit
Sicca sic amygdalum?

9

Contemplemur adhuc nucem :   45
Nam prolata nux in lucem
  Lucis est mysterium.
Trinam gerens unionem,
Tria confert : unctionem,
  Lumen et edulium.   50

10

Nux est Christus, cortex nucis
Circa carnem pœna crucis,
  Testa corpus osseum;

Carne tecta Deitas
Et Christi suavitas 55
Signatur per nucleum.

11

Lux est cæcis, et unguentum
Christus ægris, et fomentum
  Piis animalibus.
O quam dulce sacramentum! 60
Fœnum carnis in frumentum
  Convertit fidelibus.

12

Quos sub umbra sacramenti,
Jesu, pascis in præsenti,
  Tuo vultu satia. 65
Splendor Patri coæterne,
Nos hinc transfer ad paternæ
  Claritatis gaudia.

III

NOEL

NOTICE BIBLIOGRAPHIQUE

I. La prose suivante est attribuée à Adam par ABC. Sa présence dans les missels et graduels de Saint-Victor confirme cette attribution.

II. Le texte manuscrit s'en trouve *sous le nom de l'auteur* dans le manuscrit de la Bibl. Nat. lat. 14872 (anc. 577 de Saint-Victor), et *sans attribution* : 1º dans les missels et graduels de l'abbaye de Saint-Victor; 2º dans ceux de Sainte-Geneviève, etc.

III. Elle a été, depuis notre première édition, publiée par Gall Morel (*Lateinische Hymnen des Mittelalters*, Einsiedeln, 1866, p. 8), d'après un ms. du xive siècle.

IV. Elle se chantait à Saint-Victor le 31 décembre, et à Sainte-Geneviève le jour de Noël.

V. VARIANTES ET CORRECTIONS. — V. 5. *Terra cœlum* (texte de Gall Morel). — V. 12. *Habet* (Ibid.). — V. 15. *Contaminat* (14872). *Attaminat* nous est donné par les mss. 14452, 14819, 14448, Ars. 197. — V. 22. Plusieurs manuscrits donnent *Davit* pour la rime. — V. 23. *Designavit*, 1e édit., etc. *Præsignavit* est donné par les mss. 14352, 14448, 14872, etc. — V. 25. Deux autres strophes de six vers sont intercalées ici dans le graduel de Saint-Victor et ne se trouvent pas dans le texte de cette prose qui nous est fourni, par le ms. 14872 (anc. 577 de Saint-Victor). C'est à ce dernier manuscrit qu'il convient ici de donner raison. Entre les vers 24 de notre texte : *Virginem, flos parvulum*, et le vers 25 : *Mira floris pulchritudo*, il y a une corrélation évidente, et ces deux vers doivent se suivre sans aucune intercalation. Voici le texte de ces douze vers du graduel victorin que le ms. 14872 a intercalés dans le corps d'une autre prose (*Lux est orta gentibus*) dont l'attribution à Adam est loin d'être certaine : *Ut ascendat homo reus, — Condescendit homo Deus — Hominis miseriæ. — Quis non laudet et lætetur? — Quis non gaudens admiretur — Opus novæ gratiæ? = Quidnam jocundius, — Quidnam secretius — Tali mysterio? — O quam laudabilis, — O quam mirabilis – Dei dignatio!* — V. 35. *Tuus* (ms. 14872).

TEXTE D'ADAM

1

Jubilemus Salvatori
 Quem cœlestes laudant chori
  Concordi lætitia :
Pax de cœlo nuntiatur;
Terra cœlo fœderatur,   5
  Angelis Ecclesia.

2

Verbum carni counitum,
Sicut erat præfinitum,
  Sine carnis copula
Virgo parit, Dei templum,   10
Nec exemplar, nec exemplum
  Per tot habens sæcula.

3

Res est nova, res insignis,
Quod in rubo rubet ignis
  Nec rubum attaminat :   15

Cœli rorant, nubes pluunt,
Montes stillant, colles fluunt :
　　Radix Jesse germinat.

4

De radice flos ascendit
Quem Prophetæ præostendit
　　Evidens oraculum :
Radix Jesse regem David,
Virga matrem præsignavit
　　Virginem, flos parvulum.

5

Mira floris pulchritudo
Quem commendat plenitudo
　　Septiformis gratiæ.
Recreemur in hoc flore
Qui nos gustu, nos odore,
　　Nos invitat specie.

6

Jesu, puer immortalis,
Tuus nobis hic natalis
　　Pacem det et gaudia;
Flos et fructus virginalis,
Cujus odor est vitalis,
　　Tibi laus et gloria !

IV

LA CIRCONCISION

NOTICE BIBLIOGRAPHIQUE

I. La prose suivante est attribuée à Adam par ABCD. Sa présence dans les missels et graduels de Saint-Victor confirme cette attribution.

II. Le texte manuscrit s'en trouve *sous le nom de l'auteur* dans le manuscrit de la Bibl. Nat. lat. 14872 (anc. 577 du fonds de Saint-Victor), *et sans attribution* : 1º dans les missels et graduels de Saint-Victor; 2º dans les graduels et missels de Paris, etc.

III. Le texte imprimé s'en trouve *sans attribution* dans l'*Année liturgique* de D. Guéranger (1re édition, III, 237), qui en a donné une bonne traduction en regard du texte.

IV. Elle se chantait à Saint-Victor le jour de la Circoncision.

V. Variantes et corrections. — Vers 4. *In cœlo* (texte de D. Guéranger, d'après le missel de Paris de 1584). — V. 10. *Præmium* (Id.). — V. 12. *Effugit* (Id.). — V. 22. *Processit ex Maria* (14872). — V. 35. *Præsepe* (leçon fautive de notre 1re édition). Tous les textes manuscrits : 1º les graduels et missels de Saint-Victor (Bibl. Nat. lat. 14452, 14810, 14448, Ars. 197); 2º le ms. de la Bibl. Nat. lat. 14872; 3º les graduels de Paris (Bibl. Nat. lat. 15615 et Ars. 110) s'accordent à nous donner *præsepi*. — V. 52. *Ex terreno* (texte de D. Guéranger).

TEXTE D'ADAM

1

In excelsis canitur
  Nato regi gloria,
Per quem terræ redditur
  Et cœlo concordia.

2

Jure dies colitur 5
  Christi natalitia,
Quo nascente nascitur
  Novæ legis gratia.

3

Mediator nobis datus
  In salutis pretium 10
Non naturæ, sed reatus
  Refugit consortium.

4

Non amittit claritatem
  Stella fundens radium,
Nec Maria castitatem 15
  Pariendo filium.

5

Quid de monte lapis cæsus
Sine manu, nisi Jesus
  Qui de regum linea,

Sine carnis opere, 20
De carne puerperæ
Processit virginea?

6

Solitudo floreat
Et desertum gaudeat!
Virga Jesse floruit : 25
Radix virgam, virga florem,
Virgo profert Salvatorem,
Sicut Lex præcinuit.

7

Radix David typum gessit,
Virga matris quæ processit 30
Ex regali semine;
Flos est puer nobis natus,
Jure flori comparatus
Præ mira dulcedine

8

In præsepi reclinatur, 35
Cujus ortus celebratur
Cœlesti præconio.
Cœli cives jubilant,
Dum pastores vigilant
Sub noctis silentio. 40

9

Cuncta laudes intonant
Super partum Virginis;

Lex et Psalmi consonant
Prophetarum paginis.

10

Angelorum et pastorum, 45
Stellæ simul et magorum
  Concordant indicia,
Reges currunt Orientis
Ad præsepe vagientis,
  Gentium primordia. 50

11

Jesu, puer immortalis,
Ex æterno temporalis,
Nos ab hujus vitæ malis
  Tu potenter erue.
Tu, post vitam hanc mortalem 55
Sive mortem hanc vitalem
Vitam nobis immortalem
  Clementer restitue.

V

EPIPHANIE

NOTICE BIBLIOGRAPHIQUE

I. La prose suivante est attribuée à Adam par ABCD. Sa présence dans les missels et graduels de Saint-Victor confirme cette attribution.

II. Le texte manuscrit s'en trouve dans le manuscrit de la Bibl. Nat. lat. 14872 (anc. Saint-Victor 577) *sous le nom de l'auteur*, et *sans attribution* dans les missels et graduels de Saint-Victor et dans ceux de Sainte-Geneviève, etc.. Elle n'a pénétré dans ces derniers que postérieurement à 1239, comme le prouve le ms. BB11 de la Bibliothèque Sainte-Geneviève, qui ne contient pas l'office de la Susception de la sainte Couronne, et où elle ne se trouve pas. (V. notre *Avertissement au lecteur*, pp. xiv et xv.)

III. Elle est inédite.

IV. Les manuscrits liturgiques de Saint-Victor témoignent que, dans cette abbaye, on chantait cette prose le jour de l'octave de l'Épiphanie.

V. Variantes et corrections. — V. 11. *Quam* (ms. 14872 et 1re édition). *Quem* est donné par les mss. 14448, 14819, Ars. 197 et Bibl. Sainte-Geneviève BB12 (missel de Sainte-Geneviève au xive siècle. Cf. *Lettres chrétiennes*, II, p. 239. Note de M. l'abbé Misset). — V. 25. Toute cette strophe est omise dans le missel de Sainte-Geneviève (Bibl. Sainte-Geneviève BB12, xive siècle). — V. 34. *Sarre* (14872). — V. 38. *Sarra* (Ibid.). — V. 41. *Pacis* (Ibid.). — V. 52.

Venia (ms. 14872 et 1ʳᵉ édition). Notre correction est justifiée par les mss. 14452, 14819, 14448, Ars.197 (graduels et missels de Saint-Victor). — V. 68. *Eripiet* (ms. 14872).

TEXTE D'ADAM

1

Virgo, mater Salvatoris,
    Angelorum grata choris,
Intus fove, serva foris
    Nos benignis precibus;
Protulisti, virga, florem,   5
Cujus floris in odorem
Sancti currunt per amorem
    Piis cum muneribus.

2

Tria dona reges ferunt :
Stella duce regem quærunt,   10
Per quem certi semper erunt
    De superno lumine,
Auro regem venerantes,
Thure Deum designantes,
Myrrha mortem memorantes,   15
    Sacro docti Flamine.

3

Dies iste jubileus
Dici debet, quo Sabæus,
Plene credens quod sit Deus,
    Mentis gaudet requie;   20

Plebs Hebræa jam tabescit;
Multa sciens, Deum nescit;
Sed gentilis fide crescit,
   Visa Christi facie.

4

Synagoga pridem cara,   25
Fide fulgens et præclara,
Vilis jacet et ignara
   Majestatis parvuli;
Seges Christi prius rara,
Mente rudis et amara,   30
Contemplatur luce clara
   Salvatorem sœculi.

5

Synagoga cæca, doles,
Quia Saræ crescit proles,
Cum ancillæ prolem moles   35
   Gravis premat criminum.
Tu tabescis et laboras :
Sara ridet dum tu ploras,
Quia novit quem ignoras,
   Redemptorem hominum.   40

6

Consecratus patris ore,
Jacob gaudet cum tremore :
Tu rigaris cœli rore
   Et terræ pinguedine.

Delectaris in terrenis,
Rebus vanis et obscœnis :
Jacob tractat de serenis
   Et Christi dulcedine.

7

Unguentorum in odore
Sancti currunt cum amore,
Quia novo flagrat flore
   Nova Christi vinea.
Ad peccatum prius prona,
Jam percepit sponsa dona,
Sponsa recens, et corona
   Decoratur aurea.

8

Adstat sponsa Regi nato
Cui ritu servit grato
In vestitu deaurato,
   Aureis in fimbriis :
Orta rosa est ex spinis,
Cujus ortus sive finis
Semper studet in divinis
   Et regis deliciis.

9

Hæc est sponsa spiritalis,
Vero sponso specialis ;
Sponsus iste nos a malis
   Servet et eripiat :

Mores tollat hic ineptos,
Sibi reddat nos acceptos   70
Et ab hoste sic ereptos
   In cœlis recipiat.

VI

PAQUES

NOTICE BIBLIOGRAPHIQUE

I. La prose suivante est attribuée à Adam par ABCD. Sa présence dans les missels et graduels de Saint-Victor confirme cette attribution.

II. Le texte manuscrit s'en trouve *sous le nom de l'auteur* dans le manuscrit de la Bibl. Nat. lat. 14872 (anc. 577 du fonds de Saint-Victor), et *sans attribution* : 1º dans les missels et graduels de Saint-Victor; 2º dans ceux de l'Église de Paris; 3º dans ceux de Sainte-Geneviève; 4º dans ceux de Cluny, etc. — Une traduction française du xvᵉ siècle est renfermée dans le manuscrit de la Bibl. Nat. fr. 180.

III. Le texte imprimé s'en trouve *sous le nom de l'auteur* : 1º dans l'*Elucidatorium ecclesiasticum* de Clichtove, quatrième partie; 2º dans la *Patrologie* de Migne, t. CXCVI (*Proses d'Adam*, vol. 1442); 3º dans le *Rational ou Manuel des divins offices*, de Guillaume Durand, traduit par Ch. Barthélemy (III, 514); 4º dans les *Carmina e poetis christianis excerpta* de F. Clément (p. 482); 5º dans l'*Année liturgique* de D. Guéranger (VIII, p. 135). Les trois derniers éditeurs en ont donné la traduction.

IV. Cette prose se chantait à Saint-Victor le lundi de Pâques; dans l'Église de Paris le mercredi de l'octave; à Sainte-Geneviève le mardi.

V. Variantes et corrections. — V. 2. *Illuxit* (ms. de la Bibl. Nat. lat. 14872). *Succedit*, qui est évidemment préférable, est donné par les mss. 14452, 14448, etc. — V. 13. *Pascha nostrum Christus est* (texte de Clichtove et du missel de Cluny). — V. 16. *Hostis* (texte de Clichtove et du missel de Cluny). — V. 18. *Præcinuit* est donné par le graduel de Paris du xiiie siècle (Ars. 110) et par le missel de Sainte-Geneviève du même temps (BB11); mais la bonne leçon est *præinnuit*. Correction justifiée : 1° par le texte des graduels et missels de Saint-Victor (Bibl. Nat. lat. 14452, 14819, 14448, Ars. 197); 2° par le ms. de la Bibl. Nat. lat. 14872; 3° par un autre manuscrit du graduel de Paris au xiiie siècle (Bibl. Nat. lat. 15615). — V. 22. Omis dans 14872. — — V. 28. *Ipse lux* (14872). — V. 31. *Bonus* (Ibid). — V. 38. *Gratiæ* (1re édition). *Gloriæ* est donné par tous les textes manuscrits. — V. 39. *Nutrix* (ms. 14872). — V. 41. *Dei* (1re édition). *Rei* est donné par tous les textes manuscrits. (Cf. *Lettres chrétiennes*, II, p. 239; note de M. l'abbé Missel). — V. 43. *Caym* (mss.). — V. 52. *Capiti gloria* (1re édition). Correction justifiée par le rythme et par toutes les familles de manuscrits.

TEXTE D'ADAM

1

Ecce dies celebris!
Lux succedit tenebris,
Morti resurrectio.
Lætis cedant tristia,
Cum sit major gloria   5
Quam prima confusio.
Umbram fugat veritas,
Vetustatem novitas,
Luctum consolatio.

2

Pascha novum colite ·
Quod præit in capite,
Membra sperent singula.
Pascha novum Christus est
Qui pro nobis passus est,
Agnus sine macula.

3

Hosti qui nos circuit
Prædam Christus eruit :
Quod Samson præinnuit,
Dum leonem lacerat.
David, fortis viribus,
A leonis unguibus
Et ab ursi faucibus
Gregem patris liberat.

4

Quod in morte plures stravit
Samson, Christum figuravit,
Cujus mors victoria.
Samson dictus : *Sol eorum* ;
Christus lux est electorum,
Quos illustrat gratia.

5

Jam de crucis sacro vecte
Botrus fluit in dilectæ
Penetral Ecclesiæ.

Jam, calcato torculari,
Musto gaudent debriari
   Gentium primitiæ.   35

6

Saccus scissus et pertusus
In regales transit usus :
Saccus fit soccus gloriæ,
Caro victrix miseriæ.

7

Quia regem peremerunt,   40
Rei regnum perdiderunt;
Sed non deletur penitus
Caïn, in signum positus.

8

Reprobatus et abjectus,
Lapis iste, nunc electus,   45
In tropæum stat erectus
   Et in caput anguli.
Culpam delens, non naturam,
Novam creat creaturam,
Tenens in se ligaturam   50
   Utriusque populi.

9

Capiti sit gloria,
Membrisque concordia !

VII

PAQUES

NOTICE BIBLIOGRAPHIQUE

I. La prose suivante est attribuée à Adam par ABCD. Sa présence dans les missels et graduels de Saint-Victor confirme cette attribution.

II. Le texte manuscrit s'en trouve *sous le nom de l'auteur* dans le manuscrit de la Bibl. Nat. lat. 14872 (anc. 577 de Saint-Victor), et *sans attribution* : 1º dans les missels et graduels de Saint-Victor; 2º dans ceux de l'Église de Paris; 3º dans ceux de Sainte-Geneviève, etc. — Une traduction française du xve siècle est renfermée dans le ms. de la Bibl. Nat. fr. 180.

III. Le texte imprimé s'en trouve *sous le nom de l'auteur* : 1º dans l'*Elucidatorium ecclesiasticum* de Clichtove, quatrième partie; 2º dans la *Patrologie* de Migne, t. CXCVI (*Proses d'Adam*, col. 1440); 3º dans les notes du *Rational ou Manuel des divins offices*, de Guillaume Durand, traduit par Ch. Barthélemy (III, 513) ; 4º dans les *Carmina e poetis christianis excerpta* de F. Clément (p. 481), qui a publié une traduction de toutes les pièces de son recueil; 5º dans l'*Année liturgique* de D. Guéranger (VIII, p. 179), qui a pris la peine de traduire le texte d'Adam à l'usage des fidèles. Ch. Barthélemy avait également donné, en regard du texte, la traduction du *Lux illuxit*.

IV. Le *Lux illuxit* se chantait à Saint-Victor et à Sainte-Geneviève le mardi, et dans l'Église de Paris le jeudi de Pâques.

V. Variantes et corrections. — V. 8. *Ditavit* (texte de Clichtove et 1re édition). *Sublimat* est garanti par l'accord de tous les textes manuscrits : 1º graduels et missels de Saint-Victor (mss. 14452, 14819, 14448, Ars. 197); 2º Bibl. Nat. lat. 14872; 3º graduels de Paris, xiiie siècle (Bibl. Nat. lat. 15615 et Ars. 110); 4º missel de Sainte-Geneviève, xiiie siècle (Bibl. Sainte-Geneviève, BBl1). — V. 14. *Sunt* (Bibl. Nat. lat. 15615, graduel de Paris au xiiie siècle, texte de Clichtove et 1re édition). *Sint* est la leçon fournie par tous les autres textes ci-dessus mentionnés (Cf. *Lettres chrétiennes*, II, p. 239, note de M. l'abbé Misset). — V. 20. *Prius* (texte de Clichtove et 1re édition). *Olim* est la leçon du précieux manuscrit de la Bibliothèque de Sainte-Geneviève, BBl1. *Diu* est garanti par l'accord des autres manuscrits. — V. 32. *Præda* (texte de Clichtove et 1re édition). — V. 35. *Resurgens* (Sainte-Geneviève, BBl1). — V. 37. *Mirifica* (texte de Clichtove et 1re édition) — V. 38. *Vivifica* (Ibid.). Nos deux leçons sont assurées par l'accord de tous les manuscrits : 1º graduels et missels de Saint-Victor (Bibl. Nat. lat. 14452 14819, 14448, Ars. 197); 2º Bibl. Nat. lat. 14872; 3º graduels et missels de Paris (Bibl. Nat. lat. 15615 et Ars. 110); 4º Bibl. de Sainte-Geneviève, BBl1 (qui a répété deux fois *vivifica* par erreur). — V. 40. *Da* (Bibl. Nat. lat. 15615 et Ars. 110, graduel de Paris, xiiie siècle, et Sainte-Geneviève BBl1, missel de Sainte-Geneviève, xiiie siècle). C'est de là, sans doute, que cette leçon a passé dans le texte de Clichtove, adopté par nous en notre 1re édition. = Il convient de remarquer que l'ordre des rimes n'est pas le même dans toutes les strophes de cette prose. Les strophes 1, 3, 5, 6 et 10 sont rimées *aabb*; les strophes 4, 7 et 8 *abab*; les strophes 2 et 9 *aaaa*.

TEXTE D'ADAM

1

Lux illuxit dominica,
Lux insignis, lux unica,

Lux lucis et lætitiæ,
Lux immortalis gloriæ.

2

Diem mundi conditio
Commendat ab initio
Quam Christi resurrectio
Sublimat privilegio.

3

In spe perennis gaudii,
Lucis exsultent filii ;
Vindicent membra meritis
Conformitatem capitis!

4

Solemnis est celebritas,
Et vota sint solemnia :
Primæ diei dignitas
Prima requirit gaudia.

5

Solemnitatum gloria
Paschalis est victoria,
Sub multis ænigmatibus
Diu promissa patribus.

6

Jam, scisso velo, patuit
Quod vetus lex præcinuit :

Figuram res exterminat,
Et umbram lux illuminat.

7

Quid agnus sine macula,   25
Quid hœdus typi gesserit,
Nostra purgans piacula
Messias nobis aperit.

8

Per mortem nos indebitam
Solvit a morte debita;   30
Prædam captans illicitam
Prædo privatur licita.

9

Carnis delet opprobria
Caro peccati nescia;
Die reflorens tertia   35
Corda confirmat dubia.

10

O mors Christi vivifica,
Tu Christo nos unifica.
Mors morti non obnoxia
Det nobis vitæ præmia!   40

VIII

PAQUES

NOTICE BIBLIOGRAPHIQUE

I. La prose suivante est attribuée à Adam par ABCD. Sa présence dans les missels et graduels de Saint-Victor confirme cette attribution.

II. Le texte manuscrit s'en trouve dans le manuscrit de la Bibl. Nat. lat. 14872 (anc. 577 du fonds de Saint-Victor) *sous le nom de l'auteur.* Il se trouve *sans attribution* : 1º dans les missels et graduels de Saint-Victor ; 2º dans ceux de l'Église de Paris ; 3º dans le Séquentiaire de Saint-Martial de Limoges (Bibl. Nat. lat. 1139, xiiᵉ-xiiiᵉ siècle), etc. Une traduction française du xvᵉ siècle est renfermée dans le manuscrit de la Bibl. Nat. fr. 180.

III. Cette prose, qui se trouve dans les *Hymni et Collectæ*, publiés à Paris en 1585 (p. 190), a été réimprimée d'après ce recueil par Gall Morel (*Lateinische Hymnen des Mittelalters*. Einsiedeln, 1866, p. 43). Mais déjà, sept ans auparavant (1859), D. Guéranger, dans son *Année liturgique* (VII, p. 262), en avait publié le texte d'après notre 1ʳᵉ édition, et l'avait accompagné d'une traduction.

IV. On la chantait à Saint-Victor le mercredi de Pâques, et dans l'Église de Paris, le dimanche de cette octave.

V. VARIANTES ET CORRECTIONS. — V. 2. *Dies festa* (Bibl. Sainte-Geneviève BB11). — Le vers 3 est omis dans le texte de Gall Morel. — V. 26. *Nec* (1ʳᵉ édition). *Non* est garanti par l'accord de tous les textes manuscrits : 1º graduels et missels de Saint-Victor (Bibl. Nat. lat. 14452, 14819, 14448, Ars. 197) ; 2º Bibl. Nat. lat. 14872 ; 3º graduels de Paris

(Bibl. Nat. lat. 15615 et Ars. 110); 4º missel de Sainte-Geneviève au xiiiº siècle (Sainte-Geneviève, BBl1); 5º séquentiaire de Saint-Martial (Bibl. Nat. lat. 1139). — V. 48. *Fit* (14448).

TEXTE D'ADAM

1

Salve, dies dierum gloria,
Dies felix Christi victoria,
Dies digna jugi lætitia,
    Dies prima !
Lux divina cæcis irradiat,   5
In qua Christus infernum spoliat,
Mortem vincit et reconciliat
    Summis ima.

2

Sempiterni regis sententia
Sub peccato conclusit omnia,   10
Ut infirmis superna gratia
    Subveniret.
Dei virtus et sapientia
Temperavit iram clementia
Cum jam mundus in præcipitia   15
    Totus iret.

3

Insultabat nostræ miseriæ
Vetus hostis, auctor malitiæ,
Quia nulla spes erat veniæ
    De peccatis :   20

Desperante mundo remedium,
Dum tenerent cuncta silentium,
Deus Pater emisit Filium
    Desperatis.

4

Prædo vorax, monstrum tartareum,   25
Carnem videns, non cavens laqueum,
In latentem ruens aculeum,
    Aduncatur.
Dignitatis primæ conditio
Reformatur nobis in Filio,   30
Cujus nova nos resurrectio
    Consolatur.

5

Resurrexit liber ab inferis
Restaurator humani generis,
Ovem suam reportans humeris   35
    Ad superna.
Angelorum pax fit et hominum;
Plenitudo succrescit ordinum :
Triumphantem laus decet Dominum,
    Laus æterna.   40

6

Harmoniæ cœlestis patriæ
Vox concordet matris Ecclesiæ;
Alleluia frequentet hodie
    Plebs fidelis.

Triumphato mortis imperio, 45
Triumphali fruamur gaudio :
In terra pax et jubilatio
    Sit in cœlis !

IX

PAQUES

NOTICE BIBLIOGRAPHIQUE

I. La prose suivante est attribuée à Adam par ABCD. Sa présence dans les missels et graduels de Saint-Victor confirme cette attribution.

II. Le texte manuscrit s'en trouve *sous le nom de l'auteur* dans le manuscrit de la Bibl. Nat. lat. 14872 (anc. 577 du fonds de Saint-Victor), et *sans attribution* : 1º dans les missels et graduels de Saint-Victor ; 2º dans ceux de l'Église de Paris, etc. — Une traduction française, en vers blancs du xve siècle, est renfermée dans le manuscrit de la Bibl. Nat. fr. 180.

III. Cette prose a été, d'après notre première édition, publiée en 1859 par D. Guéranger, qui en a accompagné le texte d'une traduction (*Année liturgique*, VII, p. 359).

IV. On la chantait à Saint-Victor le vendredi de Pâques, et le même jour dans l'Église de Paris.

V. Variantes et corrections. — V. 29. *Satiat* (ms. 14452). — V. 39. *Lavit* (ms. 14872 et 1re édition). Correction justifiée par le rythme et par deux familles de textes : 1º graduels et missels de Saint-Victor (Bibl. Nat. lat. 14452, 14819, 14448, Ars. 197) ; 2º graduels de Paris (Bibl. Nat. lat. 15615 et Ars. 110).

TEXTE D'ADAM

1

Sexta passus feria,
  Die Christus tertia
    Resurrexit;
Surgens cum victoria,
Collocat in gloria   5
  Quos dilexit.

2

Pro fideli populo,
Crucis in patibulo
  Immolatur;
Clauditur in tumulo;   10
Tandem in diluculo
  Suscitatur.

3

Christi crux et passio
Nobis est præsidio,
  Si credamus;   15
Christi resurrectio
Facit ut a vitio
  Resurgamus.

4

Hostia sufficiens
Christus fuit moriens   20
  Pro peccato;

Sanguinis effusio
Abluit nos, impio
   Triumphato.

5

Morte sua simplici   25
Nostræ morti duplici
   Fert medelam;
Vitæ pandit aditum,
Nostrum sanat gemitum
   Et querelam.   30

6

Leo fortis hodie
Dat signum potentiæ
   Resurgendo,
Principem nequitiæ
Per arma justitiæ   35
   Devincendo.

7

Diem istum Dominus
Fecit, in qua facinus
   Mundi luit,
In qua mors occiditur,   40
In qua vita redditur,
   Hostis ruit.

8

Geminatum igitur
Alleluia canitur
   Corde puro,   45

Quia culpa tollitur
Et vita promittitur
 In futuro.

9

In hoc mundi vespere
Fac tuos resurgere, 50
 Jesu Christe :
Salutaris omnibus
Sit tuis fidelibus
 Dies iste !

X

PAQUES

NOTICE BIBLIOGRAPHIQUE

I. La prose suivante est attribuée à Adam par ABC. Sa présence dans les missels et graduels de Saint-Victor confirme cette attribution.

II. Le texte manuscrit s'en trouve *sous le nom de l'auteur* dans le manuscrit de la Bibl. Nat. lat. 14872 (anc. 577 du fonds de Saint-Victor), et *sans attribution* : 1º dans les missels et graduels de l'abbaye de Saint-Victor; 2º dans ceux de l'Église de Paris; 3º dans ceux de Sainte-Geneviève, où elle a pénétré dans le xiiie siècle, comme le prouve le ms. de la Bibliothèque Sainte-Geneviève BBl1, etc. — Une traduction française du xve siècle est renfermée dans le manuscrit de la Bibl. Nat. fr. 180.

III. Le texte imprimé s'en trouve *sous le nom de l'auteur* : 1e dans l'*Elucidatorium ecclesiasticum* de Clichtove, quatrième partie; 2º dans la *Patrologie* de Migne, t. CXCVI (*Proses d'Adam*, col. 1455); 3º dans les notes du *Rational ou Manuel des divins offices*, de Guillaume Durand, traduit par Ch. Barthélemy (III, 509); 4º dans les *Carmina e poetis christianis excerpta*, de F. Clément (p. 475); 5º et 6º Gall Morel l'a publiée, sans nom d'auteur, d'après un manuscrit du xive siècle (*Lateinische Hymnen des Mittelalters*, Einsiedeln, 1866, p. 42). Cf. Daniel, *Thesaurus hymnologicus* (II, 68, d'après un manuscrit noté du xiie siècle); 7º D. Guéranger, en 1859, en a de nouveau édité le texte (*Année liturgique*, VII, p. 407). — La traduction en a été donnée par Ch. Barthélemy et D. Guéranger en regard de leur texte, et par F. Clément dans la traduction de ses *Carmina*.

IV. On chantait cette prose le samedi de Pâques à Saint-Victor et dans l'Église de Paris. A Sainte-Geneviève, on la chantait le vendredi.

V. Variantes et corrections. — Vers 1 et ss. Il convient de remarquer que la première strophe nous offre comme consonances *ababccb*, tandis que les autres nous donnent *aaabccb*. — V. 3. *Domino* (qui est donné par tous les manuscrits sans exception) rime fort médiocrement avec *renovatio*. Notre correction est justifiée par la rime et par le vers 30 de la prose VII. — V. 7. *Quanta sint solemnia* (texte de Clichtove et de Daniel, suivi par Ch. Barthélemy et F. Clément). — Dans le texte que Gall Morel a publié d'après un manuscrit du xive siècle et dans l'*Elucidatorium ecclesiasticum* de Clichtove on lit ici la strophe suivante. que M. l'abbé Misset (*Lettres chrétiennes*, II, p. 265) considère avec raison comme une interpolation : *Ignis volat mobilis — Et aer volubilis; — Fluit aqua mobilis. — Terra manet stabilis. — Alta petunt levia, — Centrum tenent gravia, — Renovantur omnia*. Cette strophe n'existe dans aucune de nos familles de textes. Elle ne se trouve ni dans le graduel de Saint-Victor (Bibl. Nat. lat. 14452, 14819, 14448, Ars. 197); ni dans le ms. de la Bibl. Nat. lat. 14872; ni dans le graduel de Paris (Bibl. Nat. lat. 15615 et Ars. 110); ni enfin dans le précieux missel de Sainte-Geneviève (Bibl. Sainte-Geneviève, BB11). — V. 10. *Levius* (texte de Gall Morel, d'après un manuscrit du xive siècle). *Mitius* est garanti par l'accord de tous les manuscrits de Paris. Cf. *Lettres chrétiennes*, II, 239. Note de l'abbé Misset. — V. 14. *Post quæ* (texte de Clichtove). V. 16. *Tollitur* (texte de Clichtove, etc.). *Fallitur* est la leçon offerte par tous les textes manuscrits. Cf. *Lettres chrétiennes*, l. c. — V. 20. Entre les vers 27 et 28, le texte de Clichtove nous offre ce vers : *Ut Deus promiserat*, et celui de Gall Morel : *Ut Deus præceperat*. Ce vers ne se lit pas dans les manuscrits de Saint-Victor, ni dans les graduels de Paris, ni dans le missel de Sainte-Geneviève; il détruit d'ailleurs le rythme, qui exige sept vers à la strophe. Même observation pour le vers *Nunquam transitoria*, que Gall Morel intercale entre les vers 34 et 35. — V. 29 et ss. Cette dernière strophe n'existe ni dans le ms. publié par Daniel, ni dans le texte de Clichtove. Il est pourtant facile de constater que sans elle la pièce est tronquée. — V. 33. *Tanta* (Ars. 110 et Bibl. Nat. lat. 15615, graduel de Paris au xiiie siècle; BB11, Bibl. Sainte-Geneviève, missel de Sainte-Geneviève au xiiie siècle; 1re édition). *Tali* est fourni par les mss. victorins (Bibl. nat. lat. 14452, 14448, 14819, Ars. 197).

TEXTE D'ADAM

1

Mundi renovatio
Nova parit gaudia;
Resurgenti Filio
Conresurgunt omnia.
Elementa serviunt, 5
Et auctoris sentiunt
Quanta sit potentia.

2

Cœlum fit serenius
Et mare tranquillius;
Spirat aura mitius, 10
Vallis nostra floruit.

Revirescunt arida,
Recalescunt frigida
Postquam ver intepuit.

3

Gelu mortis solvitur; 15
Princeps mundi fallitur
Et ejus destruitur
In nobis imperium;
Dum tenere voluit
In quo nihil habuit, 20
Jus amisit proprium.

4

Vita Mortem superat;
Homo jam recuperat
Quod prius amiserat
Paradisi gaudium : 25
Viam præbet facilem
Cherubim versatilem
Amovendo gladium.

5

Christus cœlos reserat
Et captivos liberat 30
Quos culpa ligaverat
Sub mortis interitu.
Pro tali victoria
Patri, Proli gloria
Sit cum sancto Spiritu! 35

XI

PAQUES

NOTICE BIBLIOGRAPHIQUE

I. La prose suivante est attribuée à Adam par ABCD. Sa présence dans les missels et graduels de Saint-Victor confirme cette attribution

II. Le texte manuscrit s'en trouve *sous le nom de l'auteur :* dans le manuscrit de la Bibl. nat. lat. 14872 (anc. 577 de Saint-Victor), et *sans attribution :* 1º dans les missels et graduels de Saint-Victor; 2º dans ceux de l'Église de Paris ; 3º dans ceux de Sainte-Geneviève ; 4º dans ceux de Cluny, etc. ; 5º dans le manuscrit de la Bibl. Nat. lat. 15105 (anc. 487 de Saint-Victor), etc. — Une traduction en vers français du xvᵉ siècle, qui est inédite, est renfermée dans le manuscrit de la Bibl. Nat. fr. 180.

III. Le texte imprimé s'en trouve *sous le nom de l'auteur :* 1º dans l'*Elucidatorium ecclesiasticum* de Clichtove, quatrième partie ; 2º dans la *Patrologie*, de Migne, t. CXCVI (*Proses d'Adam*, col. 1457) ; 3º dans les notes du *Rational ou Manuel des divins offices*, de Guillaume Durand, traduit par M. Ch. Barthélemy (III, 511); 4º dans les *Carmina e poetis christianis, excerpta* de F. Clément (p. 476) ; 5º dans l'*Année liturgique* de D. Guéranger (*Le temps pascal*, I, p. 308). Alain de Lille, en ses *Distinctiones dictionum theologicarum* (*Patrologie* de Migne, t. CCX, col. 722, 735 et 852) cite, sous le nom d'Adam, les vers 37-42 et 65-68. — M. Ch. Barthélemy et D. Guéranger ont donné la traduction de cette prose en regard de leur texte, et F. Clément dans la traduction de ses *Carmina*.

IV. On chantait cette prose, à Saint-Victor et à Sainte-Geneviève, le jour même de l'octave de Pâques. Dans l'Église de Paris, on la chantait le mardi de Pâques.

V. Variantes et corrections. — V. 23. *Rumpheas,* (14819). — V. 38. *Christi* (1re édition). La leçon *Christus* est garantie par l'accord des mss. 14452, 14819, 14448, 14872, 15615, Ars. 197 et 110; Bibl. Sainte-Geneviève, BB11 et BB12. — V. 57. *Surgit* (Ars. 110, texte de Clichtove et 1re édition). *Surgens* nous est donné : 1° par le graduel de Saint-Victor (mss. 14452, 14819, 14448, Ars. 197); 2° par le ms. de la Bibl. Nat. lat. 14872; 3° par le graduel de Paris au xiiie siècle (Bibl. Nat. lat. 15615); 4° par les missels de Sainte-Geneviève (Bibl. Sainte-Geneviève BB11 et BB12). — V. 65, *Refrigescit,* texte cité par Alain de Lille.

TEXTE D'ADAM

1

Zyma vetus expurgetur
  Ut sincere celebretur
    Nova resurrectio.
Hæc est dies nostræ spei :
Hujus mira vis diei   5
    Legis testimonio.

2

Hæc Ægyptum spoliavit
Et Hebræos liberavit
    De fornace ferrea :
His in arcto constitutis   10
Opus erat servitutis
    Lutum, later, palea.

3

Jam divinæ laus virtutis,
Jam triumphi, jam salutis
    Vox erumpat libera !   15
Hæc est dies quam fecit Dominus,
Dies nostri doloris terminus,
    Dies salutifera

4

Lex est umbra futurorum ;
Christus, finis promissorum,   20
    Qui consummat omnia.
    Christi sanguis igneam
    Hebetavit romphæam,
    Amota custodia.

5

Puer nostri forma risus,   25
Pro quo vervex est occisus,
    Vitæ signat gaudium.
Joseph exit de cisterna :
Christus redit ad superna,
    Post mortis supplicium.   30

6

Hic dracones Pharaonis
Draco vorat, a Draconis
    Immunis malitia :
    Quos ignitus vulnerat,
    Hos serpentis liberat   35
    Ænei præsentia.

7

Anguem forat in maxilla
Christus, hamus et armilla;
  In cavernam reguli
Manum mittit ablactatus,   40
Et sic fugit exturbatus
  Vetus hospes sæculi.

8

Irrisores Elisæi,
Dum conscendit domum Dei,
  Zelum calvi sentiunt :   45
  David arreptitius,
  Hircus emissarius
Et passer effugiunt.

9

In maxilla mille sternit,
Et de tribu sua spernit   50
  Samson matrimonium;
Samson Gazæ seras pandit,
Et, asportans portas, scandit
  Montis supercilium.

10

Sic de Juda leo fortis,   55
Fractis portis diræ mortis,
  Die surgens tertia,
Rugiente voce patris,
Ad supernæ sinum matris
  Tot revexit spolia.   60

11

Cetus Jonam fugitivum,
Veri Jonæ signativum,
Post tres dies reddit vivum
　De ventris angustia.
Botrus Cypri reflorescit, 65
Dilatatur et excrescit;
Synagogæ flos marcescit
　Et floret Ecclesia.

12

Mors et Vita conflixere,
Resurrexit Christus vere, 70
Et cum Christo surrexere
　Multi testes gloriæ.
Mane novum, mane lætum
Vespertinum tergat fletum :
Quia Vita vicit Letum, 75
　Tempus est lætitiæ.

13

Jesu victor, Jesu vita,
Jesu vitæ via trita,
Cujus morte mors sopita,
Ad paschalem nos invita 80
　Mensam cum fiducia.
Vive panis, vivax unda,
Vera vitis et fecunda,
Tu nos pasce, tu nos munda,
Ut a morte nos secunda 85
　Tua salvet gratia.

XII

L'ASCENSION

NOTICE BIBLIOGRAPHIQUE

I. La prose suivante est attribuée à Adam par ABCD. Sa présence dans les missels et graduels de Saint-Victor confirme cette attribution.

II. Le texte manuscrit s'en trouve dans le manuscrit de la Bibl. nat. lat. 14872 (anc. 577 du fonds de Saint-Victor) *sous le nom de l'auteur.* Il se trouve *sans attribution :* 1º dans les missels et graduels de Saint-Victor; 2º dans ceux de l'Église de Paris; 3º dans le Séquentiaire de Saint-Martial de Limoges (Bibl. Nat. lat. 1139, xiie-xiiie siècle). etc. — Une traduction manuscrite du xve siècle est renfermée dans le manuscrit de la Bibl. Nat. fr. 180.

III. Cette prose a été publiée, depuis notre 1re édition, par Gall. Morel (*Lateinische Hymnen des Mittelalters*, Einsiedeln, 1866, p. 47), d'après un Recueil imprimé à Paris en 1585 (*Hymni, Collectæ*), etc..

IV. A Saint-Victor et dans l'Église de Paris. on la chantait le dimanche dans l'octave de l'Ascension.

V. Variantes et corrections. — V. 8. *Non apparens* (1139). — V. 14. *Cœlo* (1re édition). *Cœlis* est garanti par l'accord de deux familles de manuscrits : 1º graduels de Saint-Victor (Bibl. Nat. lat. 14452, 14819, 14448, Ars. 197); 2º graduels de Paris (Bibl. Nat. lat. 15615 et Ars. 110). Cf. le texte de Gall Morel. — V. 21. *Pro peccatorum hostia* (ms. 14872). — V. 41. *Et* (venena et) *serpentes* (texte de Gall Morel).

— V. 46. *In peccatis* (mauvaise leçon de notre 1re édition). *A peccatis* est fourni par tous les textes manuscrits : 1º Bibl. Nat. lat. 14452, 14819, 14448. Ars. 197 ; 2º Bibl. Nat. 14872 ; 3º Ars. 110 et Bibl. Nat. lat. 15615 ; 4º Bibl. Nat. lat. 1139. — V. 48. *Præmium* (1139).

TEXTE D'ADAM

1

Postquam hostem et inferna
Spoliavit, ad superna
Christus redit gaudia :
Angelorum ascendenti,
Sicut olim descendenti,   5
Parantur obsequia.

2

Super astra sublimatur :
Non apparet, absentatur
Corporis præsentia.
Cuncta tamen moderatur,   10
Cujus Patri coæquatur
Honor et potentia.

3

Modo victor, modo tutus,
Est in cœlis constitutus
Rector super omnia.   15
Non est rursum moriturus
Nec per mortem mundaturus
Hominum contagia.

4

Semel enim incarnatus,
Semel passus, semel datus 20
   Pro peccatis hostia,
Nullam feret ultra pœnam :
Nam quietem habet plenam
   Cum summa lætitia.

5

Cum recessit, ita dixit, 25
Intimavit et infixit
   Talia discipulis :
« Ite, mundum circuite;
« Universos erudite
   « Verbis et miraculis. 30

6

« Nam ad Patrem meum ibo;
« Sed sciatis quod redibo :
   « Veniet Paraclitus
« Qui disertos et loquaces,
« Et securos, et audaces 35
   « Faciet vos penitus.

7

« Super ægros et languentes
« Manus vestras imponentes,
   « Sanitatem dabitis;

« Universas res nocentes, 40
« Inimicos et serpentes
  « Et morbos fugabitis.

8

« Qui fidelis est futurus
« Et cum fide suscepturus
  « Baptismi remedium, 45
« A peccatis erit purus
« Et cum justis habiturus
  « Sempiternum gaudium. »

XIII

LA PENTECOTE

NOTICE BIBLIOGRAPHIQUE

I. La prose suivante est attribuée à Adam par ABCD. Sa présence dans les missels et graduels de Saint-Victor confirme cette attribution.

II. Le texte manuscrit s'en trouve *sous le nom de l'auteur* dans le manuscrit de la Bibl. Nat. lat. 14872 (anc. 577 du fonds de Saint-Victor), et *sans attribution* : 1º dans les missels et graduels de Saint-Victor ; 2º dans ceux de l'Église de Paris ; 3º dans ceux de Sainte-Geneviève ; 4º dans ceux de Cluny, etc. ; 5º dans le séquentiaire de Saint-Martial-de-Limoges (Bibl. Nat. lat. 1139, xiiᵉ-xiiiᵉ siècle), etc. — Une traduction manuscrite, en vers français du xvᵉ siècle, est renfermée dans le manuscrit de la Bibl. Nat. fr. 180.

III. Le texte imprimé s'en trouve *sous le nom de l'auteur* : 1º dans l'*Elucidatorium ecclesiasticum* de Clichtove, quatrième partie ; 2º dans la *Patrologie* de Migne, t. CXCVI (*Proses d'Adam*, col. 1447) ; 3º dans les notes du *Rational ou Manuel des offices divins*, de Guillaume Durand, traduit par Ch. Barthélemy (III, 515) ; 4º dans les *Carmina e poetis christianis excerpta* de M. F. Clément (p. 483) ; 5º dans l'*Année liturgique* de D. Guéranger (*Le temps pascal*, t. III, p. 439). — Ch. Barthélemy et D. Guéranger en ont donné la traduction en regard de leur texte, et F. Clément dans la traduction de ses *Carmina*.

IV. Cette prose se chantait à Saint-Victor et à Sainte-

Geneviève, le lundi de la Pentecôte ; dans l'Église de Paris, le mardi.

V. Variantes et corrections. V. 6. *Linguæ, cordis*, texte de Clichtove et 1re édition). Notre leçon est assurée par l'accord de tous les textes manuscrits : 1º graduels de Saint-Victor (Bibl. Nat. lat. 14452, 14819, 14448, Ars. 197) ; 2º Bibl. Nat. lat. 14872 ; 3º graduels de Paris (Ars. 110 et Bibl. Nat. 16615 ; 4º missel de Sainte-Geneviève (BBl1) ; 5º Séquentiaire de Saint-Martial (Bibl. Nat. lat. 1139). — V. 7. *Quod* (Bibl. Nat. lat. 15615, graduel de Paris, xiiie siècle ; texte de Clichtove et 1re édition). *Quem* est la leçon de tous les manuscrits de Saint-Victor et de Sainte-Geneviève, comme aussi de 1139. — V. 33. *Paret* (Bibl. Nat. lat. 14452, 14819 et 14872). *Parat* (Ars. 197 ; Bibl. Nat. lat. 14448 et 15615 ; Ars. 110 ; Bibl. Sainte-Geneviève BBl1 ; Bibl. Nat. lat. 1139). — V. 36. *Sunt* (Bibl. Nat. lat. 14819 et 14448 ; Ars. 110). *Sint* (Bibl. Nat. lat. 14452 et 14872 ; Ars. 197 ; Bibl. Nat. lat. 15615 et 1139). — V. 39. *Si non uni moribus* (1139). C'est le seul ms. qui donne cette leçon. — V. 40. *Et* (Ibid.). — V. 43. A Sainte-Geneviève on faisait ici une coupure, et le reste de la prose : *Consolator alme veni,* etc., composait une autre séquence ; — V. 50. *Nisi* (Bibl. Nat. lat. 1139 ; Ars. 110 et Bibl. Nat. lat. 15615 (graduel de Paris au xiiie siècle) ; texte de Clichtove et 1re édition). *Sine* est donné par les graduels de Saint-Victor, par le ms. 14872 et par le ms. de Sainte-Geneviève BBl1. — V. 56. *Laudamus* (Ars. 110 et Bibl. Nat. lat. 15615: graduel de Paris au xiiie siècle). *Laudemus* se lit : 1º dans les graduels de Saint-Victor (Bibl. Nat. lat. 14452, 14819, 14448, Ars. 197) ; 2º dans le ms. de la Bibl. Nat. lat. 14872. — V. 60. *Tu qui condis omne bonum*. On trouve cette leçon dans le séquentiaire de Saint-Martial (Bibl. Nat. lat. 1139, xiie-xiiie siècle) et dans le graduel de Paris au xiiie siècle (Bibl. Nat. lat. 15615), et c'est de là sans doute qu'elle a passé dans le texte de Clichtove et dans les autres textes imprimés. Les autres manuscrits, et notamment les graduels de Saint-Victor et de Sainte-Geneviève, nous offrent la leçon que nous avons adoptée. — V. 65. *Puritatis.* Cette leçon est offerte par le séquentiaire de Saint-Martial (Bibl. Nat. lat. 1139, xiie-xiiie siècle), et par le graduel de Paris (Bibl. Nat. lat. 15615 et Ars. 110), d'où elle a passé dans le texte de Clichtove et dans les autres textes imprimés. *Pietatis* est donné par tous les autres textes manuscrits. — V. 66. *Revocatis* (14872). *Renovatis* est la leçon de tous les autres manuscrits.

TEXTE D'ADAM

1

Lux jocunda, lux insignis,
Qua de throno missus ignis
  In Christi discipulos,
Corda replet, linguas ditat,
Ad concordes nos invitat   5
  Cordis, linguæ modulos.

2

Christus misit quem promisit,
Pignus sponsæ quam revisit
  Die quinquagesima :
  Post dulcorem melleum   10
  Petra fudit oleum,
  Petra jam firmissima.

3

In tabellis saxeis,
Non in linguis igneis,
Lex de monte populo :   15

Paucis cordis novitas
Et linguarum unitas
 Datur in cænaculo.

4

O quam felix, quam festiva
Dies, in qua primitiva 20
 Fundatur Ecclesia!
 Vivæ sunt primitiæ
Nascentis Ecclesiæ,
 Tria primum millia.

5

Panes legis primitivi 25
Sub una sunt adoptivi
 Fide duo populi :
Se duobus interjecit
Sicque duos unum fecit
 Lapis, caput anguli. 30

6

Utres novi, non vetusti,
Sunt capaces novi musti :
 Vasa paret vidua.
Liquorem dat Elisæus;
Nobis sacrum rorem Deus 35
 Si corda sint congrua.

7

Non hoc musto vel liquore,
Non hoc sumus digni rore,
 Si discordes moribus.

In obscuris vel divisis 40
Non potest hæc Paraclisis
   Habitare cordibus.

8

Consolator alme, veni;
Linguas rege, corda leni :
Nihil fellis aut veneni 45
   Sub tua præsentia.
Nil jocundum, nil amœnum,
Nil salubre, nil serenum,
Nihil dulce, nihil plenum,
   Sine tua gratia. 50

9

Tu lumen es et unguentum,
Tu cœleste condimentum,
Aquæ ditans elementum
   Virtute mysterii.
Nova facti creatura, 55
Te laudemus mente pura,
Gratiæ nunc, sed natura
   Prius iræ filii.

10

Tu qui dator es et donum,
Nostri cordis omne bonum, 60
Cor ad laudem redde pronum,
Nostræ linguæ formans sonum
   In tua præconia.

Tu purga nos a peccatis,
Auctor ipse pietatis, 65
Et in Christo renovatis
Da perfectæ novitatis
  Plena nobis gaudia.

XIV

LA PENTECOTE

NOTICE BIBLIOGRAPHIQUE

I. La prose suivante est attribuée à Adam par BD. Sa présence dans les missels et graduels de Saint-Victor est nécessaire pour confirmer cette attribution.

II. Le texte manuscrit s'en trouve *sous le nom de l'auteur* dans le manuscrit de la Bibl. Nat. lat. 14872 (anc. 577 du fonds de Saint-Victor), et *sans attribution :* 1º dans les missels et graduels de Saint-Victor; 2º dans ceux de l'Église de Paris ; 3º dans le séquentiaire de Saint-Martial-de-Limoges (Bibl. Nat. lat. 1139, xiie-xiiie siècle), etc. — Une traduction manuscrite, en vers français du xve siècle, est renfermée dans le manuscrit de la Bibl. Nat. fr. 180.

III. Le texte imprimé s'en trouve *sous le nom de l'auteur :* 1º dans l'*Elucidatorium ecclesiasticum* de Clichtove, quatrième partie ; 2º dans la *Patrologie* de Migne, tome CXCVI (*Proses d'Adam*, col. 1422 et ss.); 3º dans les notes du *Rational ou Manuel des divins offices*, de Guillaume Durand, traduit par Ch. Barthélemy (III, 518 ; 4º dans les *Carmina e poetis christianis excerpta* de F. Clément (p. 485); 5º dans l'*Année liturgique* de D. Guéranger (*Le temps pascal*, t. III, p. 307). — La traduction en a été donnée par Ch. Barthélemy et par D. Guéranger en regard de leur texte, et par F. Clément dans la traduction de ses *Carmina*.

IV. Cette prose se chantait à Saint-Victor le mardi de la Pentecôte, et le vendredi dans l'Église de Paris.

V. Variantes et corrections. — V. 13. *Lumen clarum*,

lumen charum (texte de Clichtove). — V. 17. *Tu peccatum et peccati* (Bibl. Nat. lat. 1139, texte de Clichtove et 1re édition). *Tu* est donné par les manuscrits suivants : 1º graduels de Saint-Victor (Bibl. Nat. lat. 14452, 14819, 14448, Ars. 197); 2º Bibl. Nat. lat. 14872; 3º graduels de Paris (Ars. 110 et Bibl. Nat. 15615). — V. 59-61. Ces vers sont omis dans le texte de Clichtove, suivi par Ch. Barthélemy et F. Clément. — V. 59. *Consolator, confortator* (1139). C'est le seul ms. que nous offre cette leçon. — V. 82. *Reddit* (1139).

TEXTE D'ADAM

1

Qui procedis ab utroque,
　　Genitore Genitoque
　Pariter, Paraclite,
Redde linguas eloquentes :
Fac ferventes in te mentes　　　　　　　5
　Flamma tua divite.

2

Amor Patris Filiique,
Par amborum et utrique
　　Compar et consimilis,
Cuncta reples, cuncta foves,　　　　　　10
Astra regis, cœlum moves,
　　Permanens immobilis.

3

Lumen carum, lumen clarum.
Internarum tenebrarum
　　Effugas caliginem ;　　　　　　　　15

Per te mundi sunt mundati ;
Tu peccatum, tu peccati
 Destruis rubiginem.

4

Veritatem notam facis
Et ostendis viam Pacis   20
 Et iter Justitiæ.
Perversorum corda vitas,
Et bonorum corda ditas,
 Munere scientiæ.

5

Te docente nil obscurum,   25
Te præsente nil impurum ;
 Sub tua præsentia
Gloriatur mens jocunda ;
Per te læta, per te munda
 Gaudet conscientia.   30

6

Tu commutas elementa ;
Per te suam sacramenta
 Habent efficaciam :
Tu nocivam vim repellis,
Tu confutas et refellis   35
 Hostium nequitiam.

7

Quando venis,
Corda lenis ;

Quando subis,
　Atræ nubis　　　　　　　　　　40
Effugit obscuritas;
　Sacer ignis,
　Pectus ignis;
　Non comburis,
　Sed a curis　　　　　　　　　　45
Purgas, quando visitas.

8

Mentes prius imperitas
Et sopitas et oblitas
　Erudis et excitas.
Foves linguas, formas sonum :　　50
Cor ad bonum facit pronum
　A te data charitas.

9

O juvamen oppressorum,
O solamen miserorum,
　Pauperum refugium,　　　　　55
Da contemptum terrenorum :
Ad amorem supernorum
　Trahe desiderium.

10

Consolator et fundator,
Habitator et amator　　　　　　60
　Cordium humilium,

Pelle mala, terge sordes,
Et discordes fac concordes,
   Et affer præsidium.

11

Tu qui quondam visitasti,   65
Docuisti, confortasti
   Timentes discipulos,
Visitare nos digneris :
Nos, si placet, consoleris
   Et credentes populos.   70

12

Par majestas personarum;
Par potestas est earum,
   Et communis deitas :
Tu procedens a duobus
Coæqualis es ambobus :   75
   In nullo disparitas.

13

Quia tantus es et talis
Quantus Pater est et qualis,
   Servorum humilitas
Deo Patri, Filioque   80
Redemptori, tibi quoque
   Laudes reddat debitas!

XV

LA PENTECOTE

NOTICE BIBLIOGRAPHIQUE

I. La prose suivante est attribuée à Adam par ABCD. Sa présence dans les missels et graduels de Saint-Victor confirme cette attribution.

II. Le texte manuscrit s'en trouve dans le manuscrit de la Bibl. Nat. lat. 14872 (anc. 577 du fonds de Saint-Victor) *sous le nom de l'auteur.* On le trouve *sans attribution* : 1º dans les missels et graduels de Saint-Victor ; 2º dans ceux de l'Église de Paris ; 3º dans ceux de Sainte-Geneviève ; 4º dans ceux de Cluny, etc. — Une traduction manuscrite, en vers français du xvᵉ siècle, est renfermée dans le manuscrit de la Bibl. Nat. fr. 180.

III. Le texte imprimé s'en trouve *sous le nom de l'auteur* : 1º dans l'*Elucidatorium ecclesiasticum* de Clichtove, quatrième partie ; 2º dans la *Patrologie* de Migne, t. CXCVI (*Proses d'Adam*, col. 1451) ; 3º dans le *Rational ou Manuel des divins offices*, de Guillaume Durand, traduit par Ch. Barthélemy, qui en a donné une traduction en regard du texte (III, 517).

IV. On chantait cette prose à Saint-Victor le jeudi de la Pentecôte ; dans l'Église de Paris, le mercredi ; à Sainte-Geneviève, le mardi.

V. Variantes et corrections. — V. 4. *Tenebras.* Cette leçon est, dès le xiiiᵉ siècle, celle qu'on lit dans un manuscrit du graduel de Paris (Ars. 110), et c'est de là sans doute qu'elle a passé dans le texte de Clichtove et dans les autres textes imprimés. *Latebras* est donné : 1º par les graduels et missels de Saint-Victor (Bibl. Nat. lat. 14452, 14819, 14448, Ars. 197); 2º par le ms. de la Bibl. Nat. lat. 14872; 3º par un autre ms. du graduel de Paris au xiiiᵉ siècle (Bibl. Nat. lat. 15615) ; 4º par le missel de Sainte-Geneviève (Bibl. Sainte-Geneviève BB11). — V. 23. *Nec* se trouve, dès le xiiiᵉ siècle, dans les graduels de Paris (Bibl. Nat. lat. 15615, et Ars. 110), comme dans le missel de Sainte-Geneviève (Bibl. Sainte-Geneviève BB11), et c'est de là qu'il a passé dans le texte de Clichtove et dans les autres textes imprimés. *Non* est donné : 1º par les graduels et missels de Saint-Victor (Bibl. Nat. lat. 14452, 14819, 14448, Ars. 197); 2º par le ms. de la Bibl. Nat. lat. 14872. — V. 24. *Effudit* (texte de Clichtove et 1ʳᵉ édition). *Infundit* est donné par toutes les familles de textes. — V. 32. *Dii* (14819, 14872, etc. etc.). — V. 43. *Jubelei* (mss. 14819, 14448, 14872, etc.). — V. 49. *Jubeleus* (Ibid.).

TEXTE D'ADAM

1

Simplex in essentia,
Septiformis gratia,
Nos reformet Spiritus;
Cordis lustret latebras
Et carnis illecebras   5
Lux emissa cœlitus.

2

Lex præcessit in figura,
Lex pœnalis, lex obscura,
Lumen evangelicum.

Spiritalis intellectus,
Litterali fronde tectus,
　Prodeat in publicum.

3

Lex de monte populo,
Paucis in cœnaculo
　Nova datur gratia.
Situs docet nos locorum,
Præceptorum vel donorum
　Quæ sit eminentia.

4

Ignis, clangor buccinæ,
Fragor cum caligine,
Lampadum discursio
Terrorem incutiunt :
Non amorem nutriunt,
Quem infundit unctio.

5

　Sic in Sina
　Lex divina
Reis est imposita :
　Lex timoris,
　Non amoris,
Puniens illicita.

6

Ecce patres præelecti
Di recentes sunt effecti :
　Culpæ solvunt vincula.

Pluunt verbo, tonant minis;
Novis linguis et doctrinis 35
   Consonant miracula.

7

Exhibentes ægris curam.
Morbum damnant, non naturam.
   Persequentes scelera,
Reos premunt et castigant : 40
Modo solvunt, modo ligant,
   Potestate libera.

8

Typum gerit Jubilei
Dies iste, si diei
   Requiris mysteria, 45
   In quo tribus millibus
   Ad fidem currentibus
   Pullulat Ecclesia.

9

Jubileus est vocatus
Vel *dimittens* vel *mutatus*, 50
Ad priores vocans status
   Res distractas libere.
Nos, distractos sub peccatis,
Liberet lex charitatis,
Et perfectæ libertatis 55
   Dignos reddat munere.

XVI

LA TRINITÉ

NOTICE BIBLIOGRAPHIQUE

I. La prose suivante est attribuée à Adam par ABCD. Sa présence dans les missels et graduels de Saint-Victor confirme cette attribution.

II. Le texte manuscrit s'en trouve *sous le nom de l'auteur* dans le manuscrit de la Bibl. Nat. lat. 14872 (anc. 577 de Saint-Victor), et *sans attribution* : 1º dans les missels et graduels de Saint-Victor ; 2º dans ceux de l'Église de Paris ; 3º dans ceux de Cluny, etc. ; 4º dans le manuscrit latin 30^d de la Bibl. de Genève, etc. — Une traduction manuscrite, en vers français du xve siècle, est renfermée dans le manuscrit de la Bibl. Nat. fr. 180.

III. Le texte imprimé s'en trouve *sous le nom de l'auteur* : 1º dans l'*Elucidatorium ecclesiasticum* de Clichtove, quatrième partie; 2º dans la *Patrologie* de Migne, t. CXCVI (*Proses d'Adam*, col. 1457); 3º dans les notes du *Rational ou Manuel des divins offices*, de Guillaume Durand, traduit par Ch. Barthélemy (III, 520); 4º dans les *Carmina e poetis christianis excerpta* de F. Clément (p. 487); 5º dans la continuation de l'*Année liturgique* de D. Guéranger (*Le temps après la Pentecôte*, t. I, p. 148). — Ch. Barthélemy et le continuateur de D. Guéranger en ont donné la traduction en regard de leur texte, et F. Clément dans la traduction de ses *Carmina*.

V. Variantes et corrections. — V. 7. *Hæc* (1re édition). *Hee* (mss.). — V. 11. *Ut* (14872). *Est* est garanti par l'accord de tous les autres manuscrits. — V. 15. *Cuncta simplicia* (1re édition). *Sunt*, nécessaire au rythme, se lit dans tous les manuscrits. — V. 39. *Causat* (texte de Clichtove et 1re édition). *Creat* est garanti par l'accord de tous les manuscrits : 1º graduels et missels de Saint-Victor (Bibl. Nat. lat. 14452, 14819, 14448, Ars. 197); 2º Bibl. Nat. lat. 14872; 3º graduels de Paris (Bibl. Nat. lat. 15615 et Ars. 110). = V. 49. *Ne festinet* (texte de Clichtove et 1re édition). *Non* (ms. 14819, 14448, 14872, etc.) — V. 51. *Insolerter* (texte de Clichtove, dans Migne, l. l., et 1re édition). Toutes les familles de manuscrits s'accordent à nous donner *insolenter*. — V. 53. *Declinet* (texte de Clichtove et 1re édition). *Attendat* est également garanti par l'accord de tous les textes manuscrits qui ont été énumérés ci-dessus.

TEXTE D'ADAM

1

Profitentes unitatem,
  Veneremur Trinitatem
    Pari reverentia,
Tres personas asserentes   5
Personali differentes
    A se differentia.

2

Hæ dicuntur *relative*,
Quum sint unum *substantive*,
    Non tria principia.
Sive dicas tres vel tria,   10
Simplex tamen est *usia*,
    Non triplex essentia.

3

Simplex esse, simplex posse,
Simplex velle, simplex nosse,
  Cuncta sunt simplicia.   15
Non unius quam duarum
Sive trium personarum
  Minor efficacia.

4

Pater, Proles, sacrum Flamen,
Deus unus ; sed hi tamen   20
  Habent quædam propria.
Una virtus, unum numen,
Unus splendor, unum lumen,
  Hoc una quod alia.

5

Patri Proles est æqualis,   25
Nec hoc tollit personalis
  Amborum distinctio.
Patri compar Filioque,
Spiritalis ab utroque
  Procedit connexio.   30

6

Non humana ratione
Capi possunt hæ personæ,
  Nec harum discretio.
Non hic ordo temporalis,
Non hic situs, aut localis   35
  Rerum circumscriptio.

7

Nil in Deo præter Deum ;
Nulla causa præter eum
   Qui creat causalia.
Effectiva vel formalis   40
Causa Deus et finalis,
   Sed nunquam materia.

8

Digne loqui de personis
Vim transcendit rationis,
   Excedit ingenia.   45
Quid sit gigni, quid processus,
Me nescire sum professus :
   Sed fide non dubia.

9

Qui sic credit, non festinet,
Et a via non declinet   50
   Insolenter regia.
Servet fidem, formet mores,
Nec attendat ad errores
   Quos damnat Ecclesia.

10

Nos in fide gloriemur,   55
Nos in una modulemur
   Fidei constantia :
Trinæ sit laus Unitati,
Sit et simplæ Trinitati
   Coæterna gloria !   60

XVII

LA DÉDICACE

NOTICE BIBLIOGRAPHIQUE

I. La prose suivante est attribuée à Adam par ABCD. Sa présence dans les missels et graduels de Saint-Victor confirme cette attribution.

II. Le texte manuscrit s'en trouve *sous le nom de l'auteur* dans le manuscrit de la Bibl. Nat. lat. 14872 (anc. 577 de Saint-Victor), et *sans attribution* : 1º dans les missels et graduels de Saint-Victor; 2º dans ceux de l'Église de Paris ; 3º dans ceux des Églises de Poitiers, Angers, Utrecht, Munster, etc.; 4º dans le séquentiaire de Saint-Martial de Limoges (Bibl. Nat. lat. 1139, xiie-xiiie siècle); 5º dans le manuscrit latin 30^d de la Bibliothèque de Genève; 6º dans le manuscrit 3719 de l'ancien fonds latin (incomplet), etc.

III. Depuis notre première édition, cette prose a été éditée par Gall Morel, d'après un manuscrit du xve siècle : *Lateinische Hymnen des Mittelalters* (Einsiedeln, 1866, p. 61). Elle a été de nouveau publiée en 1873 par Kehrein d'après le missel de Munster, 1520 : *Lateinische Sequenzen des Mittelalters aus Handscriften und Drücken* (Mainz, H. Kupferberg, p. 584, nº 872). Cf. Daniel. *Thesaurus hymnologicus,* t. V, p. 106 (d'après les missels d'Utrecht et d'Angers), etc.

IV. A Saint-Victor, on la chantait le jour de l'octave de la Dédicace; à Poitiers, le jour même de la fête, etc.

V. Variantes et corrections. — V. 1. *Salamon* (texte de

Gall Morel). — V. 2. *Cujus instar et* (Petrus Capuanus, in *Spicilegio Solesmensi*, III, 185). *Cujus instar est* (texte de Gall Morel). — V. 4. *Cujus est hic* (texte de Daniel). — V. 22. *Prima* est la leçon offerte : 1º par les graduels et missels de Saint-Victor (Bibl. Nat. lat. 14452, 14819, 14448) ; 2º par le ms. de la Bibl. Nat. lat. 14872, et l'on peut affirmer que c'est la bonne leçon. Il importe cependant d'ajouter que la leçon *ima* nous est offerte par le précieux ms. 1139 et par le ms. de la Bibl. nat. lat. 3719. Dès le xiiiᵉ siècle, le graduel de Paris (Bibl. Nat. 15615 et Ars. 110) avait adopté la même forme, qui de là sans doute a pénétré dans les textes publiés par Gall Morel et par Daniel, dans celui de Clichtove et dans notre 1ʳᵉ édition. — V. 23. *Sed secunda* (texte de Gall Morel). — V. 25. *Sexagena* (texte de Daniel). — V. 26. *Sed in partes* (ms. 14872). *Et ter tantum* (1139). *Sed et* est fourni : 1º par les mss. de la Bibl. nat. lat. 14452, 14819, 14448, Ars. 197 ; et 2º par les mss. de la Bibl. Nat. lat. 15615 et Ars. 110. — V. 27. *Alti* (1139). *Late* (texte de Gall Morel. — V. 30. *Deditos* (Gall Morel). — V. 35. *Stacte* (texte de Daniel). — V. 58. *Venit Tyri*. Leçon de notre 1ʳᵉ édition. Le ms. 110 de l'Arsenal (graduel de Paris au xiiiᵉ siècle) et le texte de Gall Morel portent *vivit*, qui est le fait d'une mauvaise lecture. *Juvit* est donné par tous nos autres textes manuscrits : 1º graduels et missels de Saint-Victor (Bibl. Nat. lat. 14452, 14819, 14448, Ars. 197) ; 2º Bibl. Nat. lat. 14872 ; 3º graduel de Paris 15615 ; 4º Bibl. Nat. lat. 1139 et 3719. — V. 60. *Ædificia* (Bibl. Nat. lat. 3719, xiiᵉ siècle, 15615, xiiiᵉ siècle ; Ars. 110, xiiiᵉ siècle, et 1ʳᵉ édition). Correction justifiée par le contexte, et : 1º par les mss. de la Bibl. Nat. lat. 14452, 14819, 14448, Ars. 197 ; 2º par le ms. de la Bibl. Nat. lat. 14872 ; 3º par le ms. de la Bibl. Nat. lat. 1139. — V. 61. *Jam* (1ʳᵉ édition). *Nam* est garanti par l'accord de tous les manuscrits. — V. 62. *Ex utrisque* (texte de Daniel).

TEXTE D'ADAM

1

Rex Salomon fecit templum,
Quorum instar et exemplum
  Christus et Ecclesia.
Hujus hic est imperator,
Fundamentum et fundator,   5
  Mediante gratia.

2

Quadri templi fundamenta
Marmora sunt, instrumenta
  Parietum paria :
Candens flos est castitatis   10
Lapis quadrus, in prælatis
  Virtus et constantia.

3

  Longitudo,
  Latitudo
Templique sublimitas,   15
  Intellecta
  Fide recta,
Sunt fides, spes, caritas.

4

Sed tres partes sunt in Templo
Trinitatis sub exemplo,   20
  Ima, summa, media :

Prima signat vivos cunctos,
Et secunda jam defunctos,
  Redivivos tertia.

5

Sexagenos quæque per se,   25
Sed et partes universæ
  Habent lati cubitos :
Harum trium tres conventus
Trinitati dant concentus
  Unitati debitos.   30

6

  Templi cultus
  Extat multus :
  Cinnamomus
  Odor domus,
Myrrha, stactis, casia,   35
  Quæ bonorum
  Decus morum
  Atque bonos
  Precum sonos
Sunt significantia.   40

7

  In hac casa,
  Cuncta vasa
  Sunt ex auro,
  De thesauro
  Præelecto penitus :   45

Nam magistros
Et ministros
Decet doctos
Et excoctos
Igne Sancti Spiritus.   50

8

Sic ex bonis
Salomonis
Quæ rex David
Præparavit
Fiunt ædificia;   55
 Nam in lignis
 Rex insignis
 Juvit Tyri,
 Cujus viri
Tractant artificia.   60

9

Nam ex gente Judæisque,
Sicut templum ab utrisque,
 Conditur Ecclesia :
Christe, qui hanc et hos unis,
Lapis huic et his communis,   65
 Tibi laus et gloria!

II

PROPRE DES SAINTS

XVIII

SAINT ANDRÉ

(30 novembre)

NOTICE BIBLIOGRAPHIQUE

I. La prose suivante est attribuée à Adam par ACD. (Cf., dans le manuscrit de la Bibl. Nat. lat. 14872, anc. 577 du fonds Saint-Victor, la note au crayon du f° 94, v°.) Sa présence dans les graduels et missels de Saint-Victor confirme cette attribution.

II. Le texte manuscrit s'en trouve *sans attribution* : 1° dans les missels et graduels de Saint-Victor; 2° dans ceux de l'Église de Paris; 3° dans ceux de l'abbaye Sainte-Geneviève, où elle a pénétré assez tard (BBl2, xive siècle, et non BBl1, xiiie siècle); 4° dans le séquentiaire de Saint-Martial de Limoges (Bibl. Nat. lat. 1139, xiie-xiiie siècles), etc. — Une traduction française du xve siècle est renfermée dans le manuscrit de la Bibl. Nat. fr. 180.

III. Le texte imprimé s'en trouve *sous le nom de l'auteur* : 1° dans l'*Elucidatorium ecclesiasticum* de Clichtove, quatrième partie; 2° dans la *Patrologie* de Migne, t. CXCVI (*Proses d'Adam*, col. 1422); 3° dans les notes du *Rational ou Manuel des divins offices*, de Guillaume Durand, traduit par Ch. Barthélemy (III, 525); 4° dans l'*Année liturgique* de D. Guéranger (1re édition, I, 278; 3e édition, I, 273), etc. — Ces deux derniers en ont donné la traduction en regard du texte.

V. Variantes et corrections. — V. 5. *Pro Christo*. C'est là une de ces corrections qu'on a fait subir aux proses d'Adam en les introduisant dans le graduel de Paris (Bibl. Nat. lat. 15615 et Ars. 110, xiii⁰ siècle). Nous n'adoptons cette correction qu'exceptionnellement, et parce qu'elle est justifiée par le contexte. *Pro fide* est la leçon du séquentiaire de Saint-Martial de Limoges (Bibl. Nat. lat. 1139, xii⁰-xiii⁰ siècles), des graduels et missels de Saint-Victor (Bibl. Nat. lat 14452, 14448, Ars. 197) et du missel de Sainte-Geneviève au xiv⁰ siècle (BB12). — V. 7. *Hic ad fidem* (1ʳᵉ édition, etc.). *Lucem* est donné par deux familles de manuscrits : 1⁰ graduels et missels de Saint-Victor (Bibl. Nat. lat. 14452, 14448, Ars. 197); 2⁰ graduels de Paris, dès le xiii⁰ siècle (Bibl. Nat. lat. 15615 et Ars. 110). Le missel de Sainte-Geneviève au xiv⁰ siècle (BB12) offre la même leçon.

TEXTE D'ADAM

1

Exsultemus et lætemur
Et Andreæ delectemur
  Laudibus apostoli :
Hujus fidem, dogma, mores,
Et pro Christo tot labores   5
  Digne decet recoli.

2

Hic ad lucem Petrum duxit,
Cui primum lux illuxit,
  Johannis indicio.
Secus mare Galilææ,   10
Petri simul et Andreæ
  Sequitur electio.

3

Ambo, prius piscatores,
Verbi fiunt assertores
  Et forma justitiæ.
Rete laxant in capturam
Vigilemque gerunt curam
  Nascentis Ecclesiæ.

4

A fratre dividitur
Et in partes mittitur
  Andreas Achaiæ.
In Andreæ retia
Currit, Dei gratia,
  Magna pars provinciæ.

5

Fide, vita, verbo, signis,
Doctor pius et insignis
  Cor informat populi.
Ut Ægeas comperit
Quid Andreas egerit,
  Iræ surgunt stimuli.

6

Mens secura, mens virilis,
Cui præsens vita vilis,
  Viget patientia.
Blandimentis aut tormentis,
Non enervat robur mentis
  Judicis insania.

7

Crucem videns præparari,
Suo gestit conformari
   Magistro discipulus.
   Mors pro morte solvitur   40
   Et crucis appetitur
   Triumphalis titulus.

8

In cruce vixit biduum,
Victurus in perpetuum;
Nec vult, volente populo,   45
Deponi de patibulo.

9

Hora fere dimidia
Luce perfusus nimia,
Cum luce, cum lætitia,
Pergit ad lucis atria.   50

9

O Andrea gloriose,
Cujus preces pretiosæ,
Cujus mortis luminosæ
   Dulcis est memoria;
Ab hac valle lacrymarum   55
Nos ad illud lumen clarum,
Pie pastor animarum,
   Tua transfer gratia.

XIX

SAINT ÉTIENNE, PREMIER MARTYR

(26 décembre)

NOTICE BIBLIOGRAPHIQUE

I. La prose suivante est attribuée à Adam par ABCD. Sa présence dans les missels et graduels de Saint-Victor confirme cette attribution.

II. Le texte manuscrit s'en trouve *sous le nom de l'auteur* dans le manuscrit de la Bibl. Nat. lat. 14872 (anc. 577 du fonds de Saint-Victor), et *sans attribution* : 1º dans les missels et graduels de Saint-Victor ; 2º dans ceux de l'Église de Paris ; 3º dans ceux de l'abbaye de Sainte-Geneviève, où elle a pénétré assez tard (BB12, xive siècle, et non BB11, xiiie siècle) ; 4º dans ceux de Cluny, etc ; 5º Le séquentiaire de Saint-Martial de Limoges (Bibl. Nat. lat. 1139, xiie-xiiie siècles) offre un texte de cette prose qui est notablement différent du nôtre (*Mundus heri lætabatur*, etc.) et dont nous avons déjà parlé dans notre *Avertissement au lecteur*, p. 19). Une traduction française du xve siècle est renfermée dans le manuscrit de la Bibl. Nat. fr. 180.

III. Le texte imprimé s'en trouve *sous le nom de l'auteur* 1º dans l'*Elucidatorium ecclesiasticum* de Clichtove, quatrième partie ; 2º dans la *Patrologie* de Migne, t. CXCVI (*Proses d'Adam*, col. 1424) ; 3º dans les notes du *Rational ou Manuel des divins offices*, de Guillaume Durand, traduit par Ch. Barthélemy (III, 499) ; 4º dans les *Carmina e poetis christianis excerpta* de F. Clément (p. 466) ; 5º dans l'*Année liturgique* de D. Guéranger (1re édition, II, 283, et

2ᵉ édition, II, 298, etc.). — Ch. Barthélemy et D. Guéranger ont donné chacun une traduction en regard du texte et F. Clément en a fait paraître une troisième dans la traduction de ses *Carmina*.

V. Variantes et corrections. — V. 6. *Cum victoria* (1139). — V. 19. *Agonista* (Ars., 110, graduel de Paris, xiiiᵉ siècle et Bibl. Sainte-Geneviève BB12, xivᵉ siècle ; texte de Clichtove et 1ʳᵉ édition). *Agoniza* nous est donné : 1° par les graduels et missels de Saint-Victor (Bibl. Nat. lat. 14452, 14448, Ars. 197); 2° par le ms. de la Bibl. Nat. lat. 14872; 3° par un exemplaire du graduel de Paris (Bibl. Nat. lat. 15615, xiiiᵉ siècle); 4° par le texte remanié du ms. 1139. — Dans ce même séquentiaire de Saint-Martial de Limoges (Bibl. Nat. lat. 1139, xiiᵉ-xiiiᵉ siècles), la prose commence par ces deux couplets de quatre vers: *Mundus heri lætabatur — Sub Christi præsentia; — Nunc recenti recitatur — Stephani memoria.* = *Post æterni temporale — Regis natalitium, — Celebremus triumphale — Militis martyrium.* Après quoi viennent les vers 4-6 de notre prose, qui sont suivis de ceux-ci : *Nunc cœlestes gaudent chori. — Præsentantes Salvatori — Stephanum cum gloria.* A la place de nos vers 10-12, le remanieur a écrit les suivants : *Proponebat verbum vitæ — Plebi minus eruditæ, — Resistens incredulis.* Les trois premiers vers de la strophe 3 sont également différents : *Dissecantur cordibus; — Strident in hunc dentibus — Viperarum filii,* comme aussi le vers 18 : *In verba mendacii.* Pas de différence jusqu'au vers 49, où la strophe suivante remplace notre couplet 9 : *Deponentes falsi testes — Ante pedes Sauli vestes. — Saxa rotant saxei. — Gens ignara pietatis. — Cur insontem lapidatis — Assertorem fidei?* — Nos strophes 11-13 sont omises dans le ms. 1139. Somme toute, rien ne semble plus médiocre qu'un tel remaniement, et il était difficile de toucher plus niaisement à un pareil chef-d'œuvre.

TEXTE D'ADAM

1

Heri mundus exsultavit
Et exsultans celebravit
  Christi natalitia;
Heri chorus angelorum
Prosecutus est cœlorum   5
  Regem cum lætitia.

2

Protomartyr et levita,
Clarus fide, clarus vita,
  Clarus et miraculis,
Sub hac luce triumphavit   10
Et triumphans insultavit
  Stephanus incredulis.

3

Fremunt ergo tanquam feræ,
Quia victi defecere
  Lucis adversarii :   15
  Falsos testes statuunt,
  Et linguas exacuunt
  Viperarum filii.

4

Agoniza, nulli cede;
Certa certus de mercede,   20
  Persevera, Stephane :

Insta falsis testibus ;
Confuta sermonibus
Synagogam Satanæ.

5

Testis tuus est in cœlis, 25
Testis verax et fidelis,
  Testis innocentiæ.
Nomen habes coronati :
Te tormenta decet pati
  Pro corona gloriæ. 30

6

Pro corona non marcenti
Perfer brevis vim tormenti :
  Te manet victoria.
Tibi fiet mors natalis,
Tibi pœna terminalis 35
  Dat vitæ primordia.

7

Plenus sancto Spiritu,
Penetrat intuitu
  Stephanus cœlestia.
Videns Dei gloriam, 40
Crescit ad victoriam,
  Suspirat ad præmia.

8

En a dextris Dei stantem,
Jesum pro te dimicantem,
  Stephane, considera : 45

Tibi cœlos reserari,
Tibi Christum revelari,
  Clama voce libera.

9

Se commendat Salvatori,
Pro quo dulce ducit mori   50
  Sub ipsis lapidibus.
Saulus servat omnium
Vestes lapidantium,
  Lapidans in omnibus.

10

Ne peccatum statuatur   55
His a quibus lapidatur,
Genu ponit et precatur,
  Condolens insaniæ.
In Christo sic obdormivit,
Qui Christo sic obedivit,   60
Et cum Christo semper vivit,
  Martyrum primitiæ.

11

Quod sex suscitaverit
Mortuos in Africa,
Augustinus asserit,   65
Fama refert publica.

12

Hujus, Dei gratia,
Revelato corpore,

Mundo datur pluvia
　Siccitatis tempore.　　　　　　　　　　70

13

Solo fugat hic odore
　Morbos et dæmonia,
Laude dignus et honore
　Jugique memoria.

14

Martyr, cujus est jocundum　　　　　　75
　Nomen in Ecclesia,
Languescentem fove mundum
　Cœlesti fragantia.

XX

SAINT JEAN L'ÉVANGÉLISTE

(27 décembre)

NOTICE BIBLIOGRAPHIQUE

I. La prose suivante est attribuée à Adam par ABCD. Sa présence dans les graduels et missels de Saint-Victor est faite pour confirmer cette attribution.

II. Le texte manuscrit s'en trouve *sous le nom de l'auteur* dans le manuscrit de la Bibl. Nat. lat. 14872 (anc. 577 du fonds de Saint-Victor), et *sans attribution* : 1º dans les missels et graduels de Saint-Victor ; 2º dans ceux de l'Église de Paris ; 3º dans ceux de l'abbaye de Sainte-Geneviève (BB12. xivᵉ siècle, et non BB11, xiiiᵉ siècle), etc. — Une traduction française du xvᵉ siècle est renfermée dans le manuscrit de la Bibl. Nat. fr. 180.

III. Le texte imprimé s'en trouve *sous le nom de l'auteur* : 1º dans l'*Elucidatorium ecclesiasticum* de Clichtove, quatrième partie ; 2º dans la *Patrologie* de Migne, t. CXCVI (*Proses d'Adam*, col. 1427) ; 3º dans le *Rational ou Manuel des divins offices*, de Guillaume Durand, traduit par Ch. Barthélemy (III, 504) ; 4º dans les *Carmina e poetis christianis excerpta* de F. Clément (p. 469) ; 5º dans l'*Année liturgique* de D. Guéranger (2ᵉ édition, II, 485), etc. — Ch. Barthélemy et D. Guéranger ont accompagné leur texte d'une traduction, et F. Clément en a fait paraître une troisième dans la traduction de ses *Carmina*.

V. Variantes et corrections. — V. 12. *Qui* (Ars. 110,

première rédaction, corrigée plus tard ; texte de Clichtove et 1re édition). *Cui* est donné : 1º par les graduels et missels de Saint-Victor (Bibl. Nat. lat. 14452, 14819, 14448, Ars. 197) ; 2º par le graduel de Paris au xiiie siècle (Bibl. Nat. lat. 15615) ; 3º par le ms. de la Bibl. Nat. lat. 14872 ; 4º par le missel de Sainte-Geneviève (BB12, xive siècle). — V. 15. *Matrem Christus* (1re édition). *Christus Matrem* est garanti par l'accord de tous les manuscrits : 1º graduels et missels de Saint-Victor (Bibl. Nat. lat. 14452, 14819, 14448, Ars. 197) ; 2º Bibl. Nat. lat. 14872 ; 3º graduels de Paris au xiiie siècle (Bibl. Nat. lat. 15615 et Ars. 110) ; 4º missel de Sainte-Geneviève au xive siècle (BB12). — V. 19. *Honestate* (texte de Clichtove et 1re édition). *Puritate* est garanti par l'accord de tous les manuscrits. — V. 34. *Ex* (mss. 14452, 14819, 14448, Ars. 197 et Bibl. Nat. lat. 14872. *De* est la leçon du graduel de Paris, xiiie siècle (Bibl. Nat. lat. 15615). — V. 39. *Redivivus* (1re édition et textes imprimés). *Redit vivus* est justifié par l'accord des mss. 14452, 14819, 14448, Ars. 187 et Sainte-Geneviève BB12. *Redivivus* est la leçon du graduel de Paris au xiiie siècle (Bibl. Nat. lat. 15615). — V. 64. *Unam in substantia* est justifié par les mss. 14452, 14819, 14448, Ars. 197, Bibl. Ste-Gen. BB12 et Bibl. Nat. lat. 14872. *Unum in* (ms. 15615). *In una substantia* (texte de Clichtove et 1re édition).

TEXTE D'ADAM

1

G RATULEMUR
Ad festivum,
Jocundemur
Ad votivum
Johannis præconium : 5

Sic versetur
Laus in ore,
Ne fraudetur
Cor sapore
Quo degustet gaudium.   10

2

Hic est Christi prædilectus,
Cui reclinans supra pectus
   Hausit sapientiam ;
Huic in cruce commendavit
Christus Matrem ; hic servavit,   15
   Virgo, viri nesciam.

3

Intus ardens charitate,
Foris lucens puritate,
   Signis et eloquio,
Ut ab æstu criminali,   20
Sic immunis a pœnali,
   Prodiit ex dolio.

4

Vim veneni superavit ;
Morti, morbis imperavit
   Necnon et dæmonibus :   25
Sed vir tantæ potestatis,
Non minoris pietatis
   Erat tribulantibus.

5

Cum gemmarum partes fractas
Solidasset, has distractas   30
   Tribuit pauperibus.
Inexhaustum fert thesaurum,
Qui de virgis fecit aurum,
   Gemmas de lapidibus.

6

Invitatur ab amico   35
Convivari : Christum dico
   Visum cum discipulis.
De sepulcro quo descendit,
Redit vivus : sic ascendit
   Frui summis epulis   40

7

Testem habes populum,
Immo, si vis, oculum,
Quod ad ejus tumulum
Manna scatet, epulum
De Christi convivio.   45
Scribens Evangelium,
Aquilæ fert proprium,
Cernens solis radium,
Scilicet Principium,
Verbum in principio.   50

8

Hujus signis est conversa
Gens gentilis, gens perversa,
   Gens totius Asiæ.

Hujus scriptis illustratur,
Illustrata solidatur 55
  Unitas Ecclesiæ.

9

Salve, salvi vas pudoris,
Vas cœlestis plenum roris,
Mundum intus, clarum foris,
  Nobile per omnia. 60
Fac nos sequi sanctitatem;
Fac, per mentis puritatem,
Contemplari Trinitatem
  Unam in substantia.

XXI

SAINT THOMAS DE CANTORBÉRY

(29 décembre)

NOTICE BIBLIOGRAPHIQUE

I. La prose suivante est attribuée à Adam par ABD et par le P. Picard, en son ouvrage manuscrit intitulé : *Chronicon ecclesiæ Victorinæ* (manuscrit de la Bibl. Nat. lat. 14560, anc. 1054 de Saint-Victor, f° 18). Sa présence dans les missels et graduels de Saint-Victor confirme cette attribution.

II. Le texte manuscrit s'en trouve *sous le nom de l'auteur* dans le manuscrit de la Bibl. Nat. lat. 14872 (anc. fonds de Saint-Victor 577), et *sans attribution* : 1° dans les missels et graduels de Saint-Victor ; 2° dans ceux de l'Église de Paris ; 3° dans ceux de l'Église de Sens ; 4° dans ceux de l'Église de Troyes, etc. — Une traduction française du xve siècle est renfermée dans le manuscrit de la Bibl. Nat. fr. 180.

III. Le texte imprimé s'en trouve *sans attribution* dans l'*Année liturgique* de D. Guéranger (1re édition, II, 369 ; 2e édition, II, 387 etc.), avec une bonne traduction en regard. Le savant bénédictin s'est servi du missel de Paris, et a omis les vers 50-54.

IV. L'Église de Paris chantait cette prose : 1° le jour même de la fête du saint ; 2° le jour de sa translation (7 juillet).

V. Variantes et corrections. — V. 21. *Cantia* (graduel de Paris, xiii⁰ siècle, Bibl. Nat. lat. 15615 et Ars. 110, et 1ʳᵉ édition). C'est là une de ces corrections qu'on a fait subir aux proses d'Adam en les introduisant dans le graduel de Paris. *Anglia* est la leçon : 1° des graduels et missels de Saint-Victor (Bibl. nat. lat. 14452, 14819, 14448, Ars. 197) ; 2° du ms. de la Bibl. Nat. lat. 14872. — V. 49. *Plurima miracula* (1ʳᵉ édition). *Miranda* est garanti par l'accord de tous les textes manuscrits : 1° graduels et missels de Saint-Victor (Bibl. Nat. lat. 14452, 14819, 14448, Ars. 197) ; 2° Bibl. Nat. lat. 14872 ; 3° graduels de Paris au xiii⁰ siècle (Bibl. Nat. lat. 15615 et Ars. 110). Même observation pour *veræ vitæ*, au vers 59. — V. 54. *A peccati* (14872). — V. 60. *Gaudia* (1ʳᵉ édition). *Præmia* nous est offert par tous les textes manuscrits : 1° graduels de Saint-Victor (Bibl. Nat. lat. 14452, 14819, 14448) ; 2° Bibl. Nat. lat. ms. 14872 ; 3° graduel de Paris au xiii⁰ siècle (Bibl. Nat. lat. 15615, Ars. 110). — La deuxième *clausula* de la strophe 8 (v. 50-54) manque dans les missels et graduels de l'Eglise de Paris, et n'est pas représentée dans la traduction française du dit missel (Bibl. Nat. fr. 180, xv⁰ siècle).

TEXTE D'ADAM

1

Gaude, Sion, et lætare ;
Voce, voto jocundare
 Solemni lætitia :
Tuus Thomas trucidatur ;
Pro te, Christe, immolatur   5
 Salutaris hostia.

2

Archipræsul et legatus,
Nullo tamen est elatus
   Honoris fastigio :
Dispensator summi Regis,   10
Pro tutela sui gregis
   Trusus est exsilio.

3

Telo certans pastorali,
Ense cinctus spiritali,
   Triumphare meruit :   15
Hic pro Dei sui lege
Et pro suo mori grege
   Decertare studuit.

4

Tunc rectore desolatam
Et pastore viduatam   20
   Se plangebat Anglia ;
Versa vice, plausu miro,
Exsultavit tanto viro
   Senonensis Gallia.

5

Quo absente, infirmatur,   25
Infirmata conculcatur
   Libertas Ecclesiæ ;
Sic nos, pater, reliquisti
Nec a vero recessisti
   Tramite Justitiæ.   30

6

Quondam cœtu curiali
Primus eras et regali
   Militans palatio :
Plebis aura favorali
Et, ut mos est, temporali   35
   Plaudebas præconio.

7

Consequenter es mutatus :
Præsulatu sublimatus,
Novus homo reparatus
   Felici commercio,   40
Ex adverso ascendisti
Et te murum objecisti :
Caput tuum obtulisti,
   Christi sacrificio.

8

Carnis tuæ morte spreta,   45
Triumphalis es athleta;
Palma tibi datur læta,
Quod testantur insueta
   Miranda miracula.
Per te visus cæcis datur   50
Claudis gressus instauratur,
Paralysis effugatur,
Vetus hostis propulsatur
   Et peccati macula.

9

Cleri gemma, clare Thoma, 55
Motus carnis nostræ doma
   Precum efficacia,
Ut, in Christo vera vite
Radicati, veræ vitæ.
   Capiamus præmia. 60

XXII

SAINTE GENEVIÈVE

(3 JANVIER)

NOTICE BIBLIOGRAPHIQUE

I. La prose suivante est attribuée à Adam par ABCD. Sa présence dans les missels et graduels de Saint-Victor confirme cette attribution.

II. Le texte manuscrit s'en trouve, *sous le nom de l'auteur*, dans le manuscrit de la Bibl. Nat. lat. 14872 (anc. 577 du fonds de Saint-Victor), et *sans attribution* : 1º dans les missels et graduels de Saint-Victor ; 2º dans ceux de l'Eglise de Paris ; 3º dans ceux de Sainte-Geneviève, dès le xiiiᵉ siècle (BB11, xiiiᵉ et BB12, xivᵉ siècle). — Une traduction en vers français du xvᵉ siècle est renfermée dans le manuscrit de la Bibl. Nat. fr. 180.

III. Le texte imprimé s'en trouve *sous le nom de l'auteur* : 1º dans l'*Elucidatorium ecclesiasticum* de Clichtove, quatrième partie ; 2º dans les notes du *Rational ou Manuel des divins offices*, de Guillaume Durand, traduit par Ch. Barthélemy (III, 532) ; 3º dans les *Carmina e poetis christianis excerpta* de F. Clément (p. 489) ; 4º dans l'*Année liturgique* de D. Guéranger (1ʳᵉ édition, II, 481 ; 2ᵉ édition, II, 499, etc.) — On trouve le même texte *sans attribution* dans les *Hymni latini* de Mone (III, 314, d'après deux manuscrits allemands. — La prose *Genovefæ solemnitas* fait partie du nouveau Propre du diocèse de Paris. — Ch. Barthélemy et D. Guéranger en ont donné chacun une traduction, et F. Clément en a fait paraître une troisième dans la traduction de ses *Carmina*.

V. Variantes et corrections. — V. 11. *Æreum* (BB11, xiiie siècle, et texte de Mone). — V. 15. *In templo* (texte de Clichtove). — V. 16. *Ditans* (Ars. 110 et Bibl. Nat. lat. 14452). — V. 17. *Insontem*. Cette leçon, sous la forme *insomptem*, se trouve, dès le xiiie siècle, dans le graduel de Paris (Ars. 110) et, dès le xiiie siècle aussi, dans le missel de Sainte-Geneviève (BB11). Notre 1re édition portait *insontem*, qui est la leçon de BB12 (xive siècle). *Infantem* est garanti par l'accord des manuscrits suivants : 1° graduels et missels de Saint-Victor (Bibl. Nat. lat. 14452, 14819, 14448, Ars. 197 ; 2° Bibl. Nat. 14872 ; 3° texte du graduel de Paris au xiiie siècle (Bibl. Nat. lat. 15615) ; 4° texte de Mone. — V. 21 et ss. Cette strophe a été supprimée dans le nouveau Propre du diocèse de Paris. — V. 40. *Cohercitus*. C'est la notation adoptée par tous les manuscrits sans exception. = Il faut remarquer que la strophe 2 est rimé *aabb*, tandis que toutes les autres sont rimées *abab*.

TEXTE D'ADAM

1

Genovefæ solemnitas
Solemne parit gaudium :
Cordis erumpat puritas
In laudis sacrificium !

2

Felix ortus infantulæ, 5
Teste Germano præsule :
Quod prævidit in spiritu,
Rerum probatur exitu.

3

Hic ad pectus virgineum,
Pro pudoris signaculo,
Nummum suspendit æneum,
Crucis insignem titulo.

4

Genovefam divinitus
Oblato dotat munere,
In templum sancti Spiritus
Sub Christi dicans fœdere.

5

Infantem manu feriens,
Mater privatur lumine :
Matri virgo compatiens
Lucis dat usum pristinæ.

6

Genovefa magnanimis
Carnem frangit jejunio,
Terramque rigans lacrymis,
Jugi gaudet martyrio.

7

Cœlesti duce prævio,
Cœlos lustrat et tartara,
Civesque precum studio
Servat a gente barbara.

8

Divino diu munere
Sitim levat artificum ; 30
Confractum casu miseræ
Matri resignat unicum.

9

Ad primam precem virginis
Contremiscunt dæmonia :
Pax datur energuminis, 35
Spes ægris, reis venia.

10

In ejus manu cerei
Reaccenduntur cœlitus ;
Per hanc, in sinus alvei
Redit amnis coercitus. 40

11

Ignem sacrum refrigerat,
Post mortem vivens meritis,
Quæ prius in se vicerat
Æstus interni fomitis.

12

Morti, morbis, dæmonibus 45
Et elementis imperat :
Sic Genovefa precibus
Naturæ leges superat.

13

Operatur in parvulis
Christi virtus magnalia : 50
Christo, pro tot miraculis,
Laus frequens, jugis gloria!

XXIII

SAINT VINCENT

(22 janvier)

NOTICE BIBLIOGRAPHIQUE

I. La prose suivante est attribuée à Adam par ABDC. Sa présence dans les missels et graduels de Saint-Victor confirme cette attribution.

II. Le texte manuscrit s'en trouve, *sous le nom de l'auteur*, dans le manuscrit de la Bibl. Nat. lat. 14872 (anc. 577 du fonds de Saint-Victor); 2º dans ceux de l'Église de Paris; 3º dans ceux de l'Église de Rouen, etc. — Une traduction en vers français du xvᵉ siècle est renfermée dans le manuscrit de la Bibl. Nat. fr. 180.

III. Le texte imprimé s'en trouve *sous le nom de l'auteur* : 1º dans l'*Elucidatorium ecclesiasticum* de Clichtove, quatrième partie; 2º dans la *Patrologie* de Migne, t. CXCVI (*Prose d'Adam*, col. 1475); 3º dans les notes du *Rational ou Manuel des divins offices*, de Guillaume Durand, traduit par Ch. Barthélemy (III, 538); 4º dans les *Carmina e poetis christianis excerpta* de F. Clément (p. 492); 5º dans l'*Année liturgique* de D. Guéranger (III, 412). — Trois traductions ont été publiées. la première par D. Guéranger, la seconde par Ch. Barthélemy, la troisième par F. Clément (dans la traduction de ses *Carmina*).

V. Variantes et corrections. — V. 10. *Hic arcem diaconi* (1ʳᵉ édition). Correction justifiée par le rythme et par tous les manuscrits sans exception. — V. 12. *Imperio* est une de ces corrections introduites dès le xiiiᵉ siècle dans le graduel de Paris (Bibl. Nat. lat. 15615 et Ars. 110) qui ont passé dans le texte de Clichtove. *Arbitrio* nous est donné par tous les graduels de Saint-Victor (Bibl. Nat. lat. 14452, 14819, 14448, Ars. 197); 2º par le ms. de la Bibl. Nat. lat. 14872. — V. 19. *Sanam* est donné par tous les manuscrits, au lieu de *suam* (1re édition). — V. 26. *Pertrahi* (texte de Clichtove et 1re édition). Tous les manuscrits donnent *protrahi*. — V. 45. *Non* est la leçon du graduel de Paris dès le xiiie siècle (Bibl. Nat. lat. 15615 et Ars. 110), qui a passé dans le texte de Clichtove et, de là, dans notre 1re édition). *Nec* est donné : 1º par les graduels et missels de Saint-Victor (Bibl. Nat. lat. 14452, 14819, 14448, Ars. 197); et 2º par le ms. de la Bibl. Nat. lat. 14872. — V. 46. *Confitetur* (texte de Clichtove et 1re édition). Tous les manuscrits donnent *profitetur*. — V. 80. *Nec* est donné par les mss. 14452, 14819, 15615 et Ars. 197. — V. 82. *Nec* au lieu de *nunc* (texte de Clichtove et 1re édition). Correction justifiée par tous les manuscrits.

TEXTE D'ADAM

1

Ecce dies præoptata,
Dies felix, dies grata,
  Dies digna gaudio :
Nos hanc diem veneremur,
Et pugnantem admiremur   5-
  Christum in Vincentio.

2

Ortu, fide, sanctitate,
Sensu, verbo, dignitate
  Clarus et officio,

Arcem diaconii 10
Sub patris Valerii
Regebat arbitrio.

3

Linguæ præsul impeditæ
Deo vacat, et levitæ
   Verbi dat officia : 15
Cujus linguam sermo rectus,
Duplex quoque simplex pectus
   Exornat scientia.

4

Dumque fidem docet sanam
Plebem Cæsaraugustanam, 20
   Comitante gratia,
   Sævit in Ecclesiam,
   Zelans idolatriam,
   Præsidis invidia.

5

Post auditam fidei constantiam, 25
Jubet ambos protrahi Valentiam
   Sub catenis.
Nec juveni parcitur egregio,
Nec ætas attenditur ab impio
   Sancti senis. 30

6

Fessos ex itinere,
Pressos ferri pondere,

Tetro claudit carcere,
Negans victualia.
Sic pro posse nocuit, 35
Nec pro voto potuit,
Quia suos aluit
Christi providentia.

7

Seniorem relegat exsilio,
Juniorem reservat supplicio 40
    Præses acerbiori.
Equuleum perpessus et ungulam,
Vincentius conscendit craticulam
    Spiritu fortiori.

8

Dum torretur, nec terretur, 45
Christum magis profitetur,
Nec tyrannum reveretur
    In ejus præsentia :
Ardet vultus inhumanus,
Hæret lingua, tremit manus, 50
Nec se capit Datianus
    Præ cordis insania.

9

Inde specu martyr retruditur,
Et testulis fixus illiditur :
Multa tamen hic luce fruitur, 55
    Ab angelis visitatus.

In lectulo tandem repositus,
Ad superos transit emeritus;
Sicque suo triumphans spiritus
    Est principi præsentatus.   60

10

Non communi sinit jure
Virum tradi sepulturæ :
Legi simul et naturæ
    Vim facit malitia.
In defunctum judex sævit :   65
Hinc defuncto laus accrevit.
Nam, quo vesci consuevit,
    Reformidat bestia.

11

En cadaver inhumatum
Corvus servat illibatum,   70
Sicque sua sceleratum
    Frustratur intentio.
        At profanus
        Datianus
        Quod consumi   75
        Nequit humi,
        Vult abscondi
        Sub profundi
Gurgitis silentio.

12

Non tenetur a molari,   80
Nec celari potest mari,

Quem nunc laude singulari
Venerari voto pari
  Satagit Ecclesia.
Ustulatum corpus igne   85
Terra, mari fit insigne.
Nobis, Jesu, da benigne
Ut cum sanctis te condigne
  Laudemus in patria !

XXIV

LA CONVERSION DE SAINT PAUL

(25 janvier)

NOTICE BIBLIOGRAPHIQUE

I. La prose suivante n'est attibuée à Adam que par B (manuscrit de la Bibl. Nat. lat. 14872, anc. 577 du fonds de Saint-Victor). Nous ne saurions, en général, faire estime de ce manuscrit, qui nous offre tant de fausses attributions ; mais il convient de remarquer que l'abbaye de Saint-Victor, au jour de la Conversion de saint Paul, chantait cette prose, et que le graduel victorin se compose principalement des œuvres de notre Adam. Il faut se rappeler en outre que la cause probable de l'omission de cette prose dans la liste attribuée à Guillaume de Saint-Lô réside uniquement dans une confusion facile à comprendre entre le *Jubilemus Salvatori qui spem dedit peccatori* et la séquence de Noël qui commence de même : *Jubilemus Salvatori quem cœlestes laudant chori*. Enfin, si l'on veut étudier le style de cette prose, on se persuadera légitimement qu'elle est d'Adam, et ne peut guère être que de lui. Mais, somme toute, c'est sa présence dans les missels et graduels de Saint-Victor qui constitue encore la meilleure preuve en faveur de cette attribution.

II. Le texte manuscrit s'en trouve *sous le nom de l'auteur* dans ce même manuscrit 14872, et *sans attribution* dans les missels et graduels de l'abbaye de Saint-Victor.

III. Elle est inédite.

V. Variantes et corrections. — V. 13. *Christus* (1ʳᵉ édition). *Jhesus* est donné, d'une part, par les graduels et missels de Saint-Victor (Bibl. Nat. lat. 14452, 14819, 14448, Ars. 197), et, de l'autre, par le ms. de la Bibl. Nat. lat. 14872.

TEXTE D'ADAM

1

Jubilemus Salvatori
Qui spem dedit peccatori
  Consequendi veniam,
Quando Saulum increpavit
Et conversum revocavit   5
  Ad matrem Ecclesiam.

2

Saulus, cædis et minarum
Spirans adhuc cruentarum
  In Christi discipulos,
Impetravit ut ligaret   10
Et ligatos cruciaret
  Crucifixi famulos.

3

Quem in via Jesus stravit,
Increpatum excæcavit
  Lucis suæ radio.   15
Qui, consurgens de arena,
Manu tractus aliena,
  Clauditur hospitio.

4

Flet, jejunat, orat, credit,
Baptizatur; lumen redit ; 20
  In Paulum convertitur
Saulus prædo nostri gregis.
Paulus præco nostræ legis
  Sic in Paulum vertitur.

5

Ergo, Paule, doctor gentis, 25
Vas electum, nostræ mentis
  Tenebras illumina,
Et per tuam nobis precem
Præsta vitam, atque necem
  Æternam elimina. 30

XXV

LA
PURIFICATION DE LA SAINTE VIERGE

(2 février)

NOTICE BIBLIOGRAPHIQUE

I. La prose suivante est attribuée à Adam par ABCD. Sa présence dans les missels et graduels de Saint-Victor confirme cette attribution.

II. Le texte manuscrit s'en trouve *sous le nom de l'auteur* dans le manuscrit de la Bibl. Nat. lat. 14872 (anc. 577 de Saint-Victor), et *sans attribution* dans les missels et graduels de Saint-Victor.

III. Elle est inédite.

V. Variantes et corrections. — V. 15. *Moveat* (ms. 14448). — V. 21. *Christi* (1re édition). La bonne leçon nous est donnée, d'une part, par les missels et graduels de Saint-Victor (Bibl. Nat. lat. 14452, 14819, 14448, Ars. 197), et, de l'autre, par le ms. de la Bibl. Nat. lat. 14872. — V. 36. *Inhorrescit* est la leçon des missels et graduels de Saint-Victor; *et horrescit* est celle du ms. 14872, qui est d'ailleurs fort acceptable, et que nous avions adoptée en notre 1re édition. — V. 49. *Decens matris* (mauvaise leçon du ms. 14872). — V. 52. *Via* (1re édition). *Viæ*, qui est la bonne leçon, nous est donné par les mss. 14452, 14819, 14448, 14872, Ars. 197. — V. 54. *Vini* (mss. 14819, 14872 et Ars. 197; 1re édition). *Vivi* est donné par 14452 et 14448. — V. 57. *Salvatori* (14448).

— V. 72. *Sublimis* (mauvaise leçon de notre 1re édition). *Illimis* nous est fourni par les mss. 14452, 14819, 14448, 14872, Ars. 197. — V. 76. *Immundi* (1re édition). Les mss. 14452, 14819, 14448, 14872, Ars. 197, s'accordent à nous donner *mundani*.

TEXTE D'ADAM

1

Templum cordis adornemus :
  Novo corde renovemus
    Novum senis gaudium :
Quod dum ulnis amplexatur,
Sic longævi recreatur   5
    Longum desiderium.

2

Stans in signum populorum,
Templum luce, laude chorum,
    Corda replens gloria,
Templo puer præsentatus,   10
Post in cruce vir oblatus
    Pro peccatis hostia.

3

Hinc Salvator, hinc Maria,
Puer pius, mater pia,
    Moveant tripudium!   15
Sed cum votis perferatur
Opus lucis, quod signatur
    Luce luminarium.

4

Verbum Patris lux est vera,
Virginalis caro cera,   20
  Christus, splendens cereus;
Cor illustrat ad sophiam,
Qua virtutis rapit viam
  Vitiis erroneus.

5

Christum tenens per amorem,   25
Bene juxta festi morem
  Gestat lumen cereum,
Sicut senex Verbum Patris
Votis, strinxit pignus matris
  Brachiis corporeum.   30

6

Gaude, mater genitoris,
Simplex intus, munda foris,
  Carens ruga, macula;
A dilecto præelecta,
Ab electo prædilecta   35
  Deo muliercula.

7

Omnis decor tenebrescit,
Deformatur, inhorrescit
  Tuum intuentibus :

Omnis sapor amarescit,   40
Reprobatur et sordescit
   Tuum prægustantibus.

8

Omnis odor redolere
Non videtur, sed olere
   Tuum odorantibus :   45
Omnis amor aut deponi
Prorsus solet, aut postponi,
   Tuum nutrientibus.

9

Decens maris luminare,
Decus matrum singulare,   50
Vera parens Veritatis,
Viæ, Vitæ, Pietatis,
   Medicina sæculi ;
Vena vivi fontis vitæ
Sitienda cunctis rite,   55
Sano dulcis et languenti,
Salutaris fatiscenti
   Confortantis poculi ;

10

   Fons signate
   Sanctitate,   60
   Rivos funde,
   Nos infunde ;
   Fons hortorum

Internorum,
Riga mentes 65
Arescentes
Unda tui rivuli ;
Fons redundans,
Sis inundans ;
Cordis prava 70
Quæque lava ;
Fons illimis,
Munde nimis,
Ab immundo
Munda mundo 75
Cor mundani populi.

XXVI

RÉCEPTION

DES RELIQUES DE SAINT VICTOR

(17 juin)

NOTICE BIBLIOGRAPHIQUE

I. La prose suivante est attribuée à Adam par ABCC²D. Sa présence dans les missels et graduels de Saint-Victor confirme cette attribution.

II. Le texte manuscrit en est donné *sous le nom de l'auteur* : 1º dans le manuscrit de la Bibl. Nat. lat. 14872 (anc. 577 du fonds de Saint-Victor) ; 2º dans les différentes éditions des *Annales de Saint-Victor*, de Jean de Thoulouse (Bibl. Nat. lat. 14679, 14375 ; anc. 1037 et 1039 de Saint-Victor) ; et *sans attribution* dans les missels et graduels de Saint-Victor, etc.

III. Elle est inédite.

V. Variantes et corrections. — V. 18. *Sint* (1ʳᵉ édition). *Sunt* est donné par tous les manuscrits. — V. 24. Au-dessus du mot *consonantia* on a écrit, au xiiiᵉ siècle, dans le ms. 14819 : *Vel concinnantia* ; et au vers suivant, au-dessus de *concinantibus*, on a de même écrit *vel consonantibus*. — V. 25. *Consinnantibus* (mss. 14448 et Ars. 197). — V. 56. *Surrepit* (ms. 14872). — V. 63. *Fugescit* (mauvaise leçon de notre 1ʳᵉ édition). *Frigescit* se lit très nettement dans les mss. 14452, 14819, 14448, 14872, et Ars. 197. — V. 68. *Mundialis*, qui ne se trouve pas dans notre 1ʳᵉ édition, est donné par les mss. 14452, 14819, 14448, 12872, Ars. 197.

TEXTE D'ADAM

1

Ex radice caritatis,
　Ex affectu pietatis,
　　Psallat hæc ecclesia.
Psallat corde, psallat ore,
Et exsultet in Victore　　　　　　　　　5
　　Victoris familia.

2

Pars istius nobis data
Per fideles est allata
　　Ab urbe Massilia :
Cujus prius spiritali,　　　　　　　　　10
Nunc ipsius corporali
　　Fruimur præsentia.

3

Hæc est summa gaudiorum :
Dilatemus animorum
　　Ipsa penetralia :　　　　　　　　　15
　Martyris reliquiæ
　Laudis et lætitiæ
　Nobis sunt materia.

4

Nostri cordis organum,
Nostræ carnis tympanum,　　　　　　　20
　　A se dissidentia,

Harmonia temperet
Et sibi confœderet
Pari consonantia!

5

Choris concinentibus, 25
Una sit in moribus
Nostris modulatio :
Vocum dissimilium,
Morum dissidentium
Gravis est collisio. 30

6

Ex diversis sonitus
Fiet incompositus,
Nisi Dei digitus
Chordas aptet primitus
Dulci magisterio. 35
Nisi dulcor Spiritus
Cor tangat medullitus,
Nihil vocis strepitus,
Nihil sapit penitus
Carnis exsultatio. 40

7

Dulcor iste non sentitur
  In scissuris mentium
Nec in terra reperitur
  Suave viventium.

Hunc dulcorem sapiat 45
Et præ gustans sitiat,
Donec plene capiat,
Unitas fidelium.

8

Præ gustemus cordis ore,
Ut interno nos sapore 50
Revocemur ab amore
   Mundi seductorio.
Hic est sapor salutaris,
Hic est gustus singularis,
Per quem curæ sæcularis 55
   Subrepit oblivio.

9

Ut hic mundus amarescat,
Odor Christi prædulcescat ;
Hæc dulcedo semper crescat
   Cordis in cellario ; 60
Ubi spirat fragor talis,
Fervor crescit spiritalis,
Et frigescit temporalis
   Vitæ delectatio.

10

Victor, miles triumphalis, 65
Christi martyr specialis,
Nos a mundi serva malis,
Ne nos amor mundialis
   Mergat in flagitia.

Una voce, mente pari, 70
Nos honore singulari
Te studemus venerari :
Dum versamur in hoc mari,
  Exhibe suffragia.

11

Ne permittas spe frustrari 75
Quibus potes suffragari :
Fac nos Christo præsentari,
Ut hunc tecum contemplari
  Possimus in gloria.
Ad honorem tuum, Christe, 80
Decantavit chorus iste
Tui laudes agonistæ,
Quo præsente nihil triste
  Nostra turbet gaudia.

XXVII

SAINT PIERRE ET SAINT PAUL

(29 juin)

NOTICE BIBLIOGRAPHIQUE

I. La prose suivante est attribuée à Adam par ABCD. Sa présence dans les missels et graduels de Saint-Victor confirme cette attribution.

II. Le texte manuscrit s'en trouve *sous le nom de l'auteur* dans le manuscrit de la Bibl. Nat. lat. 14872 (anc. 577 du fonds de Saint-Victor), et *sans attribution* : 1º dans les missels et graduels de Saint-Victor; 2º dans ceux de l'Église de Paris; 3º dans ceux de Sainte-Geneviève, où elle n'a pénétré qu'assez tard, comme le prouve le manuscrit BB11 de la Bibl. Sainte-Geneviève, qui est du xiiiᵉ siècle, et où elle ne se trouve pas; 4º dans le Séquentaire de Saint-Martial de Limoges (Bibl. Nat. lat. 1139, xiiᵉ-xiiiᵉ siècles); 5º dans les missels et graduels de l'Église de Sens; 6º dans ceux de Cluny, etc. — Une traduction du xvᵉ siècle, qui est inédite, est renfermée dans le manuscrit de la Bibl. Nat. fr. 180.

III. Le texte imprimé s'en trouve *sans attribution* : 1º dans l'*Elucidatorium ecclesiasticum* de Clichtove, quatrième partie; 2º dans la *Patrologie* de Migne, t. CXCVI (*Proses d'Adam*, col. 1493); 3º dans les notes du *Rational ou Manuel des divins offices*, de Guillaume Durand, traduit par Ch. Barthélemy, qui a donné aussi une traduction de cette prose (III, 548). — Le même texte se trouve *sans attribution* dans les *Hymni latini* de Mone (III, 76), qui l'a publié d'après un manuscrit de Colmar (xiie siècle).

IV. Cette prose était chantée à Saint-Victor, d'après les graduels de cette abbaye, le jour même de la Saint-Pierre. Dans l'abbaye de Sainte-Geneviève, on la chantait le jour de la fête de saint Pierre-aux-Liens (1er août).

V. VARIANTES ET CORRECTIONS. — V. 4. *Mundus* (Bibl. Nat. lat. 1139, texte de Clichtove et 1re édition). *Orbis* est donné par deux familles de manuscrits : 1º graduels et missels de Saint-Victor (Bibl. Nat. lat. 14452, 14819, 14448, Ars. 197 ; 2º graduel de Paris, xiiie siècle (Ars. 110 et Bibl. Nat. lat. 15615). — 13. *Dicis* (texte de Mone). *In quid* (1139). — V. 15. *Solo sub ammonitu* (1139). — V. 17. *Nondum* (Ibid.). — V. 18. *Contemplatur* (1139, 14448 et texte de Mone). — V. 21. *Et nervorum* (texte de Mone). — V. 34. *Sub* (texte de Clichtove et 1re édition). *Hic* (1139 et 14819). *Is* (mss. 14452, 14872, 14448, 15615, Ars. 197 et 110). — V. 36. *Nunc personam* (ms. de Colmar). — V. 37. *Non* (1re édition d'après le ms. de Colmar et le texte de Clichtove). *Nec* est garanti par l'accord des deux familles de manuscrits : 1º graduels et missels de Saint-Victor (Bibl. Nat. lat. 14452, 14819, 14448, Ars. 197) ; et 2º graduels de Paris (Ars. 110 et Bibl. Nat. lat. 15615). — V. 41. *Fletus et confessio* (texte de Mone). — V. 53. *Sic a petra Christus dictus* (1139). *Hic a petra Petrus dictus* (texte de Clichtove et 1re édition). Les mss. 14452, 14819, 14448 et Ars. 197 (graduels et missels de Saint-Victor), le ms. de Colmar (xiie siècle) et un exemplaire du graduel de Paris au xiiie siècle (Bibl. Nat. lat. 15615) nous donnent : *Hic a petra Christo dictus*, tandis que, dans le ms. de l'Arsenal 110 (autre exemplaire du graduel de Paris, xiiie siècle), nous lisons : *Hic a Petro petra dictus*. D'après la traduction française du xve siècle que nous avons publiée dans notre 1re édition (II, 59), et qui porte : *De Jhesu fut pierre appellé*, nous proposerions : *Hic a Christo petra dictus*; mais la leçon de Clichtove et de notre 1re édition n'est pas moins acceptable. — V. 57. *Cum volare* (1139 et ms. de Colmar). — V. 61. *Frendit* (1re édition d'après le ms. de Colmar et le texte de Clichtove). *Frendet* (1139). Tous les textes manuscrits (sauf 1139 et Colmar) nous donnent *fremit* : 1º graduels et missels de Saint-Victor (Bibl. Nat. lat. mss. 14452, 14448, 14819, Ars. 197) ; 2º Bibl. Nat. lat. 14872 ; Ars. 110 et Bibl. Nat. lat. 15615. — V. 70. *Cœli* (texte de Clichtove). Tous les manuscrits ci-dessus, sans exception, offrent la leçon *regni*. En revanche, la vieille traduction française porte : *Les clefs du ciel li sont donées*, et il en faut conclure que la leçon *cœli* avait sans doute pénétré dans le missel de Paris. — V. 75. *Peccatis* (1139).

TEXTE D'ADAM

1

GAUDE, Roma, caput mundi :
Primus pastor in secundi
   Laudetur victoria.
Totus orbis hilarescat
Et virtutis ardor crescat   5
   Ex Petri memoria.

2

Petrus sacri fax amoris,
Lux doctrinæ, sal dulcoris,
   Petrus mons justitiæ,
Petrus fons est Salvatoris,   10
Lignum fructus et odoris,
   Lignum carens carie.

3

Et quid Petro dices dignum?
Nullum Christi videns signum,
   Primo sub ammonitu,   15
Fugit rete, fugit ratem,
Necdum plene Veritatem
   Contemplatus spiritu.

4

Auro carens et argento,
   Coruscat miraculis :   20
A nervorum sub momento
   Claudum solvit vinculis.

5

Paralysi dissolutus
   Æneas erigitur;
Petrum præsens Dei nutus   25
   Ad votum prosequitur.

6

Petrus vitam dat Tabithæ
Juvenemque reddit vitæ
   Potestate libera.
Pede premit fluctus maris,   30
Et nutantem salutaris
   Illum regit dextera.

7

Facta Christi quæstione,
Brevi claudit is sermone
   Fidem necessariam :   35

Hunc personam dicit unam,
Sed nec tacet opportunam
　　Naturæ distantiam.

8

Quod negando ter peccavit,
Simplex amor expiavit　　　　　　　40
　　Et trina confessio.
　　Angelus a carcere
　　Petrum solvit libere
　　Destinatum gladio.

9

Umbra sanat hic languentes,　　　　45
Sanat membra, sanat mentes;
Morbos reddit impotentes
　　Medici potentia.
Petrum Simon magus odit,
Magum Simon Petrus prodit :　　　50
Plebem monet ac custodit
　　A Magi versutia.

10

Hic a Christo *petra* dictus,
In conflictu stat invictus,
Licet jugis sit conflictus　　　　　　55
　　Et gravis congressio.
Dum volare Magus quærit,
Totus ruens, totus perit,
Quem divina digne ferit
　　Et condemnat ultio.　　　　　　60

11

Nero fremit furibundus,
   Nero plangit impium,
Nero, cujus ægre mundus
   Ferebat imperium.

12

Ergo Petro crux paratur   65
   A ministris scelerum :
Crucifigi se testatur
   In hoc Christus iterum.

13

Petro sunt oves creditæ
   Clavesque regni traditæ ;   70
Petri præit sententia,
   Ligans ac solvens omnia.

14

Pastoris nostri meritis
Ac prece salutifera,
Nos a peccati debitis,   75
Æterne pastor, libera.

XXVIII

SAINT PIERRE ET SAINT PAUL

(29 juin)

NOTICE BIBLIOGRAPHIQUE

I. La prose suivante est attribuée à Adam par ABCD. Sa présence dans les graduels et missels de Saint-Victor confirme cette attribution.

II. Le texte manuscrit s'en trouve, *sous le nom de l'auteur*, dans le manuscrit de la Bibl. Nat. lat. 14872 (anc. 577 du fonds de Saint-Victor), et, *sans attribution* : 1º dans les missels et graduels de Saint-Victor; 2º dans ceux de l'église de Paris; dans ceux de Cluny, etc. — Une traduction du xvᵉ siècle, qui est inédite, est renfermée dans le manuscrit de la Bibl. Nat. fr. 180.

III. Le texte imprimé s'en trouve *sous le nom de l'auteur* : 1º dans l'*Elucidatorium ecclesiasticum* de Clichtove, quatrième partie; 2º dans la *Patrologie* de Migne, t. CXCVI (*Proses d'Adam*, col. 1496); 3º dans les notes du *Rational ou Manuel des divins offices*, de Guillaume Durand, traduit par Ch. Barthélemy (III, 550); 4º dans les *Carmina e poetis christianis excerpta* de F. Clément (p. 502). — Ch. Barthélemy en a publié une traduction en regard du texte, et F. Clément en a fait paraître une autre dans la traduction de ses *Carmina*.

IV. Cette prose, dans l'abbaye de Saint-Victor et dans l'Église de Paris, se chantait en l'octave de saint Pierre et de saint Paul.

V. Variantes et corrections. — V. 26. *Impletur* (texte de

Clichtove et 1re édition). La bonne leçon nous est fournie par tous les textes manuscrits : 1º graduels et missels de Saint-Victor (Bibl. Nat. lat. mss. 14452, 14819, 14448, Ars. 197); 2º graduel de Paris, xiiie siècle (Ars. 110 et Bibl. Nat. lat. 15615); 3º Bibl. Nat. lat. 14872. — V. 37. *Donant* (même observation en faveur de *præbent*). — V. 49. *Sed et una* (ms. de l'Arsenal 110 et Bibl. Nat. lat. 15615, graduel de Paris, xiiie siècle). *Sed hec una* nous est offert : 1º par les graduels et missels de Saint-Victor (Bibl. Nat. lat. 14452, 14819, 14448, Ars 197) et 2º par le ms. de la Bibl. Nat. 14872. — V. 55. *Disciplinæ* (texte de Clichtove). — V. 63. *Conturbantur* (Bibl. Nat. lat. 14872, fr. 180). *Conturbatur.* (Bibl. Nat. lat. 14819, 15615 et Ars. 110). — V. 69. *Nero fremit* (textes imprimés et 1re édition). L'ordre véritable de ces deux mots est indiqué : 1º par les mss. 14452, 14819, 14448, Ars. 197 (graduels et missels de Saint-Victor); 2º par le ms. 14872; 3º par le graduel de Paris, xiiie siècle (Bibl. Nat. lat. 15615 et Ars. 110).

TEXTE D'ADAM

1

Roma Petro glorietur,
Roma Paulum veneretur
Pari reverentia :
Immo tota jocundetur
Et jocundis occupetur   5
Laudibus Ecclesia.

2

Hi sunt ejus fundamenta,
Fundatores, fulcimenta,
Bases, epistylia ;

Idem saga, qui cortinæ,
Pelles templi jacinthinæ,
 Scyphi, spheræ, lilia.

3

Hi sunt nubes coruscantes,
Terram cordis irrigantes
 Nunc rore, nunc pluvia;
Hi præcones novæ legis
Et ductores novi gregis
 Ad Christi præsepia.

4

 Laborum socii
 Triturant aream,
 In spe denarii
 Colentes vineam.

5

 His ventilantibus,
 Secedit palea
 Novisque frugibus
 Replentur horrea.

6

Ipsi montes appellantur :
Ipsi prius illustrantur
 Veri solis lumine.
Mira virtus est eorum :
Firmamenti vel cœlorum
 Designantur nomine.

7

Fugam morbis imperant,
Leges mortis superant,
Effugant dæmonia. 35
Delent idolatriam,
Reis præbent veniam,
Miseris solatia.

8

Laus communis est amborum,
Quum sint tamen singulorum 40
  Dignitates propriæ :
Petrus præit principatu,
Paulus pollet magistratu
  Totius Ecclesiæ.

9

Principatus uni datur 45
Unitasque commendatur
  Fidei catholicæ ;
Unus cortex est granorum,
Sed hæc una vis multorum
  Sub eodem cortice. 50

10

Romam convenerant
Salutis nuntii,
Ubi plus noverant
Inesse vitii,
Nihil medicinæ. 55

Insistunt vitiis
Fideles medici;
Vitæ remediis
Obstant phrenetici,
Fatui doctrinæ.   60

11

Facta Christi mentione,
Simon magus, cum Nerone,
Conturbantur hoc sermone
  Nec cedunt Apostolis.
Languor cedit, mors obedit,   65
Magus crepat, Roma credit
Et ad vitam mundus redit,
  Reprobatis idolis.

12

Fremit Nero sceleratus,
Magi morte desolatus,   70
Cujus error ei gratus,
  Grave præcipitium.
Bellatores præelecti
Non a fide possunt flecti;
Sed in pugna stant erecti,   75
  Nec formidant gladium.

13

Petrus, hæres veræ lucis,
Fert inversus pœnam crucis,
Paulus ictum pugionis :

Nec diversæ passionis 80
    Sunt diversa præmia,
Patres summæ dignitatis,
Summo Regi conregnatis :
Vincla nostræ pravitatis
Solvat vestræ potestatis 85
    Efficax sententia.

XXIX

LA COMMÉMORATION DE SAINT PAUL

(30 juin)

NOTICE BIBLIOGRAPHIQUE

I. La prose suivante est attribuée à Adam par ABC et par le P. Simon Gourdan (D), quoiqu'il lui donne pour premier vers *Corde, voce, jubilemus*, au lieu de *Corde, voce pulsa cœlos*. Sa présence dans les missels et graduels de Saint-Victor confirme cette attribution.

II. Le texte manuscrit s'en trouve *sous le nom de l'auteur* dans le manuscrit de la Bibl. Nat. lat. 14872 (anc. 577 du fonds de Saint-Victor), et *sans attribution* : 1º dans les missels et graduels de Saint-Victor ; 2º dans ceux de l'Eglise de Paris ; 3º dans le Séquentaire de Saint-Martial de Limoges (Bibl. Nat. lat. 1139, xiie-xiiie siècles); etc. — Une traduction du xve siècle, qui est inédite, est renfermée dans le manuscrit de la Bibl. Nat. fr. 180.

III. Le texte imprimé s'en trouve *sous le nom de l'auteur*: 1º dans l'*Elucidatorium ecclesiasticum*, quatrième partie; 2º dans la *Patrologie* de Migne, t. CXCVI (*Proses d'Adam*, col. 1479); 3º dans les notes du *Rational ou Manuel des divins offices*, de Guillaume Durand, traduit par Ch. Barthélemy (III, 540); 4º dans les *Carmina e poetis christianis* de F. Clément (p. 494); 5º dans l'*Année liturgique* de D. Guéranger (1re édition, III, 444). — D. Guéranger et Ch. Barthélemy en ont donné chacun une traduction en regard du texte, et F. Clément en a publié une troisième dans la traduction de ses *Carmina*.

IV. L'abbaye de Saint-Victor chantait cette prose pour la fête de saint Paul, tandis que l'Église de Paris la chantait pour sa Conversion.

V. Variantes et corrections. — V. 1. *Pulsat* (ms. 14872). — V. 6. *Cum gloria* (Bibl. Nat. lat. 1139). — V. 16. *Credit* (1re édition). *Cedit* est garanti par l'accord de tous les manuscrits : 1º graduels et missels de Saint-Victor (mss. 14452, 14819, 14448, Ars. 197 ; 2º graduels de Paris, xiiie siècle (Ars. 110 et Bibl. Nat. lat. 15615) ; 3º Bibl. Nat. lat. 14872 ; 4º Bibl. Nat. lat. 1139. — V. 18. *Victus* (1139). — V. 21. Dans le ms. 14919 on a corrigé *resedit* en *recedit*. — V. 22. *Subdit* (ms. 14452). — V. 28. *Synagogam* (1re édition). Même observation que pour le vers 16 ; même accord de tous les textes. — V. 32. *Cruciatur* se trouve dans notre plus ancien texte (1139), et c'est la leçon du graduel de Paris au xiiie siècle (Bibl. Nat. lat. 15615 et Ars. 110). *Trucidatur* se trouve dans tous les manuscrits d'origine victorine : 1º graduels et missels (Bibl. Nat. lat. 14452, 14819, 14448, Ars. 197) ; 2º Bibl. Nat. lat. 14872. — V. 44. *Preficit* (ms. 14872).

TEXTE D'ADAM

1

Corde, voce pulsa cœlos,
Triumphale pange melos,
Gentium Ecclesia :
Paulus, doctor gentium,
Consummavit stadium,　　　　　　5
Triumphans in gloria.

2

Hic Benjamin adolescens,
Lupus rapax, præda vescens,
 Hostis est fidelium.
Mane lupus, sed ovis vespere, 10
Post tenebras lucente sidere,
 Docet Evangelium.

3

Hic mortis viam arripit,
Quem vitæ Via corripit,
 Dum Damascum graditur; 15
Spirat minas, sed jam cedit,
Sed prostratus jam obedit,
 Sed jam vinctus ducitur.

4

Ad Ananiam mittitur,
Lupus ad ovem trahitur, 20
 Mens resedit effera.
Fontis subit sacramentum;
Mutat virus in pigmentum
 Unda salutifera.

5

Vas sacratum, vas divinum, 25
Vas propinans dulce vinum
 Doctrinalis gratiæ,

Synagogas circuit;
Christi fidem astruit
Prophetarum serie.   30

6

Verbum crucis protestatur,
Causa crucis trucidatur,
   Mille modis moritur;
Sed perstat vivax hostia,
Et invicta constantia.   35
   Omnis pœna vincitur.

7

Segregatus docet gentes ;
Mundi vincit sapientes
   Dei sapientia.
Raptus ad cœlum tertium,   40
Videt Patrem et Filium
   In una substantia.

8

Roma potens et docta Græcia
Præbet colla, discit mysteria :
   Fides Christi proficit.   45
   Crux triumphat ; Nero sævit :
   Quo docente, fides crevit.
     Paulum ense conficit.

9

Sic, exutus carnis molem,
Paulus videt verum Solem, 50
 Patris Unigenitum;
Lumen videt in lumine,
Cujus vitemus numine
 Gehennalem gemitum.

XXX

SAINT VICTOR

(21 juillet)

NOTICE BIBLIOGRAPHIQUE

I. La prose suivante est attribuée à Adam par ABCC²D. Sa présence dans les missels et graduels de Saint-Victor confirme cette attribution.

II. Le texte manuscrit s'en trouve *sous le nom de l'auteur* dans le manuscrit de la Bibl. Nat. lat. 14872 (anc. 577 du fonds de Saint-Victor), et *sans attribution* dans les missels et graduels de Saint-Victor et dans le ms. de la Bibl. Nat. lat. 15045 (xiiie siècle), qui a également appartenu au fonds de Saint-Victor, etc.

III. Elle est inédite. Gall Morel, depuis notre 1re édition, en a publié les deux premières strophes qui se trouvent, sous la forme d'un trope de l'introït, dans un ms. du xive siècle (*Lateinische Hymnen des Mittelalters*, Einsiedeln, 1866, p. 62.)

V. Variantes et corrections. — V. 4. *Sit* (texte de Gall Morel). — V. 30. *Ac* (ms. 14872; 1re édition). *Et* est donné par les mss. 14452, 14819, 14448, Ars. 197. — V. 43. *Vincens* (1re édition). *Superans*, qui est exigé par le rythme, nous est donné par tous les manuscrits : 1º missels et graduels de Saint-Victor (Bibl. Nat. lat. 14452, 14819, 14448, Ars. 197); 2º Bibl. Nat. lat. 14872. Cf. le ms. de la Bibl. Nat. lat. 15045. — V. 50. *Sed nunc* (1re édition). *Nec* est donné : 1º par les mss. 14452, 14819, 14448, Ars. 197 (graduels et missels de Saint-Victor); 2º par le ms. de la Bibl. Nat. lat.

14872; 3° par le ms. 15045. — V. 53. *Christum caput* (ms. 14872). *Christo caput* (1re édition). *Ipsum* est donné par 14452, 14819. 14448 Ars. 197 et Bibl. Nat. lat. 15045. — V. 54. *Christi sacrificio* (14819). *Ejus* est donné par les mss. 14452, 14819, 14448, 14872, 15045 et Ars. 197. — V. 57. *Sinapis sic vis excrescit* (1re édition). *Sinapis vis excrescit* (ms. 14872). Correction justifiée par les mss. 14452, 14819, 14448, Ars. 197 et Bibl. Nat. lat. 15045.

TEXTE D'ADAM

1

Ecce dies triumphalis!
Gaude, turma spiritalis,
  Spiritali gaudio;
Mente tota sis devota
Et per vocem fiat nota   5
  Cordis exsultatio.

2

Nunquam fiet cor jucundum,
Nisi prius fiat mundum
  A mundi contagio ;
Si vis vitam, mundum vita :   10
Prorsus in te sit sopita
  Mundi delectatio.

3

Hunc in primo Victor flore,
Immo Christus in Victore
  Sua vicit gratia;   15

Vicit carnem, vicit mundum,
Vicit hostem furibundum,
Fide vincens omnia.

4

Invicti martyris mira victoria
Mire nos excitat ad mira gaudia : 20
Deprome jubilum, mater Ecclesia,
Laudans in milite Regis magnalia.

5

Christi miles indefessus,
Christianum se professus,
   Respuit stipendia; 25
Totus tendit ad coronam,
Nec suetam vult annonam
   Ad vitæ subsidia.

6

Præses Asterius
Et ejus impius 30
Comes Eutitius
Instant immitius
Pari malitia :
Per urbem trahitur,
Tractus suspenditur, 35
Suspensus cæditur,
Sed nulla frangitur
Martyr injuria.

7

Mente læta
Stat athleta, 40
Carne spreta,
Insueta
Superans supplicia :
In tormentis
Status mentis 45
Non mutatur,
Nec turbatur
Animi potentia.

8

Pes truncatur, quia stabat;
Sed nec truncus aberrabat 50
  A Christi vestigio;
Pedem Christo dat securus,
Ipsum caput oblaturus
  Ejus sacrificio.

9

Damno pedis hilarescit, 55
Frangi pœna fides nescit,
Ut sinapis vis excrescit,
  Quo major attritio.
Tortor furit in Victorem :
Furor cedit in stuporem 60
Dum Victori dat vigorem
  Christi visitatio.

10

Mola tritus pistorali,
Pœna plexus capitali,
Vitam clausit morte tali 65
Ut post mortem immortali
    Frueretur bravio.
In Victoris tui laude,
Spiritalis turma, gaude :
Corde, manu, voce plaude 70
Et triumphi diem claude
    Laudis in præconio.

XXXI

LA TRANSFIGURATION DE NOTRE SEIGNEUR

(6 août)

NOTICE BIBLIOGRAPHIQUE

I. La prose suivante est attribuée à Adam par BD. Sa présence dans les missels et graduels de Saint-Victor constitue la meilleure preuve en faveur de cette attribution.

II. Le texte manuscrit s'en trouve *sous le nom de l'auteur* dans le manuscrit de la Bibl. Nat. lat. 14872 (anc. 577 du fonds de Saint-Victor), et *sans attribution* : 1º dans les missels et graduels de Saint-Victor; 2º dans ceux de Sainte-Geneviève, où elle n'a pénétré qu'assez tard, comme le prouve le manuscrit BB11 de la Bibl. Sainte-Geneviève, qui est du xiiie siècle, et où elle ne se trouve pas.

III. Elle est inédite.

V. Variantes et corrections. — V. 10. *Posset* (1re édition). *Possit*, qui est la bonne leçon, est donné par les mss. 14452, 14819, 14872, Ars. 197, Bibl. Ste-Gen. BB12. — V. 19. *Fons bonorum* (1re édition). Même observation; même accord, en faveur de *sors*, des mss. 14452, 14819, 14448, 14872, Ars. 197, Bibl. Ste-Gen. BB12. — V. 22. *Plenus* (1re édition). Les graduels et missels de Saint-Victor (Bibl. Nat. lat. 14452, 14819, Ars, 197; 2º le missel de Sainte-Geneviève (Bibl. Ste-Gen. BB12); et 3º le ms. de la Bibl. Nat. lat. 14872 nous donnent *pleni*. — V. 31.

Verbum Dei (1re édition). Même remarque, même accord de tous les manuscrits. — V. 41. *Loqui Dei* se trouve dans 14872; mais la bonne leçon est : *loqui Deo*, fournie par 14452, 14819,14448; Ars. 197 ; Bibl. Ste-Gen. BBl2. — V. 47. *Et Patris vox* (1re édition). *Et vox Patris* (14452, 14819, 14448, Bibl. Ste-Gen. BBl2). — V. 77. *Christus* (ms. 14872 et 1re édition). *Jhesus* (mss. 14452, 14819, 14448, Ars. 197, Bibl. Ste-Gen. BBl2). — V. 81. *Morte vita* (ms. 14872 et 1re édition). *Victa* est donné par les mss. 14452, 14819, Ars. 197 et Bibl. Ste-Gen. BBl2. Le ms. 14448 portait *vita*; mais une main postérieure (?) a ajouté un petit *c*.

TEXTE D'ADAM

1

Lætabundi jubilemus
Ac devote celebremus
  Hæc sacra solemnia :
Ad honorem summi Dei
Hujus laudes nunc diei   5
  Personet Ecclesia.

2

In hac Christus die festa
Suæ dedit manifesta
  Gloriæ indicia :
Ut hoc possit enarrari,   10
Hic nos suo salutari
  Repleat et gratia !

3

Christus ergo, Deus fortis,
Vitæ dator, victor mortis,
    Verus sol justitiæ, 15
Quam assumpsit carnem de Virgine,
Transformatus in Thabor culmine,
    Glorificat hodie.

4

O quam felix sors bonorum !
Talis enim beatorum 20
    Erit resurrectio.
Sicut fulget sol pleni luminis,
Fulsit Dei vultus et hominis,
    Teste Evangelio.

5

Candor quoque sacræ vestis 25
Deitatis fuit testis
    Et futuræ gloriæ.
Mirus honor et sublimis;
Mira, Deus, tuæ nimis
    Virtus est potentiæ. 30

6

Cumque Christus, virtus Dei,
Petro, natis Zebedæi
    Majestatis gloriam
Demonstraret manifeste,
Ecce vident, Luca teste, 35
    Moysem et Eliam.

7

Hoc habemus ex Matthæo,
Quod loquentes erant Deo
   Dei Patris Filio :
Vere sanctum, vere dignum   40
Loqui Deo et benignum,
   Plenum omni gaudio.

8

Hujus magna laus diei,
Quæ sacratur voce Dei ;
   Honor est eximius.   45
Nubes illos obumbravit,
Et vox Patris proclamavit :
   « Hic est meus Filius. »

9

« Hujus vocem exaudite :
« Habet enim verba vitæ,   50
   « Verbo potens omnia. »
Hic est Christus, rex cunctorum,
Mundi salus, lux Sanctorum,
   Lux illustrans omnia.

10

Hic est Christus, Patris Verbum,   55
Per quem perdit jus acerbum
   Quod in nobis habuit
Hostis nequam, serpens dirus,
Qui, fundendo suum virus
   Evæ, nobis nocuit.   60

11

Moriendo nos sanavit
Qui surgendo reparavit
Vitam Christus, et damnavit
    Mortis magisterium.
Hic est Christus, Pax æterna,   65
Ima regens et superna,
Cui de cœlis vox paterna
    Confert testimonium.

12

Cujus sono sunt turbati
Patres illi tres præfati   70
Et in terram sunt prostrati,
    Quando vox emittitur.
Surgunt tandem, annuente
Sibi Christo, sed intente
Circumspectant, cum repente   75
    Solus Jesus cernitur.

13

Volens Christus hæc celari
Non permisit enarrari,
Donec vitæ reparator,
Hostis vitæ triumphator,   80
    Morte victa, surgeret.
Hæc est dies laude digna
Qua tot sancta fiunt signa :
Christus, splendor Dei Patris,
Prece sancta suæ matris,   85
    Nos a morte liberet.

14

Tibi Pater, tibi, Nate,
 Tibi, Sancte Spiritus,
Sit cum summa potestate
 Laus et honor debitus ! 90

XVXII

SAINT LAURENT

(10 août)

NOTICE BIBLIOGRAPHIQUE

I. La prose suivante est attribuée à Adam par ABCD. Sa présence dans les missels et graduels de Saint-Victor confirme cette attribution.

II. Le texte manuscrit s'en trouve *sous le nom de l'auteur* dans le manuscrit de la Bibl. Nat. lat. 14872 (anc. 577 du fonds de Saint-Victor), et, *sans attribution* : 1º dans les missels et graduels de Saint-Victor ; 2º dans ceux de l'Église de Paris ; 3º dans le Séquentiaire de Saint-Martial de Limoges (Bibl. Nat. lat. 1139, xiie-xiiie siècles), qui ne renferme (fº 6) que les strophes 1, 2, 9, 10, 12, et 13 de notre prose. (Cf., dans le même manuscrit, fº 15, une seconde copie de cette prose, écrite vers la fin du xiiie siècle et qui n'offre également que les mêmes strophes) ; 4º dans les missels de Cluny, etc., etc. — Une traduction du xve siècle, qui est inédite, est renfermée dans le manuscrit de la Bibl. Nat. fr. 180.

III. Le texte imprimé s'en trouve *sous le nom de l'auteur* : 1º dans l'*Elucidatorium ecclesiasticum* de Clichtove, quatrième partie ; 2º dans la *Patrologie* de Migne, t. CXCI (*Proses d'Adam*, col. 1498) ; 3º dans les notes du *Rational ou Manuel des divins offices*, de Guillaume Durand, traduit par Ch. Barthélemy, qui a donné également une traduction de cette prose en regard du texte (III, 552).

V. VARIANTES ET CORRECTIONS. — V. 18. *Exaltaret* (14872). — V. 19. *Ut sonaret* (1139). — V. 26. *Dedit huic tensio* est la la leçon offerte par tous les textes victorins : 1º Bibl. Nat. lat. 14352, 14819, 14448, Ars. 197 (graduels et missels de Saint-Victor); 2º Bibl. Nat. lat. 14872. *Hujus* (mss. de la Bibl. Nat. lat. 15615 et Ars. 110). Ces deux manuscrits, qui représentent l'importante famille des graduels de Paris, au XIIIᵉ siècle, nous semblent offrir ici la vraie leçon. — V. 41. *Pugna*. Cette leçon est offerte : 1º par les mss. 14452, 14819, 14448 (graduels et missels de Saint-Victor); 2º par le ms. 14862. *Pugnam* est donné, dès le XIIIᵉ siècle, par le graduel de Paris (Bibl. Nat. 15615. Il est vrai qu'un autre exemplaire de ce graduel (Ars. 110) donne *pugna*, mais la traduction française du XVᵉ siècle, publiée dans notre 1ʳᵉ édition (II, p. 119), et qui appartient à cette même famille des graduels et missels de Paris, est faite sur un texte qui offrait la leçon *pugnam*. En résumé, *pugnam* est la leçon victorine; *pugna* la leçon « parisienne ». — V. 69. *Testem* (14872). — V. *Solidatur* (1ʳᵉ édition, d'après le texte de Clichtove). Tous les manuscrits donnent *renovatur*, qui est excellent. — V. 96, 97. Tel est l'ordre dans lequel ces deux vers sont présentés par les mss. 14452, 14819, 14448, 14872, 1139, Ars. 197 et 110. Le graduel de Paris (Bibl. Nat. 15615) donne : *Sub ardore,* — *Sub labore.*

TEXTE D'ADAM

1

Pruxis datum
   Admiremur,
Laureatum
Veneremur
Laudibus Laurentium!   5

Veneremur
Cum tremore,
Deprecemur
Cum amore
Martyrem egregium. 10

2

Accusatus
Non negavit;
Sed pulsatus
Resultavit
In tubis ductilibus, 15
Cum in pœnis
Voto plenis
Exsultaret
Et sonaret
In divinis laudibus. 20

3

Sicut chorda musicorum
Tandem sonum dat sonorum
 Plectri ministerio;
Sic in chely tormentorum
Melos Christi confessorum 25
 Dedit hujus tensio.

4

Deci, vide
Quia fide
Stat invictus
Inter ictus, 30
Minas et incendia :

Spes interna,
Vox superna
Consolantur
Et hortantur   35
Virum de constantia.

5

Nam thesauros quos exquiris
Per tormenta non acquiris
  Tibi, sed Laurentio.
Hos in Christo coacervat;   40
Hujus pugnam Christus servat,
  Triumphantis præmio.

6

Nescit sancti nox obscurum,
Ut in pœnis quid impurum
  Fide tractet dubia;   45
Neque cæcis lumen daret
Si non eum radiaret
  Luminis præsentia.

7

Fidei confessio
Lucet in Laurentio :   50
Non ponit sub modio,
Statuit in medio
Lumen coram omnibus.

Juvat Dei famulum
Crucis suæ bajulum, 55
Assum quasi ferculum,
Fieri spectaculum
Angelis et gentibus.

8

Non abhorret prunis volvi,
Qui de carne cupit solvi 60
Et cum Christo vivere;
Neque timet occidentes
Corpus, sed non prævalentes
Animam occidere.

9

Sicut vasa figulorum 65
Probat fornax, et eorum
Solidat substantiam,
Sic et ignis hunc assatum
Velut testam solidatum
Reddit per constantiam. 70

10

Nam cum vetus corrumpatur,
Alter homo renovatur
Veteris incendio;
Unde nimis confortatus
Est athletæ principatus 75
In Dei servitio.

11

Hunc ardorem
Factum foris
Putat rorem
Vis amoris 80
Et zelus Justitiæ;
Ignis urens,
Non comburens,
Vincit prunas
Quas adunas, 85
O minister impie.

12

Parum sapis
Vim sinapis,
Si non tangis,
Si non frangis; 90
Et plus fragrat
Quando flagrat
Thus injectum ignibus.
Sic arctatus
Et assatus, 95
Sub labore,
Sub ardore,
Dat odorem
Pleniorem
Martyr de virtutibus. 100

13

O Laurenti, laute nimis,
Rege victo rex sublimis,

Regis regum fortis miles,
Qui duxisti pœnas viles
    Certans pro Justitia; 105
Qui tot mala devicisti
Contemplando bona Christi,
Fac nos malis insultare,
Fac de bonis exsultare
    Meritorum gratia. 110

XXXIII

L'ASSOMPTION DE LA SAINTE VIERGE

(15 août)

NOTICE BIBLIOGRAPHIQUE

I. La prose suivante est attribuée à Adam par ABCD. Sa présence dans les missels et graduels de Saint-Victor confirme cette attribution.

II. Le texte manuscrit s'en trouve *sous le nom de l'auteur* dans le manuscrit de la Bibl. Nat. lat. 14872 (anc. Saint-Victor 597), et *sans attribution* : 1º dans les missels et graduels de Saint-Victor ; 2º dans ceux de l'Église de Paris ; 3º dans ceux de Sainte-Geneviève, etc. — Une traduction inédite du xvᵉ siècle est renfermée dans le manuscrit de la Bibl. Nat. fr. 180.

III. Elle a été publiée, depuis notre première édition, par Gall Morel, (*Lateinische Hymnen des Mittelalters.* Einsiedeln, 1866, p. 97), d'après le manuscrit 546 de Saint-Gall, qui l'attribue à un ancien moine de cette illustre abbaye. — Hugues de S. Victor, en son sermon IV *In Nativitate Virginis Mariæ* (éd. de Rouen, II, p. 483 et ss.), en cite *in extenso* les strophes 2, 3 et 9. (Voy. notre 1ʳᵉ édition, *Introduction*, p. LXVIII).

IV. On la chantait à Saint-Victor le dimanche dans l'octave de l'Assomption, et, dans l'Église de Paris, le quatrième jour après cette octave.

V. VARIANTES ET CORRECTIONS. — V. 13 *Sirenæ* (texte cité par Hugues de Saint-Victor et texte de Saint-Gall). — V. 14. *Canis* (texte de Saint-Gall). — V. 33. *Providit* (Ibid.). — V. 51

Usitiva (Ibid.) — V. 53. *Lampas solis* (Ibid.). — V. 54. *Que... preces* (ms. 14872). *Quæ splendore præes soli* est donné par deux familles de manuscrits : 1° graduels et missels de Saint-Victor (Bibl. Nat. lat. 14452, 14819, 14448, Ars. 197) ; 2° graduels et missels de Paris (Bibl. Nat. lat. 15615, fr. 180, Ars. 110). — V. 64. *Cunctis* (texte de Gall Morel). — V. 70. *Seda* (ms. 14872). *Sedans* nous est offert par les deux familles des graduels de Saint-Victor (Bibl. Nat. lat. 14448; 14452, 14819, Ars. 197) et des graduels de Paris (Bibl. Nat. lat. 15615 et Ars. 110).

TEXTE D'ADAM

1

Ave, Virgo singularis,
  Mater nostri salutaris,
Quæ vocaris *stella maris*,
    Stella non erratica;
Nos in hujus vitæ mari   5
Non permitte naufragari,
Sed pro nobis salutari
    Tuo semper supplica.

2

Sævit mare, fremunt venti,
Fluctus surgunt turbulenti;   10
Navis currit, sed currenti
    Tot occurrunt obvia!
Hic sirenes voluptatis,
Draco, canes, cum piratis,
Mortem pene desperatis   15
    Hæc intentant omnia.

3

Post abyssos, nunc ad cœlum,
Furens unda fert phaselum;
Nutat malus, fluit velum,
    Nautæ cessat opera;   20
Contabescit in his malis
Homo noster animalis :
Tu nos, Mater spiritalis,
    Pereuntes libera.

4

Tu, perfusa cœli rore,   25
Castitatis salvo flore,
Novum florem novo more
    Protulisti sæculo.
Verbum Patri coæquale,
Corpus intrans virginale,   30
Fit pro nobis corporale
    Sub ventris umbraculo.

5

Te prævidit et elegit
Qui potenter cuncta regit
Nec pudoris claustra fregit,   35
    Sacra replens viscera;
Nec pressuram, nec dolorem,
Contra primæ matris morem,
Pariendo Salvatorem,
    Sensisti, puerpera.   40

6

O Maria, pro tuorum
Dignitate meritorum,
Supra choros angelorum
   Sublimaris unice :
Felix dies hodierna   45
Qua conscendis ad superna!
Pietate tu materna
   Nos in imo respice.

7

Radix sancta, radix viva,
Flos, et vitis, et oliva,   50
Quam nulla vis insitiva
   Juvit ut fructificet,
Lampas soli, splendor poli,
Quæ splendore præes soli,
Nos assigna tuæ proli,   55
   Ne districte judicet.

8

In conspectu summi Regis,
Sis pusilli memor gregis
Qui, transgressor datæ legis.
   Præsumit de venia :   60
Judex mitis et benignus,
Judex jugi laude dignus
Reis spei dedit pignus,
   Crucis factus hostia.

9

Jesu, sacri ventris fructus, 65
Nobis inter mundi fluctus
Sis via, dux et conductus
   Liber ad cœlestia :
Tene clavum, rege navem ;
Tu, procellam sedans gravem, 70
Portum nobis da suavem
   Pro tua clementia.

XXXIV

L'ASSOMPTION DE LA SAINTE VIERGE

(15 AOUT)

NOTICE BIBLIOGRAPHIQUE

I. La prose suivante est attribuée à Adam par ABCD. Sa présence dans les missels et graduels de Saint-Victor confirme cette attribution.

II. Le texte manuscrit s'en trouve *sous le nom de l'auteur* dans le manuscrit de la Bibl. Nat. lat. 14872 (anc. Saint-Victor 577), et *sans attribution* dans les missels et graduels de Saint-Victor.

III. Elle est inédite.

IV. On la chantait à Saint-Victor le samedi après l'Assomption.

V. VARIANTES ET CORRECTIONS. — V. 20. *Dic ubi sunt.* Leçon de tous les manuscrits. — V. 29. *Sancta* (1re édition). *Facta* est donné par toutes les familles de manuscrits. — V. 35. *Decorem* (ms. 14872). — V. 40 *Manducantis* (mss. 14452, 14819, 14448. Ars. 197). *Mandicantis* (ms. 14872)? — V. 78. Ce vers ne rime pas avec le vers 75, et il y a ici une irrégularité évidente. Il en est de même pour les deux petits vers de la strophe suivante. Nous sommes en présence de la corruption d'un texte que nous ne pouvons ramener à sa pureté native. Il est fort probable que la deuxième demi-strophe 13 formait une strophe avec la première demi-strophe 14. Des correcteurs de couvent ont peut-être tout brouillé.

TEXTE D'ADAM

1

Ave, Virgo singularis,
Porta vitæ, stella maris,
　Ave, decus virginum;
Tota virgo, sed fecunda,
Casta corde, carne munda,　　　　5
　Gignens Christum Dominum!

2

Mater Ejus qui creavit,
Qui distinxit et ornavit
　Cœlum, terram, maria :
Vivit, regnat, dominatur,　　　　10
Cujus nullo terminatur
　Fine regni gloria.

3

Cujus ejus? Quid dicemus?
Quibus verbis explicemus
　Nomen tanti Numinis?　　　　15
Ejus quippe magnitudo,
Virtus, honor, pulchritudo,
　Cor excedit hominis.

4

Res mutando, dic, natura,
Dic ubi sunt tua jura?　　　　20
　Virgo parit filium,

Quæ, conceptu Veritatis,
Incorruptæ castitatis
   Non amittit lilium.

5

Virgo fuit ante partum,   25
Et dum parit, et post partum,
   Virgo mente, corpore.
Verbum Patris sine matre,
Facta mater sine patre,
   Genuit in tempore.   30

6

Virga florem, stella solem,
Coæternam Patri prolem
   Virgo mater genuit;
Sol et lumen et decorem,
Flos et fructum et odorem   35
   Toti mundo præbuit.

7

Hic est enim, ipso teste,
Verum lumen et cœleste,
   Cibus indeficiens,
Panis vivus, manducantis,   40
Sed credentis et amantis
   Animam reficiens.

8

Eva mater per reatum
Stola vitæ spoliatum
   Morti dedit hominem;   45

Culpa perit, mors recedit;
Datur salus, vita redit
   Per Mariam virginem.

9

Virgo potens et benigna,
Angelorum laude digna,   50
   Plena Dei gratia,
Laudes tuas decantamus :
Corde tibi supplicamus,
   Dele nostra vitia.

10

Pœnitentes confitemur   55
Mala quibus promeremur
   Iram Dei vindicem :
Tu, miserta tui gregis,
O Regina, mater Regis,
   Placa nobis Judicem.   60

11

Cara Deo, semper ora
Pro misellis et implora
   Peccatorum veniam.
Servis tuis Jesu Christi
Quem tu, Virgo, genuisti,   65
   Tu reforma gratiam.

12

O Maria, Redemptoris
Creatura, Creatoris
   Genitrix magnifica,

Per te nobis reparatrix,
Per te fiat consolatrix
   Tua proles unica.

13

Donet nobis rectam mentem,
In adversis patientem,
   In secundis humilem,
Fidem puram, spem securam,
Caritatem permansuram
   Qua nihil est melius;

14

Opus veræ pietatis
Et decorem castitatis
   Intus et exterius,
Ut sit vita speciosa,
Sit mors nostra pretiosa
   In conspectu Domini,

15

Deo Patri Filioque,
Procedenti ab utroque
   Sed non temporaliter,
Regnum, decus et potestas,
Honor, virtus et majestas
   Nunc et æternaliter!

XXXV

L'ASSOMPTION DE LA SAINTE VIERGE

(15 août)

NOTICE BIBLIOGRAPHIQUE

I. La prose suivante est attribuée à Adam par BC. Sa présence dans les missels et graduels de Saint-Victor confirme cette attribution.

II. Le texte manuscrit s'en trouve *sous le nom de l'auteur* dans le manuscrit de la Bibl. Nat. lat. 14872 (anc. fonds de Saint-Victor 577), et *sans attribution* dans les missels et graduels de Saint-Victor.

III. Elle est inédite.

IV. Variantes et corrections. — V. 14. Le manuscrit 14872 porte à tort au vers 14 : *mundi cordis*. Ce mot ne pouvait aucunement rimer avec *sordes*. *Mundicors* se trouve dans saint Augustin : c'est donc *mundicordes* qu'il faut lire, et qu'on lit en effet dans tous les autres manuscrits. — V. 16. *Concordant* (1re édition et ms. 14872). *Concordent* nous est donné par tous les graduels et missels de Saint-Victor (mss. 14452, 14819, 14448, Ars. 197). — V. 77. *Nostri* (correction du ms. 14819). — V. 86. *Numerari* (14872 et Ars. 197).

TEXTE D'ADAM

1

Gratulemur in hac die
In qua sanctæ fit Mariæ
  Celebris Assumptio;
Dies ista, dies grata,
Qua de terris est translata   5
  In cœlum cum gaudio.

2

Super choros exaltata
Angelorum, est prælata
  Cunctis cœli civibus.
In decore contemplatur   10
Natum suum, et precatur
  Pro cunctis fidelibus.

3

Expurgemus nostras sordes
Ut illius, mundicordes,
  Assistamus laudibus :   15
Si concordent linguis mentes,
Aures ejus intendentes
  Erunt nostris vocibus.

4

Nunc concordes hanc laudemus
Et in laude proclamemus :   20
  Ave, plena gratia !

Ave, virgo mater Christi,
Quæ de Sancti concepisti
   Spiritus præsentia !

5

Virgo sancta, virgo munda,   25
Tibi nostræ sit jocunda
   Vocis modulatio.
Nobis opem fer desursum,
Et, post hujus vitæ cursum,
   Tuo junge filio.   30

6

Tu a sæclis præelecta,
Litterali diu tecta
   Fuisti sub cortice ;
De te, Christum genitura,
Prædixerunt in Scriptura   35
   Prophetæ, sed typice.

7

Sacramentum patefactum
Est, dum Verbum, caro factum,
   Ex te nasci voluit,
Quod sua nos pietate   40
A Maligni potestate
   Potenter eripuit.

8

Te per thronum Salomonis,
Te per vellus Gedeonis
   Præsignatam credimus   45

Et per rubum incombustum,
Testamentum si vetustum
   Mystice perpendimus.

9

Super vellus ros descendens
Et in rubo flamma splendens.   50
   (Neutrum tamen læditur),
Fuit Christus carnem sumens,
In te tamen non consumens
   Pudorem, dum gignitur.

10

De te, virga, progressurum   55
Florem mundo profuturum
   Isaias cecinit,
Flore Christum præfigurans
Cujus virtus semper durans
   Nec cœpit, nec desinit.   60

11

Fontis vitæ tu cisterna,
Ardens, lucens es lucerna;
Per te nobis lux superna
   Suum fudit radium;
Ardens igne caritatis,   65
Luce lucens castitatis,
Lucem summæ claritatis
   Mundo gignens filium.

12

O salutis nostræ porta,
Nos exaudi, nos conforta, 70
Et a via nos distorta
  Revocare propera :
Te vocantes de profundo
Navigantes in hoc mundo,
Nos ab hoste furibundo. 75
  Tua prece libera.

13

Jesu, nostrum salutare,
Ob meritum singulare
Tuæ matris, visitare
In hac valle nos dignare 80
  Tuæ dono gratiæ.
Qui neminem vis damnari,
Sic directe conversari
Nos concedas in hoc mari,
Ut post mortem munerari 85
  Digni simus requie.

XXXVI

L'ASSOMPTION DE LA SAINTE VIERGE

(15 AOUT)

NOTICE BIBLIOGRAPHIQUE

I. La prose suivante est attribuée à Adam par ABC. Sa présence dans les missels et graduels de Saint-Victor confirme cette attribution.

II. Le texte manuscrit s'en trouve *sous le nom de l'auteur* dans le manuscrit de la Bibl. Nat. lat. 14872 (anc. Saint-Victor 577), et *sans attribution* : 1º dans les missels et graduels de Saint-Victor; 2º dans ceux de l'Église de Paris; 3º dans ceux de Sainte-Geneviève, dès le commencement du xiiie siècle et, à coup sûr, antérieurement à 1239 (Bibl. Sainte-Geneviève BBl1). — Une traduction du xve siècle est renfermée dans le manuscrit de la Bibl. Nat. fr. 180.

III. Elle a été publiée, depuis notre première édition, par Gall Morel (*Lateinische Hymnen des Mittelalters*, Einsiedeln, 1866, p. 112), d'après un missel de 1531, etc.

IV. L'abbaye de Saint-Victor chantait cette prose le troisième jour après l'Assomption, et l'abbaye de Sainte-Geneviève pendant l'octave de cette fête.

V. VARIANTES ET CORRECTIONS. — V. 1. *Ave, Maria* (14872). — V. 5. *Nec* (texte de Gall Morel). — V. 8. *Nihil tutum, nihil clarum* (texte de Gall Morel). *Nihil dulce, nihil carum* est garanti par le graduel de Saint-Victor (ms. 14452), par le missel de Sainte-Geneviève, xiii⁰ siècle (Bibl. Sainte-Geneviève BBl1), par le ms. 14872, et par le missel de Paris (Bibl. Nat. fr. 180).

TEXTE D'ADAM

1

O Maria, stella maris,
Pietate singularis,
Pietatis oculo
Nos digneris intueri :
Ne cuncteris misereri
Naufraganti sæculo.

2

In hac valle lacrymarum
Nihil dulce, nihil carum,
Suspecta sunt omnia :
Quid hic nobis erit tutum,
Cum nec ipsa vel virtutum
Tuta sit victoria ?

3

Caro nobis adversatur,
Mundus carni suffragatur
In nostram perniciem :
Hostis instat, nos infestans,
Nunc se palam manifestans,
Nunc occultans rabiem.

4

Et peccamus, et punimur,
Et diversis irretimur 20
   Laqueis venantium :
O Maria, mater Dei,
Tu post Deum summa spei,
   Tu dulce refugium ;

5

Tot et tantis irretiti, 25
Non valemus his reniti
   Nec vi, nec industria :
Consolatrix miserorum,
Suscitatrix mortuorum,
   Mortis rumpe retia. 30

6

Intendentes tuæ laudi,
Nos attende, nos exaudi,
   Nos a morte libera ;
Quæ post Christum prima sedes,
Inter Christi cohæredes 35
   Christo nos annumera.

7

Jesu, mitis et benigne,
Cujus nomen est insigne,
   Dulce, salutiferum,

Munus nobis da salutis,   40
In defectu constitutis
  Plenitudo munerum.

8

Pater, Fili, Consolator,
Unus Deus, unus dator
  Septiformis gratiæ,   45
Solo nutu pietatis,
Fac nos simplæ Trinitatis
  Post spem frui specie!

XXXVII

SAINT BARTHÉLEMY

(24 AOUT)

NOTICE BIBLIOGRAPHIQUE

I. La prose suivante est attribuée à Adam par ABC. Sa présence dans les missels et graduels de Paris confirme cette attribution.

II. Le texte manuscrit s'en trouve *sous le nom de l'auteur* dans le manuscrit de la Bibl. Nat. lat. 14872 (ancien Saint-Victor 577), et *sans attribution* : 1º dans les missels et graduels de Saint-Victor; 2º dans ceux de l'Église de Paris; 3º dans le missel de Cologne, etc. — Une traduction du xvᵉ siècle est renfermée dans le manuscrit de la Bibl. Nat. fr. 180.

III. Le texte imprimé s'en trouve *sous le nom de l'auteur :* 1º dans l'*Elucidatorium ecclesiasticum* de Clichtove, quatrième partie; 2º dans la *Patrologie* de Migne, t. CXCVI (*Proses d'Adam*, col. 1505); 3º dans les notes du *Rational ou Manuel des divins offices*, de Guillaume Durand, traduit par Ch. Barthélemy, qui a donné, en regard du texte, une traduction de cette prose (III, 556), etc.

IV. VARIANTES ET CORRECTIONS. — V. 5, 6. *Per diem, flexis genibus — Centum orabat vicibus* (missel de Cologne). — V. 9. *Ipsius* (texte de Clichtove et 1ʳᵉ édition). *Istius* est donné par toutes les familles de manuscrits. — V. 14. *Permisit* est la leçon du graduel de Paris dès le xiiiᵉ siècle (Bibl. Nat. lat.

15615, Ars. 110) : c'est de là sans doute qu'elle est passée dans le missel de Cologne, dans Clichtove et dans les autres textes imprimés. *Præsumit* est la leçon victorine, qui nous est offerte : 1º par les mss. de la Bibl. Nat. lat. 14452, 14819, 14448, Ars. 197 (graduels et missels de Saint-Victor) ; 2º par le ms. de la Bibl. Nat. lat. 14872. — V. 19. *Fit* (texte de Clichtove et 1re édition). Toutes les familles de manuscrits donnent *sit*. — V. 26. *Repulsa* (missel de Cologne). — V. 29. *Percussus* (1re édition). *Permissus* est donné par tous les textes manuscrits, et c'est par erreur que 15615 nous offre *premissus*. La traduction française porte *Quant Barthelemi le soufreit*. — V. 37. *Disparuit* est, dès le xiiie siècle, la leçon du graduel de Paris (Bibl. Nat. lat. 15615 et Ars. 110), et c'est de là sans doute qu'elle est passée dans le missel de Cologne, dans le texte de Clichtove, etc. *Apparuit* est la leçon victorine, qui nous est offerte : 1º par les graduels et missels de Saint-Victor (Bibl. Nat. lat. 14452, 14819, 14448, Ars. 197) ; 2º par le ms. de la Bibl. Nat. lat. 14872. *Affatus* nous est donné par 14872, d'une part, et de l'autre, par Ars. 110 ; *effatus* par les graduels et missels de Saint-Victor (14452, 14819, 14448, Ars. 197), et par le ms. de la Bibl. Nat. lat. 15615. — V. 50. *Astyagem* (1re édition, d'après Clichtove). Toutes les familles de manuscrits donnent *Astryagem* ou *Astriagen*. — Il convient de remarquer que toutes les strophes de cette prose ne sont pas rimées selon le même ordre. Les unes sont rimées *aabb* (1, 2, 3, 8, 9, 12, 13, 14), les autres *abab* (7, 11), les autres *aaaa* (4, 5, 6, 10, 15).

TEXTE D'ADAM

1

Laudemus omnes inclyta
Bartholomæi merita,

Cujus sacra solemnia
Nobis inspirant gaudia.

2

Per diem centum vicibus
Flexis orabat genibus,
Nec minus noctis tempore,
Toto prostratus corpore.

3

In istius præsentia
Obmutescunt Dæmonia;
Christi sonante buccina,
Falsa terrentur numina.

4

Non Astaroth illudere
Genti præsumit miseræ :
Nec fallere, nec lædere,
Nec læsis potest parcere.

5

Gravi dignus supplicio
Cruciatur incendio :
Quanta sit ejus tortio
Berith patet indicio.

6

Per virtutes Apostoli
Patescit fraus Diaboli ;

Arte detecta subdoli,
Cultores cessant idoli,

7

Liber exsultat Pseustius,   25
Hostis repressa rabie ;
Credit et rex Polymnius,
Propter salutem filiæ.

8

Permissus ab Apostolo,
Dæmon mugit ex idolo :   30
« A vobis ultra, miseri,
« Sacra non posco fieri.

9

« Me jam nil posse fateor,
« Qui vix respirans torqueor,
« Ante diem judicii   35
« Pœnam ferens incendii. »

10

Sic effatus apparuit
Et sigilla comminuit ;
Sed nec præsentes terruit :
Nam virtus crucis affuit.   40

11

Christi signat charactere
Fanum manus angelica :

Læsos absolvit libere
Potestate mirifica.

12

Mox pellem mutat India, 45
Tincta baptismi gratia;
Ruga carens et macula,
Cœlesti gaudet copula.

13

Currunt ergo pontifices
Ad Astriagem supplices 50
Athletam jam emeritum
Poscentes ad interitum.

14

Sub Christi testimonio,
Caput objecit gladio :
Sic triumphavit hodie 55
Doctor et victor Indiæ.

15

Bartholomæe, postula
Pro servis, prece sedula,
Ut, post vitæ curricula,
Christum laudent in sæcula. 60

XXXVIII

LA NATIVITÉ DE LA SAINTE VIERGE

(8 septembre)

NOTICE BIBLIOGRAPHIQUE

I. La prose suivante est attribuée à Adam par ABCD et par TOUTE la tradition de Saint-Victor; par Thomas de Cantinpré (*De apibus seu de bono universali*, lib. II, cap. xxviii); par le manuscrit de Bruxelles 4894 (xive siècle), etc., etc. Sa présence dans les graduels et missels de Saint-Victor n'est pas la preuve la moins décisive en faveur de cette attribution.

II. Le texte manuscrit de cette prose se trouve *sous le nom de l'auteur* : 1º dans le manuscrit de la Bibl. Nat. lat. 14872 (anc. 577 du fonds de Saint-Victor); 2º dans le manuscrit de Bruxelles 4894 (sous ce titre : *Oratio magistri Adæ de Sancto-Victore ad beatam Mariam*). On le trouve *sans attribution* : 1º dans les missels et graduels de Saint-Victor; 2º dans ceux de l'Église de Paris; 3º dans ceux de Sainte-Geneviève, dès le commencement du xiiie siècle et, à coup sûr, antérieurement à 1239 (Bibl. Sainte-Geneviève BBl1); 4º dans ceux de Cluny, etc.; 5º dans le manuscrit latin de Genève 30^d, etc., etc. — Une traduction du xve siècle, qui est inédite, est renfermée dans le manuscrit de la Bibl. Nat. fr. 180.

III. Le texte imprimé du *Salve, mater Salvatoris*, se trouve *sous le nom de l'auteur* : 1º dans l'*Elucidatorium ecclesiasticum* de Clichtove, quatrième partie; 2º dans la *Patrologie* de Migne, t. CXVI (*Proses d'Adam*, col. 1502); 3º dans les notes du *Rational ou Manuel des divins offices*, de Guillaume Durand, traduit par Ch. Barthélemy (III, 555); 4º dans les *Carmina e poetis christianis excerpta* de F. Clément (p. 504); dans l'*Année liturgique* de D. Guéranger (2e édition, II, 461), etc. — Ce même texte se trouve *sans attribution* : 1º dans les *Hymni latini* de Mone (II, 309, d'après cinq manuscrits allemands); 2º dans le *Thesaurus hymnologicus* de Daniel (II, 82). — Trois traductions ont paru : les deux premières, en regard du texte, sont celles de D. Guéranger et de Ch. Barthélemy; la troisième a été publiée par F. Clément dans la traduction de ses *Carmina*. — C'est cette prose que l'on trouve traduite dans les anciens *Marials*, comme l'indiquent souvent leurs titres : *Le grand Marial de la mere de vie, louanges de la Vierge Marie, avec la prose de maistre Adam de Saint-Victor en l'honneur de la Vierge, translatée en françois*. Paris, 1539, 2 vol. in-4º, rare. Etc., etc.

IV. A Saint-Victor on chantait cette prose le jour de la Nativité de Notre-Dame. Dans l'Église de Paris, on la chantait dans les trois solennités suivantes : 1º *In Annunciatione, post Pascha*; 2º *In Oct. Assumptionis*; 3º *In Oct. Nativitatis*.

V. Variantes et corrections. — V. 8. *Flos de spinis* (1re édition d'après les mss. DP de Mone, le texte de Clichtove, etc.). Les mss. 14452, 14819, 14448, Ars. 197 (graduels de Saint-Victor), Bibl. Nat. lat. 15615 et Ars. 110 (graduels de Paris), Sainte-Geneviève BB11 (missel de Sainte-Geneviève, xiiie siècle) et 14872 s'accordent à nous donner *spina*. — V. 18. *Superas* (d'après les mss. DGP de Mone, etc.). *Superans* (ms. 14452, 14819, Ars. 197 et 110). — V. 20. *Mediatrix* est, dès le xiiie siècle, la leçon du graduel de Paris (Bibl. Nat. lat. 15615 et Ars. 110). C'est sans doute une de ces corrections qu'on a fait subir aux proses d'Adam avant de les introduire dans ce graduel, et qui ont passé de là dans le texte de Clichtove, dans notre première édition, etc. Tous les manuscrits victorins (14452, 14819, 14448, 14872, Ars. 197), d'accord cette fois avec le plus ancien missel de Sainte-Geneviève (BBl1), nous donnent la leçon *restauratrix*, qui a peut-être paru trop hardie aux reviseurs parisiens du xiiie siècle. — V. 28. *Quæ Deum parturiit* (1re édition, d'après le texte de Mone). *Fructum* est garanti par l'accord de tous les textes : 1o graduels de Saint-Victor (Bibl. Nat. lat. 14452, 14819, 14448, Ars. 197). 2o graduels de Paris (Bibl. Nat. lat. 15615 et Ars. 110) ; 3o missel de Sainte-Geneviève, xiiie siècle (BBl1) ; 4o Bibl. Nat. 14872. — V. 48. *Habens* (texte de Clichtove, etc.). *Tenes* (1re édition, d'après le texte de Mone). *Habes* est justifié par l'accord des manuscrits suivants : 1o graduels de Saint-Victor (Bibl. Nat. lat. 14452, 14819, 14448, Ars. 197) ; 2o graduels de Paris (Bibl. Nat. lat. 15615 et Ars. 110) ; 3o missel de Sainte-Geneviève, xiiie siècle (BBl1) ; 4o Bibl. Nat. lat. 14872. — V. 53. *Sol* (Mone). — V. 57. La note qui précède ce verset a été insérée par les victorins dans leur missel de 1534. Nous avons, ailleurs, raconté ce miracle. — V. 68. *Assigna*, que nous avions adopté dans notre 1re édition, est, dès le xiiie siècle, la leçon du graduel de Paris (Bibl. Nat. lat. 15615 et Ars. 110). C'est encore une de ces corrections dont nous avons parlé plus haut, et qui ont passé dans le texte de Clichtove, etc. Tous les manuscrits victorins (14452, 14819, 14448, 14872, Ars. 197), d'accord avec le plus ancien missel de Sainte-Geneviève (BBl1), nous donnent *commenda*. — V. 80. *Gratiæ* (texte de Mone).

TEXTE D'ADAM

1

SALVE, mater Salvatoris,
 Vas electum, vas honoris,
  Vas cœlestis gratiæ ;

Ab æterno vas provisum,
Vas insigne, vas excisum
  Manu Sapientiæ!

2

Salve, Verbi sacra parens,
Flos de spina, spina carens,
  Flos, spineti gloria!
Nos spinetum, nos peccati
Spina sumus cruentati;
  Sed tu spinæ nescia;

3

Porta clausa, fons hortorum,
Cella custos unguentorum,
  Cella pigmentaria,
  Cinnamomi calamum,
Myrrham, thus et balsamum
Superans fragrantia.

4

Salve, decus virginum,
Restauratrix hominum,
Salutis puerpera;
Myrtus temperantiæ,
Rosa patientiæ,
Nardus odorifera!

5

Tu convallis humilis;
Terra non arabilis,
  Quæ fructum parturiit;

Flos campi, convallium
Singulare lilium,
Christus ex te prodiit.   30

6

Tu cœlestis paradisus
Libanusque non incisus,
   Vaporans dulcedinem :
Tu candoris et decoris,
Tu dulcoris et odoris   35
   Habes plenitudinem.

7

Tu thronus es Salomonis,
Cui nullus par in thronis
   Arte vel materia :
Ebur candens castitatis,   40
Aurum fulvum charitatis
   Præsignant mysteria.

8

Palmam præfers singularem
Nec in terris habes parem,
   Nec in cœli curia ;   45
   Laus humani generis,
   Virtutum præ cæteris
   Habes privilegia.

9

Sol luna lucidior,
Et luna sideribus :   50

Sic Maria dignior
Creaturis omnibus.

10

Lux eclipsim nesciens
Virginis est castitas,
Ardor indeficiens, 55
Immortalis charitas.

11

(*Dum venerabilis Adam sequenti versiculo beatam Virginem Mariam salutaret, ab ea resalutari et regratiari meruit :*)

SALVE, MATER PIETATIS
ET TOTIUS TRINITATIS
  NOBILE TRICLINIUM,
Verbi tamen incarnati 60
Speciale majestati
  Præparans hospitium !

12

O Maria, stella maris,
Dignitate singularis,
Super omnes ordinaris 65
  Ordines cœlestium :
In supremo sita poli,
Nos commenda tuæ proli,
Ne terrores sive doli
  Nos supplantent hostium. 70.

13

In procinctu constituti,
Te tuente simus tuti;
Pervicacis et versuti,
Tuæ cedat vis virtuti,
   Dolus providentiæ.   75
Jesu, Verbum summi Patris,
Serva servos tuæ matris,
Solve reos, salva gratis
Et nos tuæ claritatis
   Configura gloriæ.   80

XXXIX

SAINT MICHEL ET LES SAINTS ANGES

(29 septembre)

NOTICE BIBLIOGRAPHIQUE

I. La prose suivante est attribuée à Adam par ABCD. Sa présence dans les missels et graduels de Saint-Victor confirme cette attribution.

II. Le texte manuscrit s'en trouve, *sous le nom de l'auteur*, dans le manuscrit de la Bibl. Nat. lat. 14872 (anc. Saint-Victor 577), et *sans attribution* : 1º dans les missels et graduels de Saint-Victor; 2º dans ceux de l'Église de Paris; 3º dans ceux de Sainte-Geneviève, dès le commencement du xiiiº siècle et, à coup sûr, antérieurement à 1239 (Bibl. Ste-Gen. BBl1) ; 4º dans ceux de Cluny, etc., etc. — Une traduction du xvº siècle est renfermée dans le manuscrit de la Bibl. Nat. fr. 180.

III. Le texte imprimé s'en trouve *sous le nom de l'auteur* : 1º dans l'*Elucidatorium ecclesiasticum* de Clichtove, quatrième partie ; 2º dans la *Patrologie* de Migne, t. CXCIV (*Proses d'Adam*, col. 1518) ; 3º dans les notes du *Rational ou Manuel des divins offices*, de Guillaume Durand, traduit par Ch. Barthélemy, qui a accompagné d'une traduction le texte de cette prose (III, 563), etc.

V. Variantes et corrections. — M. Mone (*Lateinische Hymnen*, I, p. 456) nous donne ici, d'après un manuscrit du xviiº siècle, conservé à Coblentz, une strophe de plus. Voici cette strophe, qui doit se placer après la quatrième :

Michael, dux angelorum,
Qui draconem de cœlorum
Profligasti sedibus,
Ne superbi deprimamur,
Fac demissos, ut jungamur
Per te cœli civibus.

Si maintenant l'on veut bien considérer la structure de notre prose, on verra qu'elle se divise en deux parties bien distinctes : l'une composée des quatre premières strophes et qui est consacrée uniquement à saint Michel ; la seconde (strophes 5-13), dont la matière est plus vaste et qui a pour objet toute la hiérarchie angélique. Quand on ne voulait chanter cette prose qu'en l'honneur de saint Michel, on en exécutait seulement les quatre premières strophes ; mais on y ajoutait comme finale les six vers qui nous sont donnés par Mone. — V. 5. *Laude* (ms. 14872). *Laudis?* (14819). — V. 17. *Excusator* (14448). — V. 22. *Fit* (1re édition). *Sit* est donné par les manuscrits suivants : 1º graduels et missels de Saint-Victor (Bibl. Nat. lat. 14452, 14819, 14448, Ars. 197) ; 2º graduels de Paris (Bibl. Nat. lat. 15615 et fr. 180, Ars. 110) ; missel de Sainte-Geneviève (BB11, xiiie siècle, BB12, xive siècle) ; 4º Bibl. Nat. lat. 14872. — V. 35. *Psalterio* (texte de Clichtove, et 1re édition). *Psallentio*, que nous donnent tous les manuscrits, est excellent. V. Ducange, au mot *psallentium*, où l'on trouvera vingt exemples décisifs de ce mot très usité. C'est avec raison que l'auteur du *Glossarium mediæ et infimæ latinitanis* définit ce mot : « Cantus ecclesiasticus, » et y voit en particulier le chant alterné des Hymnes et des Psaumes. — V. 46. *Diversæ* (1re édition). Cette leçon nous est fournie par un manuscrit du graduel de Paris au xiiie siècle (Ars. 110) ; et c'est de là sans doute qu'elle a passé dans le texte de Clichtove, etc. *Divisæ* nous est offert : 1º par les mss. 14452, 14819, 14448 et Ars. 197 (graduels de Saint-Victor) ; 2º par un ms. du graduel de Paris au xiiie siècle (Bibl. Nat. lat. 15615); 3º par le missel de Sainte-Geneviève (BBl1, xiiie siècle, BBl2, xive siècle) ; 4º par le ms. 14872. — V. 56. *Se terrestris* (1re édition et imprimés). Tous les textes manuscrits portent *terrenus*. — V. 58. *His. Hic* est donné par les manuscrits victorins (Bibl. Nat. lat. 14452, 14819, 14448, 14872, Ars. 197) et par le graduel de Paris au xiiie siècle (Ars. 110). *His* est la leçon des deux manuscrits de Sainte-Geneviève (BBl1, xiiie siècle, et BBl2, xive siècle). Cette dernière leçon nous semble accidentellement la meilleure.

TEXTE D'ADAM

1

Laus erumpat ex affectu !
Psallat chorus in conspectu
  Supernorum civium !
Laus jocunda, laus decora,
Quando laudi concanora   5
  Puritas est cordium.

2

Michaelem cuncti laudent
Nec ab hujus se defraudent
  Diei lætitia.
Felix dies qua sanctorum   10
Recensetur angelorum
  Solemnis victoria !

3

Draco vetus exturbatur
Et Draconis effugatur
  Inimica legio ;   15

Exturbatus est turbator
Et projectus Accusator
    A cœli fastigio.

4

Sub tutela Michaelis
Pax in terra, pax in cœlis,   20
    Laus et jubilatio :
Cum sit potens hic virtute,
Pro communi stans salute,
    Triumphat in prœlio.

5

    Suggestor sceleris,   25
    Pulsus a superis,
    Per hujus aeris
    Oberrat spatia.
    Dolis invigilat,
    Virus insibilat,   30
    Sed hunc annihilat
    Præsens custodia.

6

Tres distinctæ hierarchiæ
Jugi vacant theoriæ
    Jugique psallentio ;   35
Nec obsistit theoria
Sive jugis harmonia
    Jugi ministerio.

7

O quam miræ caritatis
Est supernæ civitatis   40
  Ter terna distinctio,
Quæ nos amat et tuetur,
Ut ex nobis restauretur
  Ejus diminutio !

8

  Sicut sunt hominum   45
  Divisæ gratiæ,
  Sic erunt ordinum
  Distinctæ gloriæ
  Justis in præmio :
  Solis est alia   50
  Quam lunæ dignitas ;
  Stellarum varia
  Relucet claritas :
  Sic resurrectio.

9

Vetus homo novitati,   55
Se terrenus puritati
  Conformet cœlestium ;
Coæqualis his futurus,
Licet nondum plene purus,
  Spe præsumat præmium.   60

10

Ut ab ipsis adjuvemur,
Hos devote veneremur
  Instantes obsequio

Deo nos conciliat
  Angelisque sociat   65
Sincera devotio.

11

De secretis reticentes
  Interim cœlestibus,
Erigamus puras mentes
  In cœlum cum manibus;   70

12

Ut superna nos dignetur
  Cohæredes curia
Et divina collaudetur
  Ab utrisque gratia.

13

Capiti sit gloria   75
Membrisque concordia!

XL

SAINT LÉGER

(2 octobre)

NOTICE BIBLIOGRAPHIQUE

I. La prose suivante est attribuée à Adam par ABCD. Sa présence dans les missels et graduels de Saint-Victor constitue la meilleure preuve en faveur de cette attribution, contre laquelle on pourrait peut-être alléguer une certaine médiocrité et quelques combinaisons rythmiques dont Adam n'est pas coutumier (strophes 6 et 9).

II. Le texte manuscrit s'en trouve *sous le nom de l'auteur* dans le manuscrit de la Bibl. Nat. lat. 14872 (anc. Saint-Victor 577), et *sans attribution* dans les missels et graduels de Saint-Victor, etc.

III. Elle est inédite.

V. Variantes et corrections. — 33. Tous les mss. portent *seclis* très nettement. — V. 58. *Sedem* (1re édition). *Ædem* se trouve dans les mss. de la Bibl. Nat. lat. 14452, 14819, 14448, 14872 et Ars. 197.

TEXTE D'ADAM

1

Cordis sonet ex interno
Regi regum, hodierno
Die, nostra concio !

Collaudemus mente læta
Suo illum in athleta,   5
  In Leodegario.

2

Sit mens munda, vox canora,
Ut jocunda et decora
  Nostra sit laudatio;
Non discordet os a corde :   10
Sint concordes hæ tres chordæ,
  Lingua, mens et actio!

3

Generosa stirpe clarus,
Fuit et ab ipsa carus
  Deo pueritia :   15
  Mansit in palatio
  Sub rege Clotario,
  Cujus providentia.

4

Hinc Pictavis mittitur,
Præsulique traditur   20
  Disciplinæ gratia ;
Præsulatu sublimatur;
Sublimatus cumulatur
  Gratiarum copia.

5

Major domus regiæ,   25
Ebroinus, rabie
Ferali succenditur;

Torquendus nefarie,
Ministris sævitiæ
Sanctus Dei traditur.   30

6

Venerando præsuli
Eruuntur oculi
　Sæclis profuturi;
Fodiuntur terebris,
Aliorum tenebris   35
　Lumen reddituri.

7

Lictor vibrat gladium ;
Martyr caput obvium
Dat pro Christo capite,
Vincens hostem hominum,   40
Babylonis dominum,
Cum suo satellite.

8

Sic cœlorum ostia,
Christi factus hostia,
Intrat cum victoria;   45
Cœlestis militia
Cantat cum lætitia :
« Deo laus et gloria! »

9

Circumdati periculis,
Atque momentis singulis   50
　Pene periclitantes,

Ad te, martyr, confugimus
Tibique preces fundimus :
  Suscipe deprecantes.

10

Tuis bonis adgaudentem,   55
Tuas laudes attollentem
  Præsentem familiam
In cœlestem transfer ædem,
Et fac Christo cohæredem
  Atque tibi sociam.   60

XLI

SAINT DENIS

(9 OCTOBRE)

NOTICE BIBLIOGRAPHIQUE

I. La prose suivante est attribuée à Adam par ABCD. Sa présence dans les missels et graduels de Saint-Victor confirme cette attribution

II. Le texte manuscrit s'en trouve *sous le nom de l'auteur* : dans le manuscrit de la Bibl. nat. lat. 14872 (anc. Saint-Victor 577), et *sans attribution* : 1º dans les missels et graduels de Saint-Victor; 2º dans ceux de l'Église de Paris; 3º dans ceux de Sainte-Geneviève, dès le commencement du xiiie siècle et, à coup sûr, antérieurement à 1239 (Bibl. Ste-Gen. BBl1); 4º dans ceux de l'Église de Rouen; 5º dans ceux de l'Église de Troyes; 6º dans ceux de Cluny; 7º dans ceux de Cologne, etc., etc. — Une traduction du xve siècle est renfermée dans le manuscrit de la Bibl. Nat. fr. 180.

III. Le texte imprimé s'en trouve *sous le nom de l'auteur* : 1º dans l'*Elucidatorium* de Clichtove, quatrième partie; 2º dans la *Patrologie* de Migne, t. CXCVI (*Proses d'Adam*, col. 1521); 3º dans les notes du *Rational ou Manuel des divins offices*, de Guillaume Durand, traduit par Ch. Barthélemy (III, 565); 4º dans les *Carmina e poetis christianis excerpta* de F. Clément (p. 507). *Sans nom d'auteur* : dans les *Lateinische Hymnen des Mittelalters* de

Gall Morel (Einsiedeln, 1866, p. 221, d'après les *Hymni, Collectæ*, etc., publiés à Paris en 1585). — Ce même texte se retrouve encore, avec de graves modifications, dans le missel actuel de l'Église de Paris. — Deux traductions de cette prose ont été publiées par Ch. Barthélemy et F. Clément.

IV. L'Église de Paris chantait le *Gaude, prole Græcia* le 9 octobre, jour de la fête du saint, et le 22 avril, *In inventione corporum sancti Dyonisii sociorumque*.

V. Variantes et corrections. — V. 4. *Exultat* (texte de Gall Morel, d'après les *Hymni, Collectæ*, de 1585. — V. 6. *Illustri* (mss. 14819 et 14452). — V. 8. *Felix gaudet concio* (1re édition). La leçon que nous adoptons nous est offerte par les manuscrits suivants : 1º graduels de Saint-Victor (Bibl. Nat. lat. 14452, 14819, 14448, Ars. 197) ; 2º graduels de Paris (Bibl. Nat. lat. 15615 et Ars. 110) ; 3º Bibl. Sainte-Geneviève (BBl1, xiiie siècle, et BBl2, xive siècle) ; 4º Bibl. Nat. lat. 14872. Cf. le texte de Gall Morel. — V. 17. *Recolis* (1re édition). Même observation. On chantait *recolit* dans toutes les églises ; l'abbaye de Saint-Denis chantait seule *recolis*. — V. 28. *Et* (Bibl. Sainte-Geneviève BBl1 et BBl2 ; texte de Clichtove et 1re édition). Les mss. 14452, 14448, 14819, 14872 et le texte de Gall Morel s'accordent à nous donner *hic*. — V. 31. *Adorabat* (texte de Clichtove). — V. 35. *Dei* (texte de Clichtove ; 1re édition). *Christi* nous est donné par tous les manuscrits. — V. 37. *Choruscat* (ms. 14872) ; *corruscat* (texte de Gall Morel). — V. 54. *Fœdat* (mauvaise leçon de Gall Morel au lieu de *sedat*). — V. 59. *Christus Adest* nous est donné : 1º par les graduels et missels de Saint-Victor (Bibl. Nat. lat. 14452, 14819, 14448, Ars. 197) ; 2º par les graduels de Paris (Bibl. Nat. lat. 15615 et Ars. 110) ; 3º par les missels de Sainte-Geneviève BBl1 et BBl2) ; 4º par le ms. de la Bibl. Nat. lat. 14872 ; 5º par le texte de Gall Morel. — V. 60. *Militia* (1re édition). Même observation que pour

Christus adest; même accord de tous les manuscrits. — V. 67. *Petit* (ms. 14872). — V. 72. *Quod ferentem huc* (1re édition). *Quo ferentem hoc* (Bibl. Nat. lat. 14819, 14872 ; texte de Clichtove ; missels de Cluny et de Cologne). *Quo ferente hoc* (Bibl. Nat. lat. 14819, 14448, 15615. Ars. 197 ; Ste Gen. BB11 et BB12). *Quo ferente mox* (Ars. 110 et texte de Gall Morel). = Les missels de Paris, corrigés au siècle dernier, présentent la même prose remaniée en plusieurs endroits. « Dès la première strophe, on y lit : « *Exsultet Ecclesia — Dum triumphat Gallia* » au lieu de : *Gaude prole, Græcia; — Glorietur Gallia*. — Les vers 7-9 sont nouveaux :

> Dies festus agitur
> Quo trium recolitur
> Martyrum victoria.

Les strophes 6 et 7 ont été supprimées, comme elles l'étaient déjà au propre de Saint-Denis. — Au vers 44, *Imperator inhumanus* remplace *Immitis Domitianus*. — Les strophes 10, 11 et 12 sont nouvelles, excepté les deux premiers vers de la dixième :

> Infliguntur seni pœnæ,
> Flagra, carcer et catenæ;
> Invicta sed constantia
> Tormenta vincit omnia.

*

> Recordatus emensorum
> Fortis athleta laborum,
> Per nova gaudens prælia,
> Æterna quærit præmia.

*

> Immolari vir beatus,
> Agni carne saginatus

> Et præsenti roboratus
> Ad certamen numine,
> Quam sermone prædicavit,
> Mille signis quam probavit,
> Hanc signare festinavit
> Fuso fidem sanguine.

« Enfin les vers 70-74 ont été remplacés par ceux-ci qui rapportent le martyre des saints Rustique et Éleuthère, compagnons de saint Denis :

> Administri qui sacrorum
> Consortes fiunt laborum
> Consecrantur,
> Coronantur
> Uno tres martyrio. »

La raison de ces remaniements, que Ch. Barthélemy a relevés avec soin (*Rational des divins offices*, III, pp. 567, 568), n'est pas difficile à saisir. Il y avait alors, comme aujourd'hui, deux partis en présence. Les uns croyaient à l'apostolicité de l'Église de Paris, et faisaient de saint Denis l'Aréopagite le premier évêque de ce siège illustre ; les autres repoussaient cette identification et affirmaient qu'en réalité Paris n'avait pas eu d'évêque avant le IIIe siècle. Adam avait cru à un seul et même Denis, qu'il faisait vivre au Ier siècle ; les remanieurs du XVIIe en admettaient deux. Tout s'explique par là : le texte d'Adam, d'une part, et les corrections, de l'autre. — Quand, il y a quelques années, le diocèse de Paris revint à la liturgie romaine, les auteurs du nouveau Propre conservèrent la prose d'Adam avec les corrections du XVIIe siècle. V. sur ces corrections les *Institutions liturgiques* de D. Guéranger (1re édition, II, 96-98 ; 2e édition, II, 54-55).

TEXTE D'ADAM

1

Gaude prole, Græcia;
Glorietur Gallia
Patre Dionysio.
Exsultet uberius
Felici Parisius							5
Illustris martyrio!

2

Speciali gaudio
Gaude, felix concio,
Martyrum præsentia,
Quorum patrocinio						10
Tota gaudet regio,
Regni stat potentia.

3

Juxta patrem positi
Bellatores inclyti
Digni sunt memoria;						15
Sed illum præcipue
Recolit assidue
Regalis Ecclesia.

4

Hic a summo præsule
Directus ad Galliam,						20
Non gentis incredulæ
Veretur insaniam.

5

Gallorum apostolus
Venerat Lutetiam,
Quam tenebat subdolus   25
Hostis, velut propriam.

6

Hic errorum cumulus;
Hic omnis spurcitia;
Hic infelix populus
Gaudens idolatria.   30

7

Adorabant idolum
Fallacis Mercurii;
Sed vicit diabolum
Fides Dionysii.

8

Hic, constructo Christi templo,   35
Verbo docet et exemplo,
  Coruscat miraculis:
    Turba credit,
    Error cedit,
    Fides crescit   40
    Et clarescit
  Nomen tanti præsulis.

9

His auditis, fit insanus
Immitis Domitianus
  Mittitque Sisinnium,   45
Qui pastorem animarum
Fide, vita, signis clarum
  Trahat ad supplicium.

10

Infliguntur seni pœnæ,
Flagra, carcer et catenæ;   50
Catastam, lectum ferreum
Et æstum vincit igneum.

11

Prece domat feras truces,
Sedat rogum, perfert cruces,
Post clavos et patibulum   55
Translatus ad ergastulum.

12

Seniore celebrante
Missam, turba circumstante,
Christus adest, comitante
  Cœlesti frequentia;   60
Specu clausum carcerali
Consolatur et vitali
Pane cibat, immortali
  Coronandum gloria.

13

Prodit martyr conflicturus ;　　　　　65
Sub securi stat securus :
  Ferit lictor
  Sicque victor
 Consummatur gladio.
Se cadaver mox erexit.　　　　　　70
Truncus truncum caput vexit,
Quo ferentem hoc direxit
 Angelorum legio.

14

Tam præclara passio
Repleat nos gaudio !　　　　　　　75

XLII

SAINT MARTIN

(11 novembre)

NOTICE BIBLIOGRAPHIQUE

I. La prose suivante est attribuée à Adam par ABCD. Sa présence dans les missels et graduels de Saint-Victor confirme cette attribution.

II. Le texte manuscrit s'en trouve *sous le nom de l'auteur* dans le manuscrit de la Bibl. Nat. lat. 14872 (anc. Saint-Victor 577), et *sans attribution* : 1º dans les missels et graduels de Saint-Victor; 2º dans ceux de l'Église de Paris; 3º dans ceux de Cluny, etc. — Une traduction du xvº siècle, qui est inédite, est renfermée dans le manuscrit de la Bibl. Nat. fr. 180.

III. Le texte imprimé s'en trouve *sous le nom de l'auteur* : 1º dans l'*Elucidatorium ecclesiasticum* de Clichtove, quatrième partie; 2º dans la *Patrologie* de Migne, t. CXCVI (*Proses d'Adam*, col. 1529); 3º dans les notes du *Rational ou Manuel des divins offices*, de Guillaume Durand, traduit par Ch. Barthélemy, qui a donné une traduction de cette prose en regard du texte (III, 572); 4º dans les *Carmina e poetis christianis excerpta* de F. Clément, qui a fait paraître une traduction de toutes les pièces de son recueil, etc.

IV. L'Église de Paris chantait deux fois cette prose, le 11 novembre, jour de la fête, et le dimanche dans l'octave de cette fête.

V. Variantes et corrections. — V. 3. *Vinctus* (14819,

14448). — V. 9. *Jam* (texte de Clichtove et 1re édition). *Qui* est donné : 1º par les graduels et missels de Saint-Victor (Bibl. Nat. lat. 14452, 14819, 14448, Ars. 197) ; 2º par le graduel de Paris (Bibl. Nat. lat. 15615) ; 3º par le ms. 14872. — V. 33. Ici se trouvent, dans les mss. 14452, 14819, 14448 et 14872, deux strophes que nous ne faisons pas entrer dans notre texte parce que nous les croyons, littérairement, indignes de notre Adam : *Hic Martinus qui fana* (le ms. 14872 porte *vana* et les mss. 14819 et 14448 *phana*) *destruit — Qui gentiles ad fidem imbuit — Et de quibus eos instituit — Operatur. — Hic Martinus qui tribus mortuis — Meritis dat vitam præcipuis, — Nunc momentis Deum continuis — Contemplatur. = Hic Martinus qui, semper oculis — Et manibus intentus sedulis, — Orat Deo cum suis famulis — Inhærere. — Hic Martinus qui suum obitum — Longe habet ante præcognitum — Jamque suum indicat exitum — Imminere.* Ces deux strophes ne se trouvent pas dans le graduel de Paris, au xiiie siècle (Ars. 110. et Bibl. Nat. 15615). J'imagine qu'elles ont été ajoutées au texte primitif par quelque victorin du xiie ou du xiiie siècle, qui avait trouvé cette prose incomplète au point de vue de la légende ; mais je me hâte d'ajouter que c'est là une pure hypothèse, et que je ne suis aucunement en état de la prouver. — V. 47. *Quod* (mss. 14452, 14819, 14448, 14872 et Ars. 197. *Quam* (leçon du graduel de Paris au xiiie siècle, Ars. 110 et Bibl. Nat. lat. 15615).

TEXTE D'ADAM

1

GAUDE, Sion, quæ diem recolis,
Qua Martinus compar Apostolis,
Mundum vincens, junctus cœlicolis,
    Coronatur.

Hic Martinus pauper et modicus,
Servus prudens, fidelis villicus,
Cœlo dives, civis angelicus,
    Sublimatur.

2

Hic Martinus, qui catechuminus
Nudum vestit : et, nocte protinus
Insequenti, hac veste Dominus
    Est indutus.
Hic Martinus, spernens militiam,
Inimicis inermis obviam
Ire parat, baptismi gratiam
    Assecutus.

3

Hic Martinus, dum offert hostiam,
Intus ardet per Dei gratiam :
Supersedens apparet etiam
    Globus ignis.
Hic Martinus, qui cœlum reserat,
Mari præest et terris imperat,
Morbos sanat et monstra superat
    Vir insignis.

4

Hic Martinus nec mori timuit,
Nec vivendi laborem respuit,
Sicque Dei se totum tribuit
    Voluntati.

Hic Martinus qui nulli nocuit,
Hic Martinus qui cunctis profuit, 30
Hic Martinus qui trinæ placuit
    Majestati.

5

Hic Martinus, cujus est obitus
Severino per visum cognitus,
Dum cœlestis canit exercitus 35
    Dulce melos.
Hic Martinus (cujus Sulpitius
Vitam scribit, astat Ambrosius
Sepulturæ) nil sibi conscius
    Intrat cœlos. 40

6

O Martine, pastor egregie,
O cœlestis consors militiæ,
Nos a lupi defendas rabie
    Sævientis.
O Martine, fac nunc quod gesseras : 45
Deo preces pro nobis offeras;
Esto memor, quam nunquam deseras,
    Tuæ gentis.

III

COMMUN DES SAINTS

XLIII

COMMUN DES APOTRES

NOTICE BIBLIOGRAPHIQUE

I. La prose suivante est attribuée à Adam par ABCD. Sa présence dans les missels et graduels de Saint-Victor confirme cette attribution.

II. Le texte manuscrit s'en trouve *sous le nom de l'auteur* dans le manuscrit de la Bibl. Nat. lat. 14872 (anc. Saint-Victor 527), et *sans attribution* dans les missels et graduels de Saint-Victor etc.

III. Elle est inédite.

IV. On la chantait à Saint-Victor le 1er mai, pour la fête de saint Philippe et de saint Jacques.

V. Variantes et corrections. — V. 23. *Addit* (14872). — V. 25. *Super gressus* (1re édition). — V. 29. *Consentit* (14872). — V. 35. *Capud* (Ibid.). — V. 40. *Lucrifacit* (1re édition). — V. 43. *Scitiam* (Bibl. Nat. lat. 14448, 14872, Ars. 197). — V. 47. *Marris* (14872). — V. 59. *Invictus*. (14872). — V. 68. *Excitum* (Ibid.). — V. 69. *Elegit* (Ibid.). — V. 71. *Quod* (14448). — V. 75. *Concessuri* (1re édition). *Consessuri* (14452, 14448, Ars. 197).

TEXTE D'ADAM

1

Cor angustum dilatemus
Ut senatus exaltemus
  Laudes apostolici:
Læta linguæ mens collaudet,
Quæ si laudi se defraudet,   5
  Fructus laus est modici.

2

Petro laudis sit primatus,
Cui provenit principatus
  In sacrum collegium;
Petro tradit claves cœli,   10
Petro credit ut fideli
  Curam Christus omnium.

3

Paulus, tuba veritatis,
Cultum suadet pietatis,
  Obstat idolatriæ: 15
Post sudores tot agonum
Dat athletæ Christus donum,
  Coronam justitiæ.

4

Gaudens sequi Christum ducem,
Fert Andreas promptus crucem,   20
  Promptus ad suspendium;

Plebs Ægeam, hinc Ægeas
Adit crucem, sed Andreas
   Renuit remedium.

5

Supergressus vim naturæ,   25
Verbum Dei cernit pure
   Par Johannes aquilæ :
Nil aut parum mortem sensit
Qui corrumpi non consensit
   Corpus corruptibile.   30

6

Unum nomen, una fides,
Unam pœnam pene vides
   Utriusque Jacobi :
Ferro collum huic abscidunt,
Fuste caput huic elidunt   35
   Contribules reprobi.

7

Hæret Thomas, timet prius :
Videt, palpat, clamat pius
   Deum mox et Dominum;
Indos Christo lucrifecit,   40
Quorum rex hunc interfecit,
   Nec rex, sed vir sanguinum.

8

Philippus lustrans Scythiam
Fide purgat spurcitiam
   Veteris perfidiæ ;   45

Morum silet barbaries,
Martis ruit effigies,
 Crux habetur gloriæ.

9

India distans ultima
Deo vocatur proxima   50
 Fidei compendio :
Bartholomeus impiis
Fidem firmat prodigiis
 Et vitæ impendio.

10

Spreto quæstu telonei,   55
Publicano Verbi Dei
 Delegatur gratia :
Pane vitæ præmunitus,
Secus aram non invitus
 Christum placat hostia.   60

11

Fines ingressus Persidis,
Fidem propalat perfidis
Judas, accito Simone :
Spargunt doctrinæ semina,
Delent profana numina,   65
Curant delusos Dæmone.

12

Non secutus fortuitum,
Sed sortis regens exitum,
Mathiam Deus eligit ;

Barnabæ felix meritum, 70
Quo collega, per Spiritum
Paulus salvandos colligit!

13

Cœli cives digni dici,
Christi fratres et amici,
   Consessuri judices, 75
Quando fremet furor iræ,
Date nobis non sentire
   Flammas culpæ vindices.

XLIV

COMMUN DES APOTRES

NOTICE BIBLIOGRAPHIQUE

I. La prose suivante est attribuée à Adam par ABCD. Sa présence dans les missels et graduels de Saint-Victor confirme cette attribution.

III. Le texte manuscrit s'en trouve *sous le nom de l'auteur* dans le manuscrit de la Bibl. Nat. lat. 14872 (anc. Saint-Victor 577), et *sans attribution* dans les missels et graduels de Saint-Victor.

III. Elle est inédite.

IV. On la chantait à Saint-Victor, le 28 octobre, jour de la fête de saint Simon et de saint Jude.

V. Variantes et corrections. — V. 9. *Petra* (1re édition). *Præco* nous est donné : 1º par les graduels et missels de Saint-Victor (Bibl. Nat. lat. 14452, 14448; Ars. 197); 2º par le ms. 14872. — V. 14. *Trophei* (14452, 14448, 14872). — V. 21. *Mundum* (14872). — V. 53 *Hæc* (1re édition). *Hoc* est donné par les mss. 14452, 14448, 14872, Ars. 197.

TEXTE D'ADAM

1

STOLA regni laureatus
Summi Regis est senatus,
   Cœtus apostolicus :

Cui psallant mens et ora.
Mentis mundæ vox sonora 5
  Hymnus est angelicus.

2

Hic est ordo mundi decus,
Omnis carnis judex æquus,
  Novæ præco gratiæ,
Ab æterno præelectus, 10
Cujus floret architectus
  Ad culmen Ecclesiæ.

3

Hi præclari Nazaræi
Bella crucis et tropæi
  Mundo narrant gloriam; 15
Sic dispensant verbum Dei,
Quod nox nocti, lux diei
  Indicant scientiam.

4

Onus leve, jugum mite
Proponentes, semen vitæ 20
  Mundi spargunt terminis :
Germen promit terra culta;
Fœneratur fruge multa
  Fides Dei-Hominis.

5

Paranymphi novæ Legis, 25
Ad amplexum novi Regis
  Sponsam ducunt regiam,

Sine ruga, sine nævo,
Permansuram omni ævo
  Virginem Ecclesiam. 30

6

Hæc est virgo gignens fœtus,
Semper nova, tamen vetus,
  Sed defectus nescia,
Cujus thorus mens sincera,
Cujus partus fides vera, 35
  Cujus dos est gratia.

7

Hi sunt templi fundamentum,
Vivus lapis et cæmentum
  Ligans ædificium :
Hi sunt portæ civitatis, 40
Hi compago unitatis
  Israël et gentium.

8

  Hi triturant aream,
  Ventilantes paleam
Ventilabri justitia ; 45
  Quos designant ærei
  Boves maris vitrei
Salomonis industria.

9

Patriarchæ duodeni,
Fontes aquæ gustu leni, 50
  Panes tabernaculi,

Gemmæ vestis sacerdotis,
Hoc figuris signant notis,
  Novi duces populi.

10

Horum nutu cedat error,   55
Crescat fides, absit terror
  Finalis sententiæ,
Ut soluti a delictis
Sociemur benedictis
  Ad tribunal gloriæ !   60

XLV

POUR TOUS LES SAINTS

OU POUR UN SAINT N'AYANT PAS DE PROSE SPÉCIALE

NOTICE BIBLIOGRAPHIQUE

I. La prose suivante est attribuée à Adam par ABCD. Sa présence dans les missels et graduels de Saint-Victor confirme cette attribution.

II. Le texte manuscrit s'en trouve *sous le nom de l'auteur* dans le manuscrit de la Bibl. Nat. lat. 14872 (anc. Saint-Victor 577). et *sans attribution* : 1º dans les missels et graduels de Saint-Victor; 2º dans ceux de l'Église de Paris; 3º dans ceux de Sainte-Geneviève (postérieurement à 1239); 4º dans ceux de l'Église de Rouen ; 5º dans ceux de l'Église de Troyes ; 6º dans un Antiphonaire du XIIᵉ siècle provenant sans doute de l'abbaye de Montierender et conservé aujourd'hui à la Bibliothèque de Chaumont; 7º dans le manuscrit 487 de Saint-Victor ; 8º dans le manuscrit latin de Genève, 30ᵈ, etc., etc. — Une traduction du XVᵉ siècle est renfermée dans le manuscrit de la Bibl. Nat. fr. 180.

III. Le texte imprimé s'en trouve *sous le nom de l'auteur* : 1º dans l'*Elucidatorium ecclesiasticum* de Clichtove, quatrième partie ; 2º dans la *Patrologie* de Migne, t. CXCVI (*Proses d'Adam*, col. 1422 et ss.); 3º dans les notes du *Rational ou Manuel des divins offices*, de Guillaume Durand, traduit par Ch. Barthélemy, qui a donné une traduction de cette prose (III, 571). — Le même texte se trouve *sans attribution* dans les *Hymni latini* de Mone (III, 10, d'après trois manuscrits) etc., etc.

IV. Voici les deux rubriques données à cette prose : 1º *De pluribus sanctis* (A Saint-Victor) ; 2º *De quolibet sancto* (A Sainte-Geneviève et dans les Églises de Paris, de Rouen et de Troyes), etc.

V. Variantes. — V. 2. *Repræsentet* est la leçon : 1º des graduels et missels de Saint-Victor (Bibl. Nat. lat. 14452, 14448, Ars. 197) ; 2º des graduels de Paris, dès le xiiiᵉ siècle (Bibl. Nat. lat. 15615 et Ars. 110) ; 3º du missel de Sainte-Geneviève (BBl1, supplément du xviᵉ siècle) ; 4º du ms. 14872 ; 5º du texte de Clichtove. — V. 4. *Suspiret*, et vers 8, *stent* (Ibid.). Même observation que pour le vers 2 ; même accord des mêmes textes. — V. 15. *Certant* (14872). — V. 32. *Subjici* (texte de Clichtove et 1ʳᵉ édition). *Subici* est donné par les mss. 14452, 14448, 14872, 15615, Ars. 110 et 197. — V. 33. Nous nous trouvons ici en présence de deux leçons bien différentes : 1º la leçon de Saint-Victor (Bibl. Nat. lat. 14452, 14819, 14448, 14872), adoptée par Sainte-Geneviève (BBl1, suppl. du xviᵉ siècle), est : *Mirantur et deficiunt* ; 2º la leçon du graduel de Paris, dès le xiiiᵉ siècle, est : *Mirantur, nec deficiunt*. (Bibl. Nat. lat. 15615 et Ars. 110. Cf. Bibl. Nat. fr. 180). C'est cette seconde leçon qui semble la meilleure. — V. 38. *Qualitate* (texte de Clichtove et 1ʳᵉ édition). *Dignitate* est donné : 1º par les graduels et missels de Saint-Victor (Bibl. Nat. lat. 14452, 14448, Ars. 197) ; 2º par les graduels de Paris, dès le xiiiᵉ siècle (Bibl. Nat. 15615, Ars. 110. Cf. Bibl. Nat. fr. 180) ; 3º par le missel de Sainte-Geneviève (BBl1, suppl. du xviᵉ siècle) ; 4º par le ms. 14872. — V. 41. Quand on chantait cette prose le jour de la fête d'un saint qui n'avait point de prose spéciale, on modifiait ainsi ce vers : *Hic sanctus*, ou *hæc sancta cujus hodie* ; plus loin, au vers 44 : *cernit* ; plus loin encore, au vers 50 : *ipsius*. — V. 42. Au lieu de *recensentur*, qui nous est donné par BBl1 (missel de Sainte-Geneviève, suppl. du xvie siècle), et par le texte de Clichtove que j'avais adopté en ma 1re édition, les mss. de la Bibl. Nat. lat. 14452, 14448, 15615 et celui de l'Ars. 197 nous offrent la leçon *celebrantur*. — V. 43. *Nunc* (texte de Clichtove et 1re édition). *Jam* est donné par les textes manuscrits (14448, 14872, 15615, etc). — Il est à noter que les différentes strophes de cette belle prose ne sont pas rimées selon la même disposition. Les strophes 1, 3, 4, 6, 10 sont rimées *aabb* ; les strophes 2, 7, 8, 9, 12 sont rimées *aaaa* ; les strophes 5, 11, 13 sont rimées *abab*. C'est une liberté qu'Adam a prise plus d'une fois.

TEXTE D'ADAM

1

Supernæ matris gaudia
Repræsentet Ecclesia :
Dum festa colit annua,
Suspiret ad perpetua.

2

In hac valle miseriæ   5
Mater succurrat filiæ :
Hic cœlestes excubiæ
Nobiscum stent in acie.

3

Mundus, caro, dæmonia
Diversa movent prælia :   10
Incursu tot phantasmatum
Turbatur cordis sabbatum.

4

Dies festos cognatio
Simul hæc habet odio
Certatque pari fœdere   15
Pacem de terra tollere.

5

Confusa sunt hic omnia,
Spes, metus, mœror, gaudium :
Vix hora vel dimidia
Fit in cœlo silentium.   20

6

Quam felix illa civitas
In qua jugis solemnitas!
Et quam jocunda curia,
Quæ curæ prorsus nescia!

7

Nec languor hic, nec senium,   25
Nec fraus, nec terror hostium,
Sed una vox lætantium
Et unus ardor cordium.

8.

Illic cives angelici
Sub hierarchia triplici   30
Trinæ gaudent et simplici
Se Monarchiæ subici.

9

Mirantur, nec deficiunt,
In illum quem prospiciunt;
Fruuntur, nec fastidiunt, 35
Quo frui magis sitiunt.

10

Illic patres dispositi
Pro dignitate meriti,
Semota jam caligine,
Lumen vident in lumine. 40

11

Hi sancti quorum hodie
Celebrantur solemnia,
Jam revelata facie,
Regem cernunt in gloria.

12

Illic Regina virginum, 45
Transcendens culmen ordinum,
Excuset apud Dominum
Nostrorum lapsus criminum.

13

Nos ad sanctorum gloriam,
Per ipsorum suffragia, 50
Post præsentem miseriam
Christi perducat gratia!

ÉPITAPHE D'ADAM

NOTICE BIBLIOGRAPHIQUE

I. Nous renvoyons à l'*Introduction* de notre première édition (I, pp. xci-xciii) et à la note ci-après pour tout ce qui concerne l'authenticité de cette pièce.

II. Sans parler de la plaque de cuivre, sur laquelle étaient inscrits ces vers sous le cloître de Saint-Victor et qui est aujourd'hui conservée à la Bibliothèque Mazarine, le texte manuscrit de cette épitaphe se trouve dans un assez grand nombre de manuscrits victorins, notamment dans tous ceux qui renferment la Notice attribuée à Guillaume de Saint-Lô (Bibl. Nat. lat. 15058 et 14970), dans les *Annales* de Jean de Thoulouse, etc., etc.

III. Le texte imprimé s'en trouve : 1º dans les *Recherches de la France*, de Pasquier (éd. de Paris, 1611, p. 313), lequel « oppose cette épitaphe à toutes autres, tant anciennes que modernes » ; 2º dans le Recueil de D. Martène (*Veterum scriptorum et monumentorum amplissima collectio*, t. IV, p. 622) ; 3º dans l'*Histoire littéraire* des Bénédictins (t. XVII, pages en dehors du volume, article de M. Petit-Radel) ; 4º dans les notes du *Rational ou Manuel des divins offices*, de Guillaume Durand, traduit par Ch. Barthélemy (t. III. *loc. cit.*) ; 5º dans la *Patrologie* de Migne (t. CXCVI, col. 1422) ; 6º dans les *Carmina e poetis christianis excerpta* de F. Clément (p. 455), dont l'auteur a donné une traduction ;

7º dans la *Préface* de l'édition classique des *Lettres de saint Bernard*, publiée par Mgr Gaume (p. 18), etc., etc.

IV. Nous avons discuté dans notre 1re édition (I, p. xci-xciii) toutes les questions relatives à cette épitaphe. Nous replaçons ici sous les yeux du lecteur les conclusions que nous avions dès lors adoptées :

1º Les quatorze vers qui composent cette épitaphe ne sont pas tous d'Adam. Il ne peut être, tout au plus, l'auteur que des dix premiers.

2º C'est un victorin, Jean Corrard, qui a écrit les quatre derniers. On les a ajoutés aux précédents sous l'abbé Bordier, vers 1520.

3º Les dix premiers vers, qui sont sans doute d'Adam (quoique les six premiers se trouvent sans nom d'auteur dans l'*Hortus deliciarum* d'Herrade de Landsberg), les dix premiers vers n'auraient pas été écrits par notre auteur pour lui servir d'épitaphe, et il en aurait voulu faire seulement un petit poème sur les misères de l'homme. Après sa mort, on les a fait servir à un autre usage en les inscrivant sur son tombeau.

TEXTE D'ADAM

Hæres peccati, natura filius iræ
   Exsiliique reus nascitur omnis homo.
Unde superbit homo, cujus conceptio culpa,
   Nasci pœna, labor vita, necesse mori ?
Vana salus hominis, vanus decor, omnia vana ;
   Inter vana, nihil vanius est homine.
Dum magis alludunt præsentis gaudia vitæ,
   Præterit, immo fugit ; non fugit, immo perit.
Post hominem vermis, post vermem fit cinis, heu ! heu !
   Sic redit ad cinerem gloria nostra suum.

Hic ego qui jaceo, miser et miserabilis Adam,
  Unam pro summo munere posco precem.
Peccavi, fateor : veniam peto, parce fatenti;
  Parce, pater ; fratres, parcite; parce, Deus.

IV

PROSES ATTRIBUÉES A ADAM

MAIS DONT L'ATTRIBUTION EST CONTESTABLE OU FAUSSE

PROSES ATTRIBUÉES A ADAM

MAIS DONT L'ATTRIBUTION EST CONTESTABLE OU FAUSSE

Adest dies specialis (S. Magloire, 24 oct., 1re édit., II, 283). Attribuée à Adam par ABC. N'est pas dans le graduel de Saint-Victor, ni dans celui de Paris, ni dans celui de Sainte-Geneviève. Attribution douteuse. Rétablir ainsi qu'il suit le vers 21 : *Degit sub silentio*, et le vers 54 : *Culpæ relaxent debita* au lieu de *relaxant* (14872).

Ad honorem patris Maglorii (S. Magloire, 24 oct., 1re édit., II, 293). Attribuée à Adam par ABC. N'est pas dans le graduel de Saint-Victor, ni dans celui de Paris, ni dans celui de Sainte-Geneviève. Attribution douteuse. Rétablir ainsi le vers 22 : *In laudum præconia*. Le ms. 14872 offre *in laud*.

Ad honorem Trinitatis (S. Augustin, 28 août, 1re édit., II, 478). Attribuée à Adam par B. N'est pas dans le graduel de Saint-Victor, ni dans celui de Paris, ni dans celui de Sainte-Geneviève. Rythmique très insuffisante. Les vers 25, 31, 34, sont absolument contraires aux lois qui sont régulièrement observées par Adam. Attribution fausse et déjà présentée comme telle en notre première édition.

Ad honorem tuum, Christe (Nativité de S. Jean-Baptiste, 24 juin ; 1re édit., II, 27). Attribuée à Adam par ABCD. Se trouve dans le graduel de Saint-Victor, dans celui de Paris, dans celui de Sainte-Geneviève. Malgré cet accord, qui jusqu'ici n'a donné lieu à aucun doute sur l'authenticité de cette pièce, nous n'avons pas osé l'imprimer parmi les proses qui appartiennent certainement à Adam. Les vers 16 et 17 : *Vox præit Verbum*, — *Paranymphus sponsi sponsum*, ne sont pas rimés conformément à la règle perpétuellement suivie par notre poëte. — Les vers 35 : *talem gratia*, et 65 : *de tua clementia*, ne consonnent avec aucun autre vers. Attribution douteuse. Rétablir ainsi les vers suivants : Vers 21 : *Nomen indit parvulo*. *Edit*, qui se trouve en notre première édition, est fourni par deux beaux manuscrits du graduel de Paris au xiiie siècle (Bibl. Nat. lat. 15615 et Ars. 110), et c'est là une de ces corrections qu'on a sans doute fait subir aux proses d'Adam en les introduisant dans la liturgie parisienne. *Indit* n'en est pas moins la bonne leçon, celle qu'on trouve dans les graduels et missels de Saint-Victor (Bibl. Nat. lat. 14452, 14819, 14448, Ars. 197) et dans ceux de Sainte-Geneviève (Bibl. Ste-Gen. BB11 et BB12). — V. 27. *Et ab ipso consecratus* (Bibl. Nat. lat. 14452, Ars. 197 et Bibl. Nat. lat. 14872). — V. 56. *Sese tantum hic excepit* (14452, 14819, 14448, 14872, Ars. 197). Cette leçon est préférable à *Sese tantum sic excepit*, du missel de Sainte-Geneviève (BB11 et BB12). La leçon de notre première édition : *Sese Christus sic excepit*, est empruntée au graduel de Paris (xiiie siècle, Bibl. Nat. lat. 15615, Ars. 110). — V. 58. Après ce vers, tous les manuscrits victorins et tous ceux de Sainte-Geneviève offrent la strophe suivante, qu'il faut intercaler dans le texte de notre première édition : *Capitali justus pœna* — *Jubetur in carcere* — *Consummari*, — *Cujus caput rex in cœna* — *Non horret pro munere* — *Præsentari*. Le graduel de Paris, dès le xiiie siècle, ne renfermait pas cette strophe (Bibl. Nat. lat. 15615, Ars. 110) qu'on en avait sans doute éliminée parce qu'elle se rapportait à la Décollation, et non à la Nativité de saint Jean. — V. 69. *Ne nos minus triumphale* (Bibl. Nat. 14452, 14448, Ars. 197 et Bibl. Nat. lat. 14872 ; Bibl. Nat. lat. 15615 ; Bibl. Ste-Gen. BB11). *Nec* est donné par BB12 et Ars. 110.

Animemur ad agonem (Ste Agnès, 21 janvier, 1re édit., I, 289). Attribuée à Adam par ABCD. Se trouve dans les plus anciens graduels et missels de Paris et de Sainte-Geneviève ; mais n'est offerte dans le graduel de Saint-Victor qu'en des suppléments du xive et du xvie siècle. C'est cette dernière circonstance qui ne nous permet pas d'affirmer l'authenticité de ce remarquable morceau. **Attribution très probable.** La seule variante importante qu'il soit utile de mentionner est celle du vers 61. Le ms. de Sainte-Geneviève BB11 (première moitié du xiiie siècle) et le ms. 14872 s'accordent à nous donner : *virginumque gloriam.* = A raison de la probabilité de cette attribution, nous estimons qu'il convient de donner *in extenso* le texte de cette prose.

1

Animemur ad agonem,
Recolentes passionem
  Gloriosæ virginis :
Contrectantes sacrum florem,
Respiremus ad odorem   5
  Respersæ dulcedinis.

2

Pulchra, prudens et illustris,
Jam duobus Agnes lustris
  Addebat triennium :
Proles amat hanc præfecti,   10
Sed ad ejus virgo flecti
  Respuit arbitrium.

3

Mira vis fidei,
Mira virginitas,
Mira virginei   15
Cordis integritas!

4

Sic Dei Filius,
Nutu mirabili,
Se mirabilius
Prodit in fragili.   20

5

Languet amans, cubat lecto,
Languor notus fit præfecto;
  Maturat remedia.
Offert multa, spondet plura,
Periturus peritura;   25
  Sed vilescunt omnia.

6

Nudam prostituit
Præses flagitiis,
Quam Christus induit
Comarum fimbriis   30
Stolaque cœlesti.
Cœlestis nuntius
Assistit propius;
Cella libidinis
Fit locus luminis :   35
Turbantur incesti.

7

Cæcus amans indignatur,
Et irrumpens præfocatur
  A maligno spiritu.
Luget pater, lugent cuncti ;   40
Roma flevit pro defuncti
  Juvenis interitu.

8

Suscitatur ab Agnete :
Turba fremit indiscrete ;
  Rogum parant virgini :   45
Rogus ardens reos urit ;
In furentes flamma furit,
  Dans honorem Numini.

9

Grates agens Salvatori,
Guttur offert hæc lictori :   50
Nec ad horam timet mori,
  Puritatis conscia.
Agnes, Agni salutaris
Stans ad dextram, gloriaris,
Et parentes consolaris,   55
  Invitans ad gaudia.

10

Ne te flerent ut defunctam,
Jam cœlesti Sponso junctam,
His, sub agni forma, suam
Revelavit atque tuam   60
  Virginalem gloriam ;

Nos ab Agno salutari
Non permitte separari
Cui te totam consecrasti,
Cujus ope tu curasti   65
   Nobilem Constantiam.

11

Vas electum, vas honoris,
Incorrupti flos odoris,
Angelorum grata choris,
Honestatis ac pudoris   70
   Formam præbes sæculo.
Palma fruens triumphali,
Flore vernans virginali,
Nos indignos speciali,
Fac sanctorum generali   75
   Vel suscribi titulo.

Ante thorum virginalem (pour la Ste Vierge au temps de Noël, 1re édit., II, 334). Attribuée à Adam par ABC. N'est pas dans le graduel de Saint-Victor, ni dans celui de Paris, ni dans celui de Sainte-Geneviève. Attribution douteuse.

Aquas plenas amaritudine (S. Thomas de Cantorbéry, 28 déc., 1re édit., I, 271). Attribuée à Adam par ABC. N'est pas dans le graduel de Saint-Victor, ni dans celui de Paris, ni dans celui de Sainte-Geneviève. Attribution douteuse. Rétablir ainsi le vers 44 : *Vita, salus et lux ætheria.*

Augustini magni patris (Ste Monique, 4 mai, 1re édit., II, 463). Attribuée à Adam par D. N'est pas dans le graduel de Paris, ni dans celui de Sainte-Geneviève, et se trouve seulement, au graduel de Saint-Victor, en des suppléments relativement modernes (Ars. 197 et Bibl. Nat. lat. 14452). Ces trois vers (31-33) suffiraient contre l'authenticité de cette pièce médiocre : *O matrona gloriosa — Quam transfigunt amorosa — Crucifixi stigmata*. Attribution fausse et déjà présentée comme telle en notre première édition.

Augustini præconia (Conversion de S. Augustin, 5 mai, 1re édit., II, 7). Attribuée à Adam par B. N'est ni dans le graduel de Paris, ni dans celui de Sainte-Geneviève, et se trouve seulement au missel de Saint-Victor du xive siècle (ms. de la Bibl. Nat. lat. 14448). Attribution douteuse. Après notre strophe 4, intercaler dans notre texte la suivante, qui est donnée par 14448 : *Licet altis clamoribus — Vox in excelsis resonet, — Dei non placet auribus, — Si cor a voce dissonet*. C'est une idée qui est souvent exprimée par Adam. = Après notre strophe 12, intercaler les deux suivantes, qui nous sont offertes par le même manuscrit : *Hic morum et scientiæ — Præpollens privilegio, — Hipponensis ecclesiæ — Præfertur episcopio = Sanitati restituit — Plures precum instantia — Et in multis prævaluit — Exturbare dæmonia*. Les trois couplets ci-dessus ne se trouvent pas dans 14872. = Rétablir ainsi qu'il suit, d'après les manuscrits, le vers 44 : *Exsiluit præ gaudio*, et le vers 54 : *Ad te confugientium* (Bibl. Nat. lat. 14448).

Augustino præsuli (S. Augustin, 28 août, 1re édit., II 481). Attribuée à Adam par B. N'est ni dans le graduel de Saint-Victor, ni dans celui de Paris, ni dans celui de Sainte-Geneviève. Attribution fausse et déjà présentée comme douteuse en notre première édition. — Rétablir ainsi le vers 21 (d'après 14872) : *In heresum vitio*, et les vers 35, 36 : *Manens regis gloriæ — Contemplator*.

Aurora diem nuntiat. Hymne pour l'office de saint Augustin, 28 août, 1re édit., II, 441. Attribuée à Adam par C. Attribution douteuse.

Ave, Maria, gratia plena (pour les fêtes de la sainte Vierge, 1re édit., II, 484). Attribuée à Adam par B. Se trouve, dès le xiiie siècle, dans le graduel de Sainte-Geneviève, et plus tard dans celui de Paris ; mais elle n'a sans doute été introduite dans le graduel de Saint-Victor que vers le xive ou le xve siècle. V. les mss. de la Bibl. Nat. lat. 14452 (supplément du xve siècle) et 14448 (xive siècle). Attribution très douteuse. — Au vers 21, les manuscrits de Sainte-Geneviève nous donnent : *Panis et pistoris*, qui paraît la bonne leçon. *Panis* nous est donné par les mss. de la Bibl. Nat. lat. 1139, 14452, 14448, 14872, et fr. 180. — Rétablir ainsi le vers 30 : *Tu es regis mater et filia* (Bibl. Nat. lat. 14452, 14448, 14872, et, sauf le premier mot, Ste Gen. BB11 et BB12. Ces deux derniers textes nous donnent : *Quæ es regis*). — V. 40. *Claritatis* (1139, etc.). — L'ordre des deux vers 27, 28 est interverti dans 1139. — La strophe 6 manque dans le même manuscrit.

Ave, mater Jesu Christi (Nativité de la Ste Vierge, 8 sept., 1re édit., II, 210). Attribuée à Adam par ABC. Se trouve, dès le xiiie siècle, dans le graduel de Paris, mais n'a jamais figuré dans le celui de Saint-Victor. L'attribution nous paraît néanmoins très probable, et c'est à ce titre que nous en donnons le texte *in extenso*. Au vers 2, *quem* est donné par les deux bons manuscrits du graduel de Paris au xiiie siècle (Bibl. Nat. lat. 15615 et Ars. 110). — V. 55. *Nec* est offert par les mêmes textes. — Le ms. 14872 donne, au lieu de la dernière strophe, ces deux seuls vers : *Nec mundi vivet vanitas,* — *Christi vivente gratia.*

1

Ave, mater Jesu Christi,
Quæ de cœlo concepisti
Non carnis commercio!

A contactu viri pura,
Concepisti, paritura
  Gaudium cum gaudio.

2

Peperisti medicinam,
Non humanam, sed divinam
  Pereunti sæculo.
Totus mundus in languore,
Totus erat in dolore,
  Totus in periculo.

3

Mundi languor error ejus;
Quo languore nihil pejus,
  Nihil tam pestiferum;
Hostis totum possidebat,
Quia totus diffluebat
  Per abrupta scelerum.

4

Nundum semen venerat
Quod nobis promiserat
Deus ab initio,
Semen ex muliere,
Sine carnis opere,
Sine matris vitio.

5

Mulier eligitur,
Cujus serpens nititur
Pungere calcaneum;

Sed fortis et sapiens,
Hosti non consentiens,
  Præcavet aculeum.   30

6

Caput anguis hæc contrivit
Cujus carni coünivit
  Se majestas Filii;
Sexus autem fragilis,
Sexus seductibilis   35
  Vires frangit impii.

7

Ave, virgo gloriosa,
Plus obryzo pretiosa,
  Fragrans super lilia!
Tibi cedit laus herbarum,   40
Florum decor et gemmarum
  Libanique gloria.

8

O Maria, maris stella,
Pro conservis interpella
  Jugi prece Filium,   45
Quia jugis est assultus,
Jugis noster est singultus
  Et juge suspirium.

9

Te preces, te suspiria,
Te nostri tangant gemitus;   50

Tu, virtutis potentia,
Nequam refrena spiritus;

10
Ne carnis nos lubricitas
Resolvat in flagitia,   55
Nec mundi juvet vanitas,
Christi juvante gratia !

Ave, mundi spes. Maria (pour les fêtes de la Vierge, 1ʳᵉ édit., II, 382). Attribuée à Adam par ABC. Se trouve, dès le xiiiᵉ siècle, au graduel de Paris, mais n'est pas dans celui de Sainte-Geneviève, et n'a été ajoutée qu'après 1239 à celui de Saint-Victor. V. Bibl. Nat. lat. 14448 (missel du xivᵉ siècle); 14452 (supplément du xvᵉ siècle), Arsenal 197 (xiiiᵉ siècle). Il convient d'observer, en outre, que quelques vers de cette prose (22 : *Ave virginum lucerna*; 36 : *Per quam servitus finitur*; 46 : *Mundans a peccati fæce*), quoique justes, ne sont pas conformes à la rythmique plus sévère d'Adam, qui établit toujours une pause après sa quatrième syllabe. V. plus loin (prose *Vox sonora nostri chori*) le développement de cette thèse. **Attribution douteuse.** = Dans la strophe 4, intervertir l'ordre des deux demi-strophes (mss. 14452, 14448, 14872, Ars. 197, et texte publié par Mone). L'ordre de notre première édition n'est justifié que par 1139. — Rétablir ainsi le vers 44 : *Subiciat supplicio* (mss. 14448, Ars. 110 et 197, Bibl. Nat. lat. 1139, etc).

Celebremus victoriam. (SS. Nérée et Achillée, 12 mai, 1ʳᵉ édit., II, 13). Attribuée à Adam par ABC. N'est pas dans le graduel de Saint-Victor, ni dans celui de Paris, ni dans celui de Sainte-Geneviève. **Attribution très douteuse.**

Christo laudes persolvat (S. Jean l'Évangéliste, 27 déc.,

1re édit., I, 246). Attribuée à Adam par ABC. Prose notkérienne, antérieure au xiie siècle. Attribution fausse.

Clara chorus dulce pangat voce nunc alleluia (Dédicace, 1re édit., I, 174). Attribuée à Adam par BD. Se trouve au graduel de Saint-Victor. Sa versification atteste clairement qu'elle est antérieure à notre poète, et son style qu'elle est absolument indigne de lui. Attribution fausse. Rétablir ainsi le vers 35 : *Clemens adesse dignare* (14819, 14872). — Intervertir l'ordre des vers 31 et 32.

Clare sanctorum senatus (Commun des Apôtres, 1re édit.. II, 499). Attribuée à Adam par B. Elle se trouve au graduel de Saint-Victor, mais appartient au Séquentiaire de Notker. Attribution évidemment fausse, et présentée comme telle en notre première édition.

Cœli cives, applaudite (hymne pour l'office de S. Augustin, 28 août, 1re édit., II, 494). Attribuée à Adam par C. — Pièce médiocre, et assonancée au lieu d'être rimée. Attribution fausse, et présentée comme telle en notre première édition.

Cœli solem imitantes (Commun des Apôtres, 1re édit., II, 401). Attribuée à Adam par ABC. N'est pas dans le graduel de Saint-Victor, ni dans celui de Paris, ni dans celui de Sainte-Geneviève. Attribution fausse. Rétablir ainsi le vers 3 : *Ortum solis asserunt* (14872).

Congaudeant hodie (S. Thomas, apôtre, 21 déc., 1re édit., II, 456). Attribuée à Adam par D. Ne se trouve que dans un supplément du xve siècle au graduel de Saint-Victor (Bibl. Nat. lat. 14452) et dans le ms. 14448, missel de Saint-Victor au xive siècle. *Férat* du vers 29, ne peut consonner avec *lacerat et properat*. Attribution fausse, et déjà présentée comme douteuse en notre première édition. Rétablir ainsi le vers 4 : *Thomas doctor Indiæ*.

Congaudentes exsultemus — *Vocali concordia* (S. Nicolas, 6 déc., Ire édit., I, 201). Attribuée à Adam par le P. Simon Gourdan et par Jean de Thoulouse, qui a commis la grosse erreur de confondre cette prose avec le *Congaudentes exsultemus*, destiné à la fête de saint Gilles. Se trouve dans les graduels de Saint-Victor, de Paris et de Sainte-Geneviève et dans le ms. de Saint-Martial (Bibl. Nat. lat. 1139), mais est manifestement antérieure à notre poète. Attribution fausse. Rétablir ainsi les vers suivants : V. 4. *A papilla* (Ars. 197 et 110). — V. 26. *Ecce quidam dicens assum* (14452, 14448, Ars. 197 et 110; Bibl. Nat. lat. 1139). — V. 41. *Illam* (1139). — V. 44. *Qui sanavit læsionem* (14452, 14448, Ars. 197 et 110). *Qua* (1139). C'est *qua* qui est la bonne leçon. — La strophe 11 est omise dans 14452; l'ordre des strophes 10 et 11 est interverti dans Bibl. Nat. lat. 1139 et 14448, fr. 180, Ars. 197 et 110; — Le vers 49 doit être supprimé et ne se trouve pas dans 14452, 14448, Ars. 197 et 110; Bibl. Nat. lat. 1139.

Congaudentes exsultemus, — *Exsultantes celebremus* (S. Gilles, 1er sept., 1re édit., II, 174). Attribuée à Adam par AB. Jean de Thoulouse (C) a fait, comme nous l'avons dit plus haut, une déplorable confusion entre cette prose et la précédente. N'est pas dans le graduel de Saint-Victor, ni dans celui de Paris, ni dans celui de Sainte-Geneviève. Le rythme de la dernière strophe est insuffisant et irrégulier. Attribution fort douteuse. — Rétablir ainsi le vers 12 : *Procreavit Græcia* (14872) et le vers 14 : *Quantus foret in virore.*

Deo laudes extollamus (SS. Savinien et Potentien, 19 oct., 1re édit., II, 270). Attribuée à Adam par ABC. Ne se trouve ni dans le graduel de Saint-Victor, ni dans celui de Paris, ni dans celui de Sainte-Geneviève. Pièce des plus médiocres. Attribution fausse.

De profundis tenebrarum (S. Augustin, 28 août, 1re édit., II, 162). Attribuée à Adam par B qui n'est pas une autorité suffisante. Ne se trouve ni dans le graduel de Saint-Victor, ni dans celui de Paris, ni dans celui de Sainte-Geneviève. Attribution douteuse. Rétablir ainsi les vers suivants : V. 20. *Et doctrinis tritus vanis* (14872). — V. 28-30. *Sui quippe nil habebant — Tanquam suum: sed vivebant — In commune clerici* (14872). — V. 36. *Qui nil suum* (texte de Mone). — V. 44. *Te ductore, consequantur* (14872).

Ecce dies attollenda (S. Germain d'Auxerre, 31 juil., 1re édit., II, 104). Attribuée à Adam par AC. N'est pas dans le graduel de Saint-Victor, et nous n'en trouvons le texte dans aucun manuscrit. Attribution douteuse.

26. *Gaude, superna civitas* (S. Marcel, 1er nov., 1re édit., II, 302). Attribuée à Adam par ABCD. Se trouve, dès le xiiie siècle, dans le graduel de Paris, auquel les Victorins l'auront peut-être empruntée. Nous ne la trouvons, en réalité, que dans les missels de Saint-Victor du xive siècle (14448) et dans un Supplément au graduel de la même abbaye (14452 et Ars. 197). Attribution douteuse. Rétablir ainsi les vers suivants : V. 6. *Te restaurant in melius* (14452 et 15615). — V. 19. *Calorem tactu temperat* (14452, 15615, Ars. 110). — V. 21, 22. *Dum servus Christi præsuli — Aquæ ministrat calicem* (14452, Ars. 110, etc.). — La strophe 4 n'est pas au graduel de Paris du xiiie siècle (Ars. 110).

Gratiani grata solemnitas (S. Gratien, 23 oct., 1re édit., II, 274). Attribuée à Adam par ABC. Ne se trouve ni dans le graduel de Saint-Victor, ni dans celui de Paris, ni dans celui de Sainte-Geneviève. Attribution douteuse. Rétablir ainsi les vers suivants : V. 16, 17. *Attestante fama martyrium, — Modum mortis delet oblivium.* — V. 38. *Hæc erroris venena diluit* (14872).

Hac die festa concinat multimoda camœna (la Circoncision, 1re édit., I, 48). Attribuée à Adam par ABC. Ne se trouve ni dans le graduel de Saint-Victor, ni dans celui de Paris, ni dans celui de Sainte-Geneviève. Pièce qui est évidemment antérieure à Adam. **Attribution fausse**. Rétablir ainsi le vers 24 : *Sed a nobis abscidamus sordesque et vitia* (14872).

In eadem specie visum (la Transfiguration, 6 août, 1re édit., II, 112). Attribuée à Adam par AC. N'est pas au graduel de Saint-Victor, et nous n'en possédons pas le texte. **Attribution douteuse**.

Hodiernæ lux diei (pour les fêtes de la Ste Vierge, 1re édit., II, 373). Attribuée à Adam par ABC. Se trouve dans le graduel de Saint-Victor, dans celui de Paris, dans celui de Sainte-Geneviève dès le XIIIe siècle (BBl4), et dans le Séquentiaire de Saint-Martial (Bibl. Nat. lat. 1139, fo 171). Malgré cet accord, nous hésitons à placer cette prose parmi celles que l'on peut sûrement attribuer à notre Adam. C'est une question de rythmique qui nous laisse ici quelque doute, et les vers 23 (*Fusum Gedeonis vellus*) et 26 (*Tu caliginosæ menti*), tout en étant fort justes, ne nous paraissent pas conformes à la rythmique plus sévère d'Adam, qui établit toujours une pause après sa quatrième syllabe. V. plus loin le développement de cette thèse (prose *Vox sonora nostri chori*). **Attribution douteuse**. Rétablir ainsi qu'il suit le vers 11 : *Corde, ore, voce, voto* (excellente leçon de 1139) ; le vers 13 : *Ave, Domina cœlorum*, qui est sous cette forme correctement rythmé (même ms., au lieu de *Ave, regina cœlorum*), et le vers 29 : *Ne involvat nos procella* (Bibl. Nat. lat. 14452, 14448, Ars. 197 ; Bibl. Nat. lat. 15615 et Ars. 110 ; Bibl. Ste Gen. BBl1 ; Bibl. Nat. lat. 1139).

Interni festi gaudia (S. Augustin, 28 août, 1re édit., II, 157). Attribuée à Adam par BD. Se trouve dans le graduel de Saint-Victor et dans celui de Sainte-Geneviève (xve siècle). Pièce d'une médiocrité déplorable ; rythmique irrégulière et indigne d'Adam : *Pia consonant* avec *cætera*, etc. (Voy. E. Misset, *Lettres chrétiennes*, II, 264. Attribution fausse. Rétablir ainsi les vers suivants : V. 1. *Interni festi gaudia* (14452, 14819, 14448, 14872, Ars. 197, Ste-Gen. BB12). — V. 43. *Cum recensentur annua* (mêmes mss.). — V. 55. *Hinc et mater catholica* (mêmes mss.). — V. 57. *Cujus* (mêmes mss., sauf le ms. de Sainte-Geneviève, qui porte *hujus*).

Jerusalem et Sion filiæ (la Dédicace, 1re édit., I, 180). Attribuée à Adam par ABCD. Se trouve, dès le xiiie siècle, dans le graduel de Paris ; mais n'est pas dans le graduel de Saint-Victor, ni dans celui de Sainte-Geneviève. Rythmique différente de celle d'Adam. Attribution douteuse. Rétablir ainsi le vers 35 : *Omnis ævi, sexus, simul una* (Bibl. Nat. lat. 15615, Ars. 110).

Jesse virgam humidavit (pour les fêtes de la Ste Vierge, 1re édition, II, 377). Attribuée à Adam par ABC. Ne se trouve pas dans le graduel de Saint-Victor, ni dans celui de Paris, ni dans celui de Sainte-Geneviève. Attribution douteuse.

Jesu, tuorum militum (hymne pour l'office de saint Victor, 21 juillet, 1re édit., II, 444). Attribuée à Adam par C. Attribution douteuse.

Jocundare, plebs fidelis (commun des Évangélistes, 1re édit., II, 424). Attribuée à Adam par ACD. Se trouve dans le graduel de Saint-Victor et dans celui de Sainte-Geneviève (BB12, xive siècle). Malgré cet accord, dont il faut tenir le plus grand compte, nous hésitons à placer cette prose parmi celles que l'on peut sûrement attribuer à Adam. C'est une question de rythmique qui nous laisse ici quelque doute, et les vers 3 (*Recolens Ezechielis*), 6 (*Cum spiritibus beatis*), 10 (*Dicens in Apocalypsi*), 18 (*Formas evangelista-*

rum). 49 (*Quatuor describunt isti*), 54 (*Vitulus sacrificatur*), tout en étant fort justes, ne sont pas conformes à la rythmique plus sévère d'Adam, qui établit toujours une pause après sa quatrième syllabe. Attribution douteuse. — Rétablir ainsi les vers suivants : V. 5-12. Intervertir l'ordre de ces deux demi-strophes (Bibl. Nat. lat. 14452, 14819, Ars. 197 ; Bibl. Nat. lat. 15615 et Ars. 110 ; Bibl. Nat. lat. 14872). Dans notre première édition, nous avions à tort adopté l'ordre de Clichtove. — V. 13 et 14. Malgré tous les manuscrits, qui portent *primam* et *secundam*, nous proposons *primum* et *secundum* (s. e. *animal*). — V. 65. *Horum trahat nos doctrina* (Bibl. Nat. lat. 14452, 14819, 14448 ; Bibl. Nat. lat. 15615 et Ars. 110 ; Bibl. Nat. lat. 14872). — V. 69. *Horum rivo debriatis* (mêmes manuscrits).

Lætabundus (Noël, 1re édit., II, 499). Attribuée à Adam par B. Attribution insoutenable et présentée comme telle en notre première édition.

Laudemus Apollinarem (S. Apollinaire, 23 juill., 1re édit., II, 97). Attribuée à Adam par AC. Ne se trouve pas dans le graduel de Saint-Victor, et nous n'en possédons pas le texte. Attribution douteuse.

Laudes crucis attollamus (Invention de la Croix, 3 mai, 1re édit., I, 346). N'est attribuée à Adam que par le P. Simon Gourdan, en ses *Vies et Maximes saintes des hommes illustres qui ont fleuri dans l'abbaye de Saint-Victor* (Bibl. Nat. lat. 22396-22401, anc. Saint-Victor 1040), et cette autorité est par trop insuffisante. Se trouve dans le graduel de Saint-Victor, dans celui de Paris, dans celui de Sainte-Geneviève dès le xiiie siècle (BB11) et dans le ms. de la Bibl. Nat. lat. 1139 (Séquentiaire de Saint-Martial de Limoges, f° 160 et ss.). Le vers 22 : *Fuit hæc salutis ara*, fort juste d'ailleurs, n'est pas conforme aux règles suivies par Adam, mais peut être aisément corrigé. Attribution qui n'est pas certaine, malgré tout, mais qui demeure très probable, et c'est à ce titre que nous donnons ici ce texte *in extenso*. = Rétablir ainsi les vers suivants : V. 4-5. Cette demi-strophe ne se trouve ni dans le graduel de Saint-Victor, ni dans celui de Paris, ni dans celui de Sainte-Geneviève, ni dans 1139, et nous paraît cependant justifiée par la mélodie, qui est la même que celle du *Zyma vetus* et, plus tard, du *Lauda Sion*, etc. — V. 12. *Voce* (Bibl. Nat. lat. 14452, 14819, 14448, 15615, 1139, Ars. 197, Ars. 110; BBl1 et BBl2). — V. 16. *Qui per crucem* (1139). — V. 19. *Populi* (Ibid.). — Les vers 21-22 sont omis dans 1139. — V. 60. *Hostis fugat millia* (leçon de tous les manuscrits). Malgré cet accord, et par une exception unique, nous croyons que *hostis* est une mauvaise leçon que la distraction d'un scribe a imposée à tous les graduels. La leçon de Clichtove semble vraiment la bonne : une fois n'est pas coutume. — V. 70. *Mundi vera salus* (1139). *Mundi salus vera* est la leçon de tous les autres manuscrits. — V. 77. *Assistentes* est donné par tous les textes ; *insistentes* est la leçon du seul ms. 1139, qui est le plus ancien de tous. — V. 85. *Nobis confer* nous est fourni par tous les manuscrits. = Entre les strophes 8 et 9, le graduel de Saint-Victor et le plus ancien graduel de Sainte-Geneviève (BBl1) nous offrent une strophe qui ne se trouve ni dans le graduel de Paris (Ars. 110 et Bibl. Nat. lat. 15615), ni dans celui de Sainte-Geneviève au xive siècle (BBl2), ni dans 1139. Cette strophe nous semble une très ancienne intercalation, et a été introduite peut-être par Adam lui-même dans le *Laudes crucis* afin que l'on pût à la fois chanter cette prose le 3 mai, jour de l'Invention, et le 14 septembre, jour de l'Exaltation de la Croix. Quoi qu'il en soit, voici cette strophe : *Roma naves universas — In profundum vidit mersas — Una cum Maxentio : — Fusi Thraces, cœsi Persæ, — Sed et partis dux adversæ — Victus ab Heraclio.* Les Églises qui ne chantaient le *Laudes crucis* que le 3 mai n'avaient pas besoin de cette strophe et ne l'adoptèrent pas.

1

Laudes crucis attollamus,
Nos qui crucis exsultamus
  Speciali gloria :
Nam in cruce triumphamus,
Hostem ferum superamus   5
  Vitali victoria.

2

  Dulce melos
  Tangat cœlos!
  Dulce lignum
  Dulci dignum   10
Credimus melodia.
Voce vita non discordet :
Cum vox vitam non remordet,
  Dulcis est symphonia.

3

Servi crucis crucem laudent,   15
Qui per crucem sibi gaudent
  Vitæ dari munera.
Dicant omnes et dicant singuli :
« Ave, salus totius populi,
  Arbor salutifera! »   20

4

O quam felix, quam præclara
Hæc salutis fuit ara,
  Rubens Agni sanguine;

Agni sine macula,
Qui mundavit sæcula 25
Ab antiquo crimine !

5

Hæc est scala peccatorum
Per quam Christus, rex cœlorum,
  Ad se traxit omnia ;
Forma cujus hoc ostendit 30
Quæ terrarum comprehendit
  Quatuor confinia.

6

Non sunt nova sacramenta,
Nec recenter est inventa
  Crucis hæc relligio : 35
Ista dulces aquas fecit ;
Per hanc silex aquas jecit
  Moysis officio.

7

Nulla salus est in domo,
Nisi cruce munit homo 40
  Superliminaria :
  Neque sensit gladium,
  Nec amisit filium
Quisquis egit talia.

8

Ligna legens in Sarepta 45
Spem salutis est adepta
  Pauper muliercula :

Sine lignis fidei
Nec lecythus olei
Valet, nec farinula.   50

9

In Scripturis
Sub figuris
Ista latent,
Sed jam patent
Crucis beneficia :   55
   Reges credunt,
   Hostes cedunt;
   Sola cruce,
   Christo duce,
Unus fugat millia.   60

10

Ista suos fortiores
Semper facit et victores;
Morbos sanat et languores,
   Reprimit dæmonia;
Dat captivis libertatem,   65
Vitæ confert novitatem :
Ad antiquam dignitatem
   Crux reduxit omnia.

11

O Crux, lignum triumphale,
Mundi vera salus, vale!   70
Inter ligna nullum tale
   Fronde, flore, germine.

Medicina christiana,
Salva sanos, ægros sana :
Quod non valet vis humana 75
   Fit in tuo nomine.

12

Insistentes crucis laudi,
Consecrator crucis, audi,
Atque servos tuæ crucis
Post hanc vitam, veræ lucis 80
   Transfer ad palatia.
Quos tormento vis servire,
Fac tormenta non sentire ;
Sed quum dies erit iræ,
Nobis confer et largire 85
   Sempiterna gaudia.

Lux advenit veneranda (la Nativité de la Vierge, 8 sept., 1ʳᵉ édit., II, 201). Attribuée à Adam par ACD. Se trouve, dès le xiiiᵉ siècle, dans le graduel de Paris; mais n'est ni dans le graduel de Saint-Victor, ni dans celui de Sainte-Geneviève. Nous croyons néanmoins que cette attribution est probable, et c'est à ce titre que nous publions cette pièce *in extenso*.

1

Lux advenit veneranda,
Lux in choris jubilanda
   Luminosis cordibus.
Hujus læta lux diei
Festum refert matris Dei 5
   Dedicandum laudibus.

2

 Vox exsultet
 Modulata,
 Mens resultet
 Medullata,   10
Ne sit laus inutilis!
 Sic laus Deo
 Decantetur
 Ut in eo
 Collaudetur   15
Mater ejus nobilis!

3

 Gloriosa
 Dignitate,
 Viscerosa
 Pietate,   20
Compunctiva nomine,
 Cum honore
 Matronali,
 Cum pudore
 Virginali,   25
Nitet cœli cardine.

4

Rubus quondam exardebat
Et tunc ardor non urebat
 Nec virori nocuit :
Sic ardore spiritali   30
Nec attactu conjugali
 Virgo Deum genuit.

5

Hæc est ille fons signatus,
Hortus clausus, fecundatus
   Virtutum seminibus.   35
Hæc est illa porta clausa,
Quam latente Deus causa
   Clauserat hominibus.

6

Hæc est vellus trahens rorem,
Plenus ager dans odorem   40
   Cunctis terræ finibus.
Hæc est virga ferens florem,
Terra suum Salvatorem
   Germinans fidelibus.

7

Hæc est dicta per exemplum   45
Mons, castellum, aula, templum,
   Thalamus et civitas :
Sic eidem aliorum
Assignatur electorum
   Nominum sublimitas   50

8

Cujus preces vitia,
Cujus nomen tristia,
Cujus odor lilia,
Cujus vincunt labia
Favum in dulcedine.   55

Super vinum sapida,
Super nivem candida,
Super rosam rosida,
Super lunam lucida
Veri solis lumine. 60

9

Imperatrix
Supernorum,
Superatrix
Infernorum,
Eligenda 65
Via cœli,
Retinenda
Spe fideli,
Separatos
A te longe, 70
Revocatos
Ad te, junge
Tuorum collegio :
Mater bona
Quam rogamus, 75
Nobis dona
Quod optamus,
Nec sic spernas
Peccatores
Ut non cernas 80
Precatores:
Reos sibi
Diffidentes,

> Tuos tibi
> Confidentes 85
> Tuo siste filio.

Lux est ista triumphalis (SS. Pierre et Paul. 29 juin. 1re édit., II, 63). Attribuée à Adam par ABC. Bien qu'elle ne se trouve ni dans le graduel de Saint-Victor, ni dans celui de Paris, ni dans celui de Sainte-Geneviève, nous regardons cette attribution comme probable, et c'est à ce titre que nous publions plus loin cette prose *in extenso.* Rétablir ainsi les vers suivants : V. 22. *Si.* — V. 25. *Quem concidunt maris fluctus* (14872 : *concedunt*). — V. 46-48. *Et secunda potestatis,* — *Sontes ligans, liberatis* — *Iter dans ad æthera.* Le missel de Bordeaux porte : *Fontem ligans libertatis.* — V. 52. *Est baptismus animarum* (missel de Bordeaux). — V. 60. *Noxam cum singultibus* (14872). — V. 76. *Petrus cinctus gladio* (14872). — V. 81. *Simon magus debacchatur* (missel de Bordeaux). — V. 91. *Celsæ Sion* (14872). — V. 92. *Veri agni visitur* (missel de Bordeaux).

1

Lux est ista triumphalis,
Forma lucis æternalis
  Et exemplar gloriæ :
Dies felix, dies læta,
In qua Petrus fit athleta 5
  Solemnis victoriæ !

2

Hic ignotus, simplex, egens,
Quærit, hami sorte degens,
  Vivendi commercium ;

Indigenti, sed fideli 10
Committuntur claves cœli,
   Pastoris officium.

3

Nam in mari rete locat,
Sed a mari Christus vocat,
   Et vocantem sequitur : 15
Remum calcat, rete spernens;
Navem linquit, Christum cernens
   Cujus verbo pascitur.

4

Novæ remus speciei,
Rete novum datur ei, 20
   Forma navis alia;
Nam, si remus cœli clavis,
Rete verbum, Petri navis
   Præsens est Ecclesia;

5

Quam concidunt maris fluctus, 25
Hujus mundi jugis luctus,
   Terror et tristitia;
Quæ conformat lupos agnis
Et pusilla jungens magnis
   Mactat animalia. 30

6

Hic est pastor sacri gregis,
Hic archivus summi regis,
   Hic piscator hominum;

Super aquas maris pergit :
Vacillantem mare mergit, 35
   Sed clamat ad Dominum.

7

Novum nomen promeretur
Petrus petram, dum fatetur
   Vivi Dei filium.
Sana fides, vox fidelis : 40
Non ex carne, sed e cœlis
   Manat hoc mysterium.

8

Claves duæ Petro dantur :
Clavis una, qua librantur
   Meritorum pondera ; 45
Et secunda, potestatis,
Sontes ligans, liberatis
   Iter dans ad æthera.

9

Ter negato quem dilexit,
Flevit, eum ut respexit 50
   Salus pœnitentium.
Est baptismus animarum
Dulcis rivus lacrymarum
   Piumque suspirium.

10

Quid est, homo, quod superbis? 55
Stare putas in acerbis
   Hujus vitæ casibus :

Ne præsumas, Petrus ruit;
Ne diffidas, Petrus luit
   Noxam cum singultibus.   60

11

Cum consorte mœsti thori
Justa morte mœret mori
   Ananias mentiens;
Verbo vitæ data vita,
Surgit lecto mox Tabitha   65
   Petri manum sentiens.

12

Carcer claudit datum pœnis;
Membra rigent in catenis,
   Herodis imperio;
Ferri rigor emollescit,   70
Claustra patent, custos nescit,
   Misso cœli nuntio.

13

Mundi caput, fontem mali,
Peste plenam criminali,
Romam intrat spiritali   75
   Petrus cinctus gladio.
Triumphando mortis ducem,
Reddit cæcis vitæ lucem,
Et Neronis diram crucem
   Paulo spernit socio.   80

14

Simon Magus debacchatur,
Alta petit, præceps datur;
Paulus ense trucidatur,
    Petrus ligno figitur;
Sic auditor præceptorem,   85
Sic dilectus dilectorem,
Sic redemptus redemptorem
    Pœna crucis sequitur.

15

Nos electos de sagena,
Petre, trahe ad amœna   90
Celsæ Syon, ubi cœna
    Vere Agni visitur,
Ubi salus, ubi quies,
Expers noctis ubi dies,
Ubi Deus homo fies,   95
    Ubi semper vivitur!

Lux est orta gentibus (Noël, 1re édit., I, 29). Attribuée à Adam par ABC. N'est pas dans les graduels de Saint-Victor, ni dans ceux de Paris, ni dans ceux de Sainte-Geneviève. Attribution douteuse.

Magne pater Augustine (hymne pour la fête de saint Augustin, 28 août, 1re édit., II, 446). Attribuée à Adam par C. Attribution douteuse.

Mane prima sabbati (octave de Pâques, ou Ste Marie Madeleine, 22 juill., 1re édit., II, 470). Attribuée à Adam par B. Se trouve dans les graduels de Saint-Victor, de Paris, de Sainte-Geneviève. Pièce populaire, antérieure à Adam, et dont la rythmique est notablement différente de la sienne. Attribution fausse et présentée comme douteuse en notre première édition. Rétablir ainsi les vers suivants : V. 9. *Lætificat omnia* (14452, 14448, 14819). *Consolatur* est donné par le précieux ms. de Saint-Martial (Bibl. Nat. lat. 1139) et par les manuscrits de Sainte-Geneviève BBl1, xiiie siècle. BBl2, xive siècle. — V. 32. *Sed deletur* (14452, 14819, 14448, 1139 ; Ste-Gen. BBl1 et BBl2. — V. 33. *Quod mens timet conscia* (mêmes manuscrits). — V. 45. *Per quam fuit lux exorta* (Ibid). — V. 62. Au lieu d'*Amen dicant omnia*, lire : *Hoc det ejus gratia — Qui regnat per omnia* (14452, 14819, 1139; Ste-Gen. BBl1 et BBl2). Dans 14448, on trouve la même leçon, mais avec le mot *sæcula* après *omnia*.

Martyris egregii (S. Vincent, 22 janvier, 1re édit., I, 323). Attribuée à Adam par ABC. Ne se trouve pas dans le graduel de Saint-Victor, ni dans celui de Paris. Adam ne se serait pas permis de faire rimer *dederant* avec *tripudiant* (40, 41), *custodia* avec *littera* (39 et 42), etc. Attribution fausse. Rétablir ainsi les vers suivants : V. 21. *Sævi, torque, lania*. C'est le texte du précieux ms. de la Bibl. Ste-Gen. BBl1 (xiiie siècle), et il donne raison à la correction de M. l'abbé Misset d'après *Sequi, torque, lania* de 14872. — V. 50. *Munda nos a crimine* (14872).

Martyris Victoris laudes (S. Victor, 21 juill., 1re édit., II, 94). Attribuée à Adam par C¹ et C². Se trouve dans le graduel de Saint-Victor. Prose « notkérienne » ou de la première époque, grossièrement calquée sur le *Victimæ paschali*. Attribution fausse.

Missus Gabriel de cœlis (Annonciation de la Vierge, 25 mars, 1re édit., I, 337). Attribuée à Adam par AC. Ne se trouve ni dans le graduel de Saint-Victor, ni dans celui de Paris, ni dans celui de Sainte-Geneviève. Les vers 13-16 sont complètement différents dans 1139. Rythme différent de celui d'Adam. Attribution fausse.

Nato nobis Salvatore (Noël, 1re édit., I, 36). Attribuée à Adam par ABC. Ne se trouve pas dans les graduels de Saint-Victor, ni dans ceux de Sainte-Geneviève; mais figure au xiiie siècle dans le graduel de Paris (Bibl. Nat. lat. 15615 et Ars. 110). Attribution, malgré tout, très probable, et c'est à ce titre que nous la publions *in extenso*. = Rétablir ainsi les vers suivants : V. 4. et 5. *Nobis natus, nobis datur, — Et nobiscum conversatur* (Bibl. Nat. lat. 15615 et Ars. 110). — V. 8, 9. *Sed Maria nos redemit — Mediante filio* (Bibl. Nat. lat. 15615 et Ars. 110; Bibl. Nat. 14872). — V. 11. *Sed secunda vitæ fructum* (Ibid.). — V. 15. *Pater mittens Unicum* (Ibid.). — Nous avions, dans notre première édition, adopté, aux vers 8 et 9, la leçon *Sed Salvator nos redemit — Carnis suæ merito*, œuvre de quelque théologien inconnu qui avait considéré comme excessifs les éloges décernés par Adam à la Vierge-Mère. — V. 20. *Gigas victor nostræ mortis* (14872).

1

Nato nobis Salvatore,
  Celebremus cum honore
Diem natalitium :
Nobis natus, nobis datur,
Et nobiscum conversatur   5
  Lux et salus gentium.

2

Eva prius interemit,
Sed Maria nos redemit,
  Mediante filio.

Prima parens nobis luctum, 10
Sed secunda vitæ fructum
  Protulit cum gaudio.

3

Negligentes non neglexit,
Sed ex alto nos prospexit
  Pater mittens Unicum; 15
Præsens mundo, sed absconsus,
De secreto tanquam sponsus
  Processit in publicum.

4

Gigas velox, gigas fortis,
Gigas victor nostræ mortis, 20
  Accinctus potentia,
Ad currendam venit viam
Complens in se Prophetiam
  Et Legis mysteria.

5

Jesu, nostra salutaris 25
Medicina, singularis
  Nostra pax et gloria,
Quia servis redimendis
Tam decenter condescendis
  Te collaudant omnia. 30

Orbis totus (pour les fêtes de la Ste Vierge, 1re édit., II, 365). Attribuée à Adam par ABC. Ne se trouve pas dans le graduel de Saint-Victor, ni dans celui de Paris, ni dans celui de Sainte-Geneviève. Attribution douteuse.

Pangat chorus in hac die (S. Jacques le Majeur, 25 juill., 1ʳᵉ édit., II, 98). Attribuée à Adam par AC. Ne se trouve pas dans le graduel de Saint-Victor, ni dans celui de Paris, ni dans celui de Sainte-Geneviève. Rythmique qui n'est pas celle d'Adam. Attribution très douteuse. Rétablir ainsi les vers suivants : V. 4. *Resultet* (14872). — V. 16. *Præodorans bona cœlestia* (Ibid.).

Paranymphus salutat Virginem (l'Annonciation de la Sᵗᵉ Vierge, 25 mars, 1ʳᵉ édit., I, 343). Attribuée à Adam par AC. Ne se trouve pas dans le graduel de Saint-Victor, ni dans celui de Paris, ni dans celui de Sainte-Geneviève. Grave faute contre la rythmique (*rège* consonant avec *prò-tege*). Attribution fausse.

Per unius casum grani (S. Quentin, 1ᵉʳ oct., 1ʳᵉ édit., II, 297). Attribuée à Adam par ABC. Ne se trouve ni dans le graduel de Saint-Victor, ni dans celui de Paris, ni dans celui de Sainte-Geneviève. Faute grave contre la rythmique (*fréti* rimant avec *pérpeti*, etc.) ; rythmique différant de celle d'Adam. Attribution fausse. Rétablir ainsi les vers suivants : V. 22. *In melotis circuire* (14872). — V. 30. *Et quiescit in Augusta* (14872 donne *et quiescat*). — V. 55. *De præciso vertice*. — V. 59 *Sic fertur ad horrea* (14872). — V. 63. *Parturivit alleluia*.

Pia mater plangat Ecclesia (S. Thomas de Cantorbéry, 29 déc., 1ʳᵉ édit., I, 265). Attribuée à Adam par ABC. Ne se trouve ni dans le graduel de Saint-Victor, ni dans celui de Sainte-Geneviève. Rythme inusité chez Adam, aux vers 55 et suivants. Attribution douteuse. Rétablir ainsi les vers suivants : V. 21. *Concutitur nec frangitur* (14872). — V. 32. *Cuspide mucronis* (14872). Faute d'impression de notre première édition. — V. 41. *Ense caput amputatur* (14872).

— V. 60. *Rachel plorat filium nec vult consolari* (Ibid.). — V. 61. *Quem in matris utero videt trucidari*(Ibid.). — V. 66. *Quem supernus Opifex* (Ibid.). — V. 71. *Qui mori non timuit* (Ibid.). — V. 73. *Et in suo sanguine* (Ibid.). — V. 78. *Ipse nobis suffragetur per æterna sæcula* (Ibid.).

Plausu chorus lætabundo (Commun des Évangélistes, 1re édit., II, 417). Attribuée à Adam par ABC. Ne se trouve ni dans le graduel de Saint-Victor, ni dans celui de Sainte-Geneviève; mais se lit, dès le xiiie siècle, dans celui de Paris (Ars. 110; Bibl. Nat. lat. 15615). Attribution douteuse. Rétablir ainsi les vers suivants : V. 1. *Psallat chorus corde mundo* (Bibl. Nat. lat. 15615). — V. 23. *Summi patris deprehendit* (14872). — V. 41. *Hic mactatur sicque vetus* (Ibid.). — V. 43. *His quadrigis deportatur* (Bibl. Nat. lat. 14452, 15615, Ars. 110, Bibl. Nat. lat. 14872). — V. 46. 48. *Paradisi effluenta — Nova fluunt sacramenta — Quæ descendunt cœlitus* (leçon du graduel de Paris au xiiie siècle, Ars. 110 et Bibl. Nat. lat. 15615). — Intervertir l'ordre des deux demi-strophes de la strophe 8.

Potestate, non natura (Noël, 1re édit., I, 9). Attribuée à Adam par ABC et par Thomas de Cantimpré en son *De naturis rerum*, xvii, 7. Se trouve, dès le xiiie siècle, au graduel de Sainte-Geneviève, comme l'atteste le précieux manuscrit BBl1; mais ne se trouve pas alors dans le graduel de Saint-Victor, ni dans celui de Paris. La dernière strophe n'est pas rythmiquement régulière. Attribution douteuse.

Præcursorem summi regis (Décollation de S. Jean-Baptiste, 29 août, 1re édit., II, 166). Attribuée à Adam par ABCD. Se trouve, dès les premières années du xiiie siècle, dans le Séquentiaire de Saint-Martial de Limoges (Bibl. Nat. lat. 1139); au xiiie dans le graduel de Paris (Bibl. Nat. lat. 15615 et Ars. 110); au xive dans celui de Sainte-Geneviève

(Ste Gen. BB12). Néanmoins cette pièce n'a été introduite qu'assez tard au graduel de Saint-Victor (Supplément de 14452 et d'Ars. 197; ms. 14448), et c'est ce qui en rend l'attribution assez douteuse. Rétablir ainsi les vers suivants : V. 13-14. *Non est nostræ parvitatis — Virum tantæ dignitatis* (Bibl. Nat. lat. 14452, 14448; Ars. 110; Bibl. Nat. lat. 15615; Bibl. Ste Gen. BB12; Bibl. Nat. lat. 1139). — V. 17. *Ut affectus excitetur* (14452, 14448, 15615; Ars. 110; Bibl. Ste-Gen. BB12; Bibl. Nat. lat. 1139). — V. 21. *Palpans* (1139). — V. 26. *Nec terretur* (leçon de 1139 et du plus ancien graduel de Paris. — V. 41. *Dat saltatrix genitrici*. Les mss. donnent *saltatrix dat*.

Promat pia vox cantoris (S. Gilles, 1er sept., 1re édit., II, 181). Attribuée à Adam par ABC. Se trouve, dès le xiiie siècle (Ars. 110), dans le graduel de Paris ; mais n'a jamais figuré au graduel de Saint-Victor. Rythmique différant de celle d'Adam. Attribution fausse. Rétablir ainsi les vers suivants : V. 24. *Fiant ejus bonis pleni* (Ars. 110). — V. 38. *Regem videns apud Deum* (Ars 110. et Bibl. Nat. lat. 15615). — La strophe 12 est dans le missel de Paris, mais n'est pas dans 14872.

Quam dilecta tabernacula Domini virtutum et atria (la Dédicace, 1re édit., I, 155). Attribuée à Adam par ABCD. Se trouve dans le graduel de Saint-Victor antérieur à 1239 (14452); dans le graduel de Paris au xiiie siècle (Ars. 110 et Bibl. Nat. lat. 15615) et dans le ms. de la Bibl. Nat. lat. 1139 (Séquentiaire de Saint-Martial de Limoges, commencement du xiiie siècle). Tous les critiques s'accordent jusqu'ici à la considérer comme authentique. La seule raison qui nous empêche de regarder cette attribution comme certaine, c'est l'irrégularité du rythme. Aux vers 22 et 25, *hydria* est donné pour rime à *congrua*; aux vers 34 et 37, *vidua* « rime » avec *scirpea*. Les vers 32 (*In bivio tegens nuda*) ; 33 (*Gemi-*

nos párit ex Juda); 42 (*Ægyptios sub profunda*); 52 (*Hæc regi varietate*); 56 (*Huc vénit Austri regina*); 60 (*Myrrhæ et thúris fumosa*) sont manifestement contraires à la rythmique d'Adam. En résumé, attribution fort douteuse.=Rétablir ainsi les vers suivants : — V. 12. *Evam fundit. immanentis* (Bibl. Nat. lat. 15615, Ars. 110). — V. 16. *Per mundi diluvium* (14452, 14448, Ars. 197; 14872, 15615 et Ars. 110). *Mundi post* n'est donné que par 1139. — V. 17. *Prole sacra* est donné par 14452, 14448, 14819; Ars. 197; mais *prole sera*, que nous avions adopté dans notre première édition, est donné par 1139 et confirmé par le graduel de Paris au xiiie siècle (Ars. 110 et Bibl. Nat. 15615). — V. 25. *Viro fiat congrua* (14452, 14448, 14819; Ars. 197; 14872, 15615 et Ars. 110; Bibl. Nat. lat. 1139). — V. 29 et 30. *Lippam Liam latent multa* — *Quibus videns Rachel fulta* (mêmes manuscrits). — V. 40 *Ejus tutus sanguine* (mêmes manuscrits, sauf 1139 qui nous offre *tinctus*). — V. 55. *Sic et regum filia* (Ibid.). *Sicut* est dans 1139. — V. 62. *Sic obscura* (1139). — V. 72. *Quarum tonant initium* (14452, 14872, Ars. 197), au lieu de *tonent*, qui est donné par 14819 et 14448, et de *tonet*, qui est la leçon d'Ars. 110. — V. 73. *Per turbas epulantium* (14452, 14448, 14872, 15615, 1139 et Ars. 110). — V. 76. *Pari canunt melodia* (leçon donnée par tous les manuscrits, sauf par le ms. 1139 qui nous offre *una*). — V. 77. *Sine fine psallentia* (Ibid.). Le seul ms. 1139 donne *dicentia*.

Regis et pontificis (Susception de la sainte Couronne, 11 août, 1re édit., II, 500). Cette prose ne peut pas être antérieure à 1239, qui est la date de la susception de cette précieuse relique. Attribution fausse, et présentée comme telle en notre première édition.

Rosa novum dans odorem (S. Étienne, 26 déc., 1re édit., I, 223). Attribuée à Adam par ABC. Ne se trouve ni dans le graduel de Saint-Victor, ni dans celui de Paris, ni dans celui de Sainte-Geneviève. Pièce médiocre. **Attribution fausse.** Rétablir ainsi les vers suivants : V. 2. *Ad ornatum ampliorem.* — V.10. *Eo quod in Christum credit.* — V. 24. *Parvulos allidit* (14872).

Salve crux, arbor vitæ præclara (Exaltation de la sainte Croix, 14 sept., 1re édit., II, 218). Attribuée à Adam par ABC. Se trouve, dès le xiiie siècle, dans le graduel de Paris, mais n'a jamais figuré dans celui de Saint-Victor. Rythmique différant de celle d'Adam. **Attribution douteuse.**

Spiritus — Paraclitus (la Pentecôte, 1re édit., I, 131). Attribuée à Adam par ABC. Ne se trouve pas dans les graduels de Saint-Victor, ni dans ceux de Paris, ni dans ceux de Sainte-Geneviève. Pièce médiocre et qui n'offre pas les procédés rythmiques d'Adam. **Attribution fausse.** Rétablir ainsi les vers suivants : V. 32. *Amici probabiles* (et non pas *et amici*). — V. 41. et ss. (?) *Audio — Cum gaudio — Quod ejus auxilio — Fit tanta felicitas; — Gaudio — Suscipio — Cum* (dans le ms. *con*) *tanto tripudio — Sit tanta solemnitas* (14872). Cette dernière correction est due à M. l'abbé Misset.

Trinitatem reserat (S. Jean l'Évangéliste, 27 déc., 1re édit., I, 252). Attribuée à Adam par ABC. N'a jamais figuré au graduel de Saint-Victor. Rythmique différant de celle d'Adam. Prose à moitié composée comme celles de la première époque, à moitié comme celles de la seconde. **Attribution fausse.**

Trinitatem simplicem (la Trinité, 1re édit., I, 139). Attribuée à Adam par ABC. Ne figure pas dans les graduels de Saint-Victor, de Paris, de Sainte-Geneviève. Prose dont le rythme est absolument différent de celui d'Adam. **Attribution fausse.**

Triumphalis lux illuxit (S. Vincent, 22 janv., 1ʳᵉ édit., I, 316). Attribuée à Adam par ABC. Ne se trouve pas dans les graduels de Saint-Victor, de Paris, de Sainte-Geneviève. Fautes contre le rythme aux vers 21 et 36. Attribution douteuse.

Tuba Sion jocundetur (Sᵗᵉ Marguerite, 20 juill., 1ʳᵉ édit., II, 79). Attribuée à Adam par ABC. Ne se trouve pas dans les graduels de Saint-Victor, ni dans ceux de Paris, ni dans ceux de Sainte-Geneviève. Pièce fort médiocre ; rythmique irrégulière ; fautes contre le rythme aux vers 41, 61, etc. Attribution fausse. Rétablir ainsi les vers suivants : V. 27. *Dum perfert supplicium* (14872). — V. 22. *Rogat sibi sub cautela* (Ibid.). — V. 34. *Ignibus et ungulis* (Ibid.). — V. 62. *Cœli scandens limina*, pour rimer avec *victima* du vers 59 (à moins qu'on ne préfère laisser ici *Cœli scandens atria*, et qu'on n'adopte plus haut : *Viva Christi hostia* ?) — V. 74. *Ut redemptos pretio* (14872).

Venerando præsuli Remigio (S. Remi, 1ᵉʳ oct., 1ʳᵉ édit., II, 239). Attribuée à Adam par ABC. Ne se trouve pas dans les graduels de Saint-Victor, ni dans ceux de Paris, ni dans ceux de Sainte-Geneviève. Attribution fausse. Rétablir ainsi le vers 74 : *Ubi pax cum gloria*.

Veni, sancte Spiritus. Cette prose, qui se trouve dans les plus anciens graduels de Saint-Victor, n'est attribuée à Adam par aucune autorité sérieuse. Dom Guéranger la faisait remonter tout au moins aux premières années du xiiiᵉ siècle, et me dit un jour qu'on la chantait durant les cruelles exécutions de la guerre des Albigeois ; mais il ne m'indiqua point ses sources. Rien ne prouve scientifiquement qu'elle soit d'Adam. On y retrouve quelques mouvements comparables à ceux du poète de Saint-Victor : *Te docente nil obscurum*, — *Te præsente nil impurum...* — *O juvamen oppressorum*, — *O solamen miserorum...* — *Habitator et amator* — *Cor-*

dium humilium (prose *Qui procedis*, vers 25, 26, 53, 54, 60, 61); *Nil jucundum, nil amœnum, — Nil salubre, nil serenum, — Nihil dulce, nihil plenum — Sine tua gratia* (prose *Lux jocunda*, v. 47-50). Mais il faut se hâter d'ajouter que c'est là une présomption absolument insuffisante. Attribution sans fondement.

Veni, summe consolator (la Pentecôte, 1re édit., I, 135). Attribuée à Adam par ABC. Ne se trouve pas dans les graduels de Saint-Victor, de Paris, de Sainte-Geneviève. Quelques fautes de rythme à relever dans cette pièce, d'ailleurs si belle et si digne d'Adam (*divíne* rimant avec *gérmine*, etc.). Attribution douteuse. Rétablir ainsi le vers 55 : *Urit ardor quos incestus.*

Veni, virgo virginum (pour les fêtes de la Vierge, II, 497). Prose évidemment postérieure à Adam. Attribution fausse et présentée comme telle dans notre première édition.

Verbi vere substantivi (S. Jean l'Évangéliste, 27 déc., 1re édit., I, 241). Attribuée à Adam par ABCD. Ne se trouve ni dans les graduels de Saint-Victor, ni dans ceux de Sainte-Geneviève. Attribution douteuse. Rétablir ainsi les vers suivants : V. 14. *Carnis sensus supergressus.* — V. 23. *Possit quicquam refragari* (14872). — V. 48. *Formæ capax vel auriga* (Ibid.).

Virginis Mariæ laudes (fêtes de la Vierge au temps pascal, 1re édit., II, 348). Attribuée à Adam par ABCD. Se trouve dans les graduels de Saint-Victor et de Sainte-Geneviève. Prose notkérienne, calquée sur le *Victimæ paschali laudes*. Attribution fausse. Rétablir ainsi les passages suivants: Dans la strophe 1 : *Eva luctum attulit* (14872). — *Conflixere mirando* (Ibid.). — *Regnat Deus* (Ibid.). = Dans la strophe 2 : *Virgo mitis et pia* (Ibid.). — *Cum sis plasma* (Ibid.). — *Surrexit Christus spes mea* (Ibid.). Dans la strophe 3 : *Ex Maria vere* (Ibid.). Au lieu d'*amen*, lire *alleluia*.

Vox sonora nostri chori (Ste Catherine, 1re édit., II, 321). Attribuée à Adam par ABCD. Se trouve dans le graduel de Saint-Victor, dans celui de Paris, dans celui de Sainte-Geneviève (BB12, xive siècle). Malgré cet accord, dont il faut tenir le plus grand compte, nous avons hésité à classer cette prose parmi celles que l'on peut sûrement attribuer à Adam. Le rythme de cette pièce n'est pas tout à fait semblable à celui des autres proses de notre auteur. Dans celles-ci, Adam accentue ses octosyllabes trochaïques sur la première, la troisième, la cinquième et la septième syllabe ; mais IL ÉTABLIT TOUJOURS UNE PAUSE APRÈS LA QUATRIÈME, pause marquée nettement par l'achèvement d'un mot. L'auteur de la prose *Vox sonora* accentue avec le même soin les syllabes impaires de ses octosyllabes trochaïques ; mais il s'autorise fort souvent à NE PAS ÉTABLIR DE PAUSE APRÈS LA QUATRIÈME SYLLABE. Certes, ce ne sont pas là des vers faux, et l'on peut constater ici la parfaite justesse de ce grand principe dont M. Gaston Paris fait le fondement de la versification rythmique : « Ce principe est qu'il est naturel à la voix humaine d'entremêler les *arsis* et les *thesis*, les syllabes fortes et les syllabes faibles, les toniques et les atones, si bien que l'accent principal d'un mot étant déterminé par les lois qui lui sont propres, la voyelle qui suit ou précède *immédiatement* cet accent est notablement plus faible (toniquement) que la seconde en avant ou en arrière. En d'autres termes, le mouvement rythmique est généralement binaire et non ternaire. Il en résulte qu'un mot latin de cinq syllabes, qui a l'accent sur la troisième, aura ce que j'appelle l'*accent secondaire* sur la première et la cinquième, tandis que la deuxième et la quatrième seront sensiblement plus faibles. Tel serait le mot *retináculum*, qu'on pourrait noter ainsi en prenant | pour signe de l'accent, ᴗ pour signe de la plus forte dépression, et ᴗ pour signe de l'accent secondaire : *rĕtĭnācŭlŭm*. Dans une versification fondée sur l'accent, on en vient tout naturellement à assimiler les syllabes qui ont l'*accent secondaire* à celles qui ont l'*accent principal.* » (*Lettre à M. Léon Gautier sur la versification latine rythmique*, 1866, p. 7.) — Telle est la doctrine de M. Gaston Paris, et c'est ainsi que l'on peut considérer comme fort justes les vers suivants de la prose *Vox sonora : Pér quem dimicăt imbéllis* (vers 4) *Dóctos vincerĕt doctrína* (vers 11) *Hæc ad glóriăm paréntum* (vers 13) *Clara pér progĕnitóres* (vers 16) *Flórem téneri decóris* (vers 19) *Vásis óleŭm inclúdens* (vers 31) *Virgo sápiĕns et prúdens* (vers 32) *Sístitŭr imperatóri* (vers 37) *Cúpiĕns pro Chrísto móri* (vers 38) *Cárceris horréndi claústrum* (vers 43) *Sústinĕt amóre Dei* (vers 47) *Tórta súperăt tortorem* (vers 49) *Súperăt imperatórem* (vers 50) *Tándem cápitĕ punítur* (vers 55). Cf. sur cette même doctrine, Noël Valois, *Étude sur le rythme des bulles pontificales* (Bibliothèque de l'École des Chartes, juin 1881, XLII, pp. 177 et ss.). Mais, encore une fois, et si justes que soient ces vers, il importe d'observer qu'Adam, en ses autres pièces, ne s'est pas permis cette liberté légitime, et qu'il a toujours établi une pause après sa quatrième syllabe (*Salve Mater — Salvatoris,* = *Vas electum, vas honoris,* etc.). Telle est la raison des doutes que nous a inspirés l'authenticité de cette pièce : c'est au public de décider si nous avons eu raison de ne point passer outre. **Attribution douteuse.** — Rétablir ainsi les vers suivants : V. 53. *Quia cedit cruciator* (Bibl. Nat. lat. 14819, 14448; Ars. 197; Bibl. Nat. lat. 15615 et Ars. 110; Bibl. Ste-Gen. BB12). — V. 66. *Nostra sanet vitia* (Bibl. Nat. lat. 14452, 14448; Ars. 110).

APPENDICE

LES PROSES AVANT ADAM DE SAINT-VICTOR

LES PROSES

AVANT ADAM DE SAINT-VICTOR[*]

I. — ORIGINE DES PROSES

1º. **Le Graduel et les éléments qui le composent.** Si nous ouvrons aujourd'hui un Missel et que nous fixions notre attention, entre l'Épître et l'Évangile, sur la pièce

---

[*] Les pages qui vont suivre sont le résumé de tous nos travaux sur la matière depuis plus de trente ans. Ces travaux sont les suivants : 1º Une thèse de l'École de Chartes, commencée en 1853 et soutenue le 13 novembre 1855 : *Essai sur la Poésie liturgique au moyen âge, Proses, Tropes, Offices rimés, suivi d'une Histoire de la Versification latine à la même époque.* Les « Positions » ont été imprimées en 1855, chez Simon Raçon, in-8º. = 2º Un chapitre de notre première édition des *Œuvres poétiques d'Adam de Saint-Victor* (Paris, 1858, in-18, t. I, pp. cxxv-clix) que nous avons publié à part sous ce titre : *Histoire abrégée des Proses jusqu'à la fin du XIIe siècle* (Paris, 1858, in-18, pp. 1-36). = 3º Une partie notable du Cours que nous avons professé, en 1866, à l'École des Chartes, sur « l'Histoire de la Poésie latine au moyen âge ». Nous en avons publié la première leçon dans une brochure où la question des proses trouve largement sa place (Paris, 1866, pp. 1-43); mais nous avons surtout reproduit littéralement tout notre enseignement de 1866 dans une série d'articles du journal *Le Monde* (2, 3, 10 octobre 1873). = 4º Les chapitres III et XII de notre *Histoire de la Poésie liturgique* (*Les Tropes*, t. I, Paris, 1886, in-8º). Nous en utilisons plus loin quelques pages. = En 1868, Karl Bartsch a publié une œuvre originale et excellente, intitulée : *Die lateinische Sequenzen des Mittelalters in musikalischer und rhythmischer Beziehung* (Rostock, in-8º), à laquelle nous ferons plus d'un emprunt. Il est superflu d'ajouter que nous prendrons soin d'indiquer chacun de ces emprunts avec la plus minutieuse exactitude. Nous sommes responsable de tout le reste.

appelée *Graduel*[1], nous nous convaincrons facilement qu'elle se compose de plusieurs éléments, dont il est nécessaire de faire ici la distinction. Tel est, pour prendre un exemple, l'admirable Graduel du Missel romain pour la fête des Saints Innocents :

I. Anima nostra, sicut passer, erepta est de laqueo venantium.
℣. Laqueus contritus est, et nos liberati sumus. Adjutorium nostrum in nomine Domini, qui fecit cœlum et terram.

II. Alleluia, alleluia. ℣. Laudate, pueri, Dominum; laudate nomen Domini. ALLELUIA[2].

La première partie est ce qu'on appelle proprement le Répons. Le verset *Laudate*, qui se trouve précédé et suivi de l'*Alleluia*, a reçu le nom de « Verset alléluiatique » ou « Verset de l'*Alleluia* ». Un dernier Alleluia, comme on vient de le voir, clôt dignement cette petite pièce, ou plutôt cet assemblage de petites pièces liturgiques, où se trouve condensé l'esprit de chaque fête[3]. C'est sur ce dernier Alleluia qu'il faut ici porter notre regard.

1. A ce moment des saints Mystères, l'Église primitive chantait un Psaume. (D. Martène, *De antiquis Ecclesiæ ritibus*, I, 375.)
2. Le Graduel n'a pas reçu de modification importante depuis la constitution de l'Antiphonaire par saint Grégoire le Grand. Durant tout le moyen âge, nous le trouvons substantiellement composé des mêmes éléments. Il est presque inutile d'ajouter que chacune de ses parties a été longuement commentée par les nombreux liturgistes de cette époque profondément liturgique, et notamment, au XIIe siècle, par Honoré d'Autun; Rupert, abbé de Tuy; Robert Paululus, etc. Dès le IXe siècle, Rémi d'Auxerre, en son *Expositio de celebratione Missæ*, établit clairement toute la doctrine que nous résumons ici en quelques mots. (*Maxima Bibliotheca Patrum*, Lyon, 1677, in-f°, t. XVI, p. 914.) Quant à s'assurer, d'après les manuscrits eux-mêmes (auxquels tout critique doit remonter), que le Graduel était dès lors composé comme il l'est aujourd'hui, c'est chose trop élémentaire, et l'étude du premier Antiphonaire suffirait à le prouver.
3. Dans les temps de deuil et de pénitence, l'Église supprime tous les Alleluia, et le Verset alléluiatique est remplacé par le morceau appelé *Tractus*, qui, le plus ordinairement, consiste en un plus long fragment du Psautier. Tous les liturgistes ont aisé-

2º. Histoire des vocalises qui, de toute antiquité, accompagnaient le dernier Alleluia du Graduel et qui devaient un jour donner naissance aux Proses. A une époque très reculée, et que la science n'est pas encore parvenue à déterminer assez exactement, le dernier Alleluia du Graduel était suivi d'une série de notes joyeuses, de vocalises (*jubili, neumæ*), que l'on chantait sans paroles sur la dernière voyelle *a* du mot *Alleluia*.

Ces neumes avaient fini par comporter des mélodies assez longues et qui, dans l'esprit parfois trop subtil des liturgistes du moyen âge, peignaient par leurs balbutiements l'impuissance de l'homme à exprimer la louange de Dieu et ses soupirs vers la Patrie éternelle[1].

---

ment donné la raison de ce changement : « In diebus luctus, et maxime a Septuagesima usque ad Pascha, non dicitur Alleluia, quia musica in luctu est importuna. » (Guibert de Tournai, *De officio Episcopi et Ecclesiæ cærimoniis*, *Maxima Bibliotheca Patrum*, Lyon, 1677, in-fº, t. XXV, p. 408). Etc., etc.

1. « Versus Alleluia tangit cantorem interius, ut cogitet in quo debeat laudare Dominum, aut in quo lætari. HÆC JUBILATIO, QUAM CANTORES SEQUENTIAM VOCANT, statum illum ad mentem nostram ducit, quando non erit necessaria locutio verborum. » (Amalaire, *De Officiis ecclesiasticis*, lib. III, cap. XVI. *Patrologie* de Migne, t. CV, col. 1123). = « JUBILATIO, QUÆ SEQUENTIA VOCATUR, significat illum statum, dum necessaria non erit locutio verborum. » (Honoré d'Autun, *Sacramentarium*, cap. LXXXII; Migne, t. CLXXII, col. 788. Cf. le texte d'Amalaire). = « SEQUENTIA ideo dicitur QUIA NEUMAM JUBILI SEQUITUR. SEQUENTIAM ideo jubilamus, quia faciem Domini in jubilo videbimus. » (Honoré d'Autun, *Gemma animæ*, lib. I, cap. XCVI, Migne, t. CLXXII, col. 575.) = « Alleluiatici cantus modulatio subsequitur, quæ laudes fidelium Deo dicatas exprimit et gratiarum actiones Deo devotas, quibus suspirant ad æterna gaudia. VERBUM EST BREVE, SED LONGO PROTRAHITUR PNEUMATE. » (Etienne de Baugé, évêque d'Autun, *Tractatus de Sacramento altaris*, cap. XII. Migne, t. CLXXII, col. 1284.) = « Canitur ergo ALLELUIA post Graduale, canticum lætitiæ post luctum pænitentiæ... JUBILAMUS magis quam canimus, unamque brevem digni sermonis syllabam in plures neumas vel neumarum distinctiones protrahimus, ut jucundo auditu mens attonita repleatur et rapiatur illuc ubi « sancti exultabunt in gloria et lætabuntur in cubilibus suis ». (Rupert, abbé de Tuy, *De*

* Ces vocalises[1] (que l'on appelait pittoresquement la *sequela* ou la *sequentia*, c'est-à-dire le cortège ou la queue de l'Alleluia[2]) étaient devenues d'une exécution diffi-

---

divinis officiis, cap. xxxv, Migne, t. CLXX, col 29, 30.) = « Pneumata quæ IN ALLELUIA et ceteris cantibus in paucitate verborum fiunt, jubilum significant qui fit, cum mens aliquando sic in Deum afficitur et dulcedine quadam ineffabili liquescit, ut quod sentit plene effari non possit. » (Robert Paululus, *De officiis ecclesiasticis*, lib. II, cap. xix, Migne, t. CLXXVII, col. 422. Ce chapitre est intitulé : *De Alleluia et pneumatum significatione*.) = « ALLELUIA MODICUM EST IN SERMONE, ET MULTUM IN PNEUMATE, quia gaudium illud majus est quam sermone possit explicari... Sic Ecclesia, PNEUMATIZANDO (dictu mirabile) expressius, quodam modo, et melius sine verbis quam per verba innuit quantum sit gaudium Dei ubi verba cessabunt. » (*Speculum de Mysteriis Ecclesiæ*; traité mis sous le nom de Hugues de Saint-Victor, cap. vii; Migne, t. CLXXVII, col. 359. Cf. B. Hauréau, *Œuvres de Hugues de Saint-Victor*, 2ᵉ édit., 1886, pp. 199-201.) = « Verbum hoc modicum in sermone PNEUMATIZANDO PROTRAHIMUS, ut mens repleta stupore et extasi rapiatur illuc ubi erit perpetua vita sine morte, dies sine nocte... Unde in diebus luctus, et maxime a Septuagesima usque ad Pascha, non dicitur Alleluia, quia musica in luctu est importuna. » (Guibert de Tournai, déjà cité, *De officio Episcopi et Ecclesiæ cærimoniis*, *Maxima Bibliotheca Patrum*, Lyon, 1677, in-fᵒ, XXV, p. 408.) = « Gaudium autem sanctorum interminabile et ineffabile dicitur, quod per pneuma post Alleluia, dulce et longum, satis proprie declaratur. Solemus enim, longam notam tonando (*seu* tenendo) post Alleluia, super banc litteram A prolixius decantare. » (Saint Bonaventure, *Expositio Missæ*, en ses Œuvres, éd. de Lyon, 1668, VII, p. 74). Etc.

1. Elles portaient encore d'autres noms que ceux dont nous allons parler : *Jubili, jubilatio; neumæ, neumata, pneumata, neumatum distinctiones, melodiæ, cantilenæ*. — Exécuter ces mélodies, c'était, suivant les auteurs du moyen âge, *neumatizare, jubilare,* ou encore *protrahere alleluia*. (V. dans notre *Histoire abrégée des proses*, Paris, 1858, p. 7. les textes décisifs qui sont cités à l'appui de chacune des affirmations précédentes.)

2. C'est ce qu'a fort bien exprimé le cardinal Bona : « Jubili ab aliis *sequentia* dicti sunt, quia sunt *quædam veluti sequela et appendix cantici Alleluia*, quæ sine verbis post ipsum sequuntur. » (*Rerum liturgicarum libri duo*, p. 369.) LE MOT SEQUENTIA EST DONC ESSENTIELLEMENT UN TERME MUSICAL. = Les manuscrits de Saint-Gall et ceux de Saint-Martial sont, à ce point de vue, également significatifs. Dans l'admirable manuscrit de Saint-Gall, nᵒ 484, qui est du xᵉ siècle, ces *sequentiæ* (pp. 258-497) nous sont offertes sans

cile.[1] Si seulement l'on avait eu l'idée d'attacher, de lier quelques paroles à ces interminables neumes, la mémoire des chanteurs en eût été heureusement aidée, et ils seraient peut-être parvenus à retenir ces airs malaisés et longs. Mais on n'y admettait pour toute « parole », comme nous venons de le voir, que la dernière voyelle *a* du mot *Alleluia*. C'était trop peu.

* On ne pense pas tout d'abord aux plus simples remèdes, et c'est ce qui eut lieu pour les *sequelæ* de l'Alleluia. Toute la musique sacrée, d'ailleurs, souffrait alors du même mal, et l'on commença par tenter une réforme générale. C'est à Rome que l'on trouvait alors les chantres les plus habiles : on se tourna vers Rome.

* Grégoire II envoya en France les chantres (nous dirions aujourd'hui les maîtres de chapelle) qu'on lui demandait; mais ils moururent sans avoir formé de bons élèves, sans

---

paroles; dans les mss. 376, 381, 382 de la même abbaye, comme aussi dans le ms. 121 d'Einsiedeln (lesquels appartiennent au xie siècle), on indique avec soin la mélodie, la séquence, l'air enfin sur lequel il convient de chanter chacune des proses du cycle liturgique. Il est aisé de constater les mêmes faits à Limoges. Dans le ms. de la Bibl. Nat. lat., 887 (f° 87 r°) les mots *Incipiunt sequentiæ* sont placés en tête de ces mélodies sans paroles, et on les oppose aux *prosæ* dont la série commence onze feuillets plus loin (f° 96 r°). Dans le ms. 1118 (f° 131 v°) on peut lire, en tête de ces mêmes *jubili*, également sans paroles, ces mots à peu près identiques aux précédents : *Sequencias de toto circulo anni*. C'est l'équivalent de l'*Incipiunt melodiæ annuales in festivitatibus dicendæ* du ms. 1087 (f° 108 r°), et de l'*Incipiunt sequentiæ de circulo anni* du ms. 1134 (f° 107 r°). En d'autres manuscrits de même origine, on a transcrit A PART les *sequelæ* de l'Alleluia en indiquant seulement le premier mot de chacune des proses qui en sont dérivées. (Bibl. Nat. lat., 909, f° 110 v°; 1084, f° 197 v°; 1121, f° 53 r°; 1133, f° 59 r°; 1135, f° 1 r°; 1136, f° 92; 1137, f° 39 r°, etc.)

1. « Cum adhuc juvenculus essem et MELODIÆ LONGISSIMÆ, sæpius memoriæ commendatæ, instabile corculum aufugerent... cœpi tacitus mecum volvere quonam modo eas potuerim colligare. » (Prologue de Notker, en tête de son *Liber sequentiarum*; Migne, t. CXXXI, col. 1003, collationné par nous sur les mss. de Saint-Gall et de Munich.)

avoir fait école. Les années cependant succédaient aux années, et le mal ne faisait que croître. Charlemagne parut.

* On connaît l'amitié très tendre qui unit entre elles les deux âmes du pape Adrien et du roi Charles. Le Souverain Pontife n'avait rien à refuser au Franc victorieux, au Patrice de Rome, et il lui adressa deux maîtres de haute valeur, deux musiciens consommés : Pierre et Romain[1].

* Ils partirent, et leur voyage fut inégalement heureux : Pierre ouvrit à Metz cette école de chant qui était destinée à jouir, durant tout le moyen âge, d'une incomparable réputation. Quant à Romain, pris de fièvre, il dut s'arrêter en route dans la célèbre abbaye de Saint-Gall, et s'y trouva si bien qu'il y resta. Pierre avait fondé l'École de Metz; Romain créa l'École rivale, l'École-sœur de Saint-Gall.

* Les deux chantres, donc, corrigent à l'envi et renouvellent les mélodies liturgiques. Ils composent de nouveaux morceaux et ils en font composer par leurs élèves, et le genre où ils s'exercent de préférence, ce sont précisément ces queues, ces neumes, ces *sequelæ* de l'Alleluia que le temps avait atteintes et déformées. Pierre compose des séquences qui conquièrent rapidement un grand succès et qu'on appelle « Metenses », les Messines; Romain compose des Romaines. Les unes et les autres se chantent toujours, sans paroles, sur la dernière voyelle *a* du mot *Alleluia*[2].

1. Romain avait apporté avec lui UNE COPIE de l'Antiphonaire de saint Grégoire, *quod ipse, Romæ de authentico transcriptum, attulerat*. Cet Antiphonaire de Romain, que l'on gardait à Saint-Gall comme une relique, serait encore aujourd'hui, sous le n° 359, conservé dans la bibliothèque de la célèbre abbaye. (Voy. un *fac-simile* de ce précieux manuscrit dans les *Scriptores* de Pertz, II, p. 201, etc.) Ce n'est pas ici le lieu de réveiller les polémiques relatives à la date et à la valeur de ce texte.
2. « Carolus noster, Patricius, rex autem Francorum, dissonantia Romani et Gallicani cantus Romæ offensus, cum Gallorum procacitas cantum a nostratibus quibusdam næniis argumentaretur esse corruptum, nostrique e diverso authenticum Antiphona-

* Cependant, en dehors de Metz et de Saint-Gall, en dehors de ces deux foyers de la science liturgique et musicale, les vocalises de l'Alleluia, déformées et corrompues, demeuraient insaisissables à la plupart des chantres. Il semble qu'à Saint-Gall même on les avait rendues plus difficiles en les faisant plus savantes et plus longues, et les

rium probabiliter ostentarent, interrogasse fertur « quis inter rivum et fontem limpidiorem aquam conservare soleret » ? Respondentibus « fontem », prudenter adjecit : « Ergo et nos, qui de rivo corruptam lympham usque hactenus bibimus, ad perennis fontis necesse est fluenta principalia recurramus. » Mox itaque duos suorum industrios clericos Adriano tunc episcopo dereliquit : quibus tandem satis eleganter instructis, Metensem metropolim ad suavitatem modulationis pristinæ revocavit, per quam illam totam Galliam suam correxit. Sed, cum, multa post tempora, defunctis his qui Romæ fuerant educati, cantum Gallicanarum ecclesiarum a Metensi discrepare prudentissimus regum vidisset, ac unumquemque ab alterutro vitiatum cantum jactantem adverteret : « Iterum, inquit, redeamus ad fontem. » Tunc, regis precibus, sicut hodie quidam veridice adstipulantur, Adrianus papa permotus, duos in Galliam cantores emisit : quorum judicio rex omnes quidem corrupisse dulcedinem Romani cantus, levitate quadam, cognovit : Metenses vero, sola naturali feritate, paullulum quid dissonare pervidit. Denique usque quantum Romano cantui Metensis cedit, tantum Metensi cedere Gallicanarum Germaniarumque cantus, ab his qui meram veritatem diligunt, comprobatur. Hæc ergo per anticipationem retulerim, ne indiscussam Gallorum levitatem videar præterisse. » (*Vita S. Gregorii papæ*, auctore Johanne Diacono, lib. II, cap. 1; *Acta SS. Martii*, II, 147, 148.) = « Karolus imperator, cognomine Magnus, cum esset Romæ, ecclesias cisalpinas videns Romanæ ecclesiæ multimodis in cantu, ut et Johannes scribit, dissonare, rogat papam tunc secundo quidem Adrianum, cum defuncti essent quos ante Gregorius miserat, ut iterum mittat Romanos cantuum gnaros in Franciam. Mittuntur, secundum regis petitionem, Petrus et Romanus, et cantuum et septem liberalium artium paginis admodum imbuti, Metensem ecclesiam, ut priores, adituri. Qui cum in Septimo lacuque Cumano aere Romanis contrario quaterentur, Romanus, febre correptus, vix ad nos usque venire potuit; Antiphonarium vero secum, Petro renitente, vellet nollet, cum duos haberet, unum Sancto Gallo attulit. In tempore autem, Domino se juvante, convaluit. Mittit Imperator celerem quemdam, qui eum, si convalesceret, nobiscum stare nosque instruere juberet. Quod ille quidem, patrum hospitalitati regratiando, libentissime

meilleurs élèves de Romain se disaient avec désespoir :
« *Melodiæ longissimæ, sæpius memoriæ commendatæ, instabile corculum aufugiunt*[1]. » C'était le cri de l'impuissance.

* Les gens d'esprit de ce temps-là se préoccupaient de trouver un moyen mnémotechnique pour graver enfin ces terribles neumes dans la mémoire des « neumatizants » aux abois. Plus d'un moine, à Saint-Gall, en avait l'esprit obsédé et se posait ce rude problème : *Cœpi mecum volvere quonam modo eas [melodias] potuerim colligare*[2]. »

3º. **Ce qui se passa à l'abbaye de Saint-Gall, vers l'an 860: Notker Balbulus et les premières proses.** Un jour (c'était en effet vers l'an 860) un étranger se présenta à la porte de l'abbaye de Saint-Gall et y sollicita, d'une voix humble, cette hospitalité que les abbayes bénédictines ne refusent jamais. Cet étranger était lui-même un moine et portait un gros livre sous son bras. Quand on

fecit : *Quatuor, inquiens, mercedes, vos sancti Domini in me uno acquisistis. Hospes erat, et in me eum collegistis ; infirmus, et visitastis ; esurivit in me, et dedistis mihi in eo manducare ; sitivit, et dedistis ei bibere. Dein uterque, fama volante, studium alter alterius cum audisset, emulabantur pro laude et gloria, naturali gentis suæ more, ut alterum transcenderet. Memoriaque est dignum, quantum hac emulatione locus uterque profecerit, et non solum in cantu, sed et in cæteris doctrinis excreverit. Fecerat quidem Petrus ibi jubilos ad sequentias, quas* Metenses *vocant ; Romanus vero «* romane *» nobis econtra et «* amœne *» de suo jubilos modulaverat : quos quidem, post, Notker quibus videmus verbis ligabat : «* frigdoræ *» autem et «* occidentanæ *», quas sic nominabat, jubilos, illis animatus, etiam ipse de suo excogitavit. Romanus vero, quasi nostra præ Metensibus extollere fas fuerit, Romanæ sedis honorem Sancti Galli cœnobio ita quidem inferre curavit.* » (Ekkehardi IV, *Casus S. Galli*, cap. III. Pertz, *Scriptores*, II, p. 102. Cf. *Vita B. Notkeri Balbuli*, auctore Ekkehardo, decano Sangallensi, cap. II. *Acta Sanctorum Aprilis*, éd. Palmé, I, 579, 580. Ce dernier Ekkehard n'a guère fait que reproduire, sans aucune critique, les deux textes précédents qui ne sont pas, d'ailleurs, sans offrir certaines difficultés.

1. C'est le commencement de la Préface que Notker a placée en tête de son Séquentiaire et que nous aurons lieu de mentionner plus loin (p. 289, note 1).
2. Ce sont les paroles mêmes de Notker, *l. c.*, p. 289, note 1.

lui demanda d'où il venait : « J'arrive, dit-il, de l'abbaye de Jumièges, qui a été dévastée par les Normands. Mon livre est un Antiphonaire ; le voici. »

* Les moines de Saint-Gall accueillirent l'étranger et firent à son livre un accueil encore meilleur ; mais soudain ils jetèrent un cri de surprise. Les *sequelæ* de l'Alleluia, ces *jubili* difficiles, ces vocalises compliquées ne se chantaient pas, dans l'Antiphonaire de Jumièges, de la même façon que dans les livres de Saint-Gall : ELLES NE S'Y CHANTAIENT PAS SANS PAROLES sur la dernière voyelle *a* du mot *Alleluia*. On avait fait en Neustrie un pas en avant, un pas décisif, et l'on avait remplacé cette voyelle *a* par des paroles, par un texte « suivi » et qui avait pour but de fixer, dans la mémoire des chantres, les complications des mélodies alléluiatiques. Le tout formait une œuvre littéraire servilement calquée sur l'œuvre musicale, mais qui était intelligible et pouvait devenir vivante. Le grand, le vrai moyen mnémotechnique était enfin trouvé, et c'est là ce qui excitait à juste titre l'étonnement des moines de Saint-Gall.

* Il y avait à cette époque, dans l'abbaye de Saint-Gall, un jeune religieux du nom de Notker, qui, vers 840, y avait été offert tout enfant[1]. C'était un homme d'étude, et

---

1. NOTICE SUR NOTKER. *a*. D'Achery et Mabillon ont consacré au bienheureux Notker une excellente Notice en leurs *Acta Sanctorum Ordinis sancti Benedicti* (Sæculum quintum, p. 11 et ss.). Ils commencent par distinguer nettement l'un de l'autre les différents Notker dont le nom est parvenu jusqu'à nous, et la besogne n'est guère moins aisée que pour les Ekkehard. D'après le *Syllabus monachorum Sancti Galli*, il y en aurait eu jusqu'à douze. = *b*. Notker, celui qui, *Spiritu Sancto procul dubio inspirante* (Ekkehard IV, Pertz, *Scriptores*, II, 394), composa les premières proses, naquit à Heiligowe, aujourd'hui Elgow, Thurgovie. Était-il *de Carolorum genere et sanguine Saxonum ?* C'est ce qu'affirme Ekkehard V, le crédule auteur de la *Vita sancti Notkeri*. L'auteur plus autorisé des *Casus Sancti Galli*, Ekkehard IV, se contente d'affirmer « qu'il était de famille illustre ». On l'*offrit* à Saint-Gall en 840. Il y eut

qui surtout passait pour un excellent musicien. Il fut ravi à la vue de l'Antiphonaire de Jumièges ; mais, avec son regard

pour maîtres Marcel et cet Ison qui mourut le 14 mai 871 ; pour condisciples et amis Tutilon et Radpert. = *c*. Ekkebard, qui est mort vers 1040, a fait de lui un portrait charmant : « Notkerus, hominum mitissimus. » (Ekkehard IV, *Casus S. Galli*, cap. III. Pertz, *Scriptores*, II, p. 95.) « Notker corpore, non animo, gracilis ; voce, non spiritu, balbulus; in divinis erectus, in adversis patiens, ad omnia mitis, in nostratium acer erat exactor disciplinis; ad repentina timidulus et inopinata, præter dæmones infestantes, erat ; quibus quidem se audenter opponere solebat. In orando, legendo, dictando, creberrimus. Et, ut omnis sanctitatis ejus in brevi complectar dotes, Sancti Spiritus erat vasculum, quo suo tempore abundantius nullum. » (*Id., ibid.*, p. 94.) = *d.* Charles le Gros tenait Notker en particulière estime. Un messager de l'Empereur trouva un jour ce poète et ce savant fort humblement occupé à arracher des racines et à faire des plantations au jardin de l'abbaye. (Cf. le *Thesaurus anecdotorum* de Pez, t. I, 3ᵉ partie, p. 570.) = *e.* D'Achéry et Mabillon énumèrent les différents livres attribués à ce Notker qui fut véritablement un des érudits, et surtout un des « saints » de l'illustre monastère. Il avait fait sur les Épîtres canoniques en langue grecque un travail que lui avait demandé l'évêque de Verceil Liutward; mais ce travail fut à moitié détruit par un envieux : « De Notkero, quæ reliqua sunt, audenter narrabimus, quoniam illum Spiritus Sancti vas electum nequaquam dubitamus. Remansit ille sanctissimus uterinis in spiritu viduus et orbus. Tandemque malum illi, quo dolore cordis intrinsecus tactus est, accidit. Epistolas canonicas græcas, a Liutwardo Vercellensi episcopo petitas, multis sudoribus ille exemplaverat Et ecce Sindolfus, magnus jam et præpotens in loco, ut diximus, codicem illum delicate scriptum, casu incurrens, furatus est et singulas quaternionum, sicut hodie videre est, cultro excisas discerpsit atque depravavit. » (Ekkehard IV, *Casus Sancti Galli*, cap. III. Pertz, *Scriptores*, II, p. 101.) = *f.* Le principal titre de gloire, l'œuvre la plus célèbre de Notker, fut le « Livre des Séquences » dont nous avons parlé.(*Patrologie* de Migne, t. LXXXI. col. 993-1179.) Cf., en dehors des textes précédents, Guibert de Tournai, *De officio Episcopi et Ecclesiæ cærimoniis; Maxima Bibliotheca Patrum*, Lyon, 1677, XXV, p. 408 ; saint Bonaventure, *Expositio Missæ*, en ses Œuvres, édit. de Lyon, 1668, t. VII. p. 74; *Vita B. Notkeri Balbuli*, auctore Ekkehardo, decano Sangallensi, cap. IV. Acta SS. Aprilis, éd. Palmé, I, p. 584 (œuvre dont il faut se défier et qui, d'après Mabillon, *l. c.*, p. 11, *erratis referta est*), etc., etc. = *g.* D'après les *Annales Sangallenses majores*, la mort de Notker peut être fixée à 912, et c'est cette date qui est adoptée dans les *Scriptores* de Pertz (II, p. 101, note 33); Mabillon l'avait placée en 909. Le *Necrologium Notkeri* nous aide à aller plus loin,

attentif et intelligent, il se convainquit rapidement que les paroles du livre de Jumièges avaient déjà subi une fâcheuse altération, et se prit sur le champ à en composer de nouvelles[1]. Ce furent les premières proses[2].

et l'on peut attribuer au huit des ides d'avril l'obit de ce Notker *qui sequentias composuit*. (*Acta Sanctorum Ordinis sancti Benedicti*, l. c., 17.) = h. Si l'on veut connaître l'écriture même de Notker, on en trouvera un spécimen curieux dans les *Scriptores* de Pertz (t. II, en regard de la p. 101, n° 2 a). V. sur Notker, les Notices de D. Ceillier, *Histoire générale des auteurs sacrés et ecclésiastiques*, édit. Vivès, XII, col. 963, et de l'*Histoire littéraire*, VI, p. 134 et suiv.

1. Tous les faits qui précèdent sont tirés de la Préface du *Liber sequentiarum* de Notker, dont nous avons eu déjà l'occasion de citer les premières lignes : « Cum adhuc juvenculus essem, et melodiæ longissimæ, sæpius memoriæ commendatæ, instabile corculum aufugerent, cœpi tacitus mecum volvere quonam modo eas potuerim colligare. Interim vero contigit ut presbyter quidam de Gimedia, nuper a Nordmannis vastata, veniret ad nos, Antiphonarium suum secum deferens, in quo aliqui versus ad sequentias erant modulati, sed jam tunc nimium vitiati. Quorum, ut visu delectatus, ita sum gustu amaricatus. Ad imitationem tamen eorum cœpi scribere : *Laudes Deo concinat orbis universus, qui gratis est liberatus*, et infra : *Coluber Adæ malesuasor*. Quos cum magistro meo Ysoni obtulissem, ille, studio meo congratulatus imperitiæque compassus, quæ placuerunt laudavit ; quæ autem minus, emendare curavit, dicens : « Singuli motus cantilenæ singulas syllabas debent habere. » Quod audiens, ea quidem quæ in *ia* venebiant, ad liquidum correxi. Quæ vero in *le* vel *lu* quasi impossibilia vel attemperare neglexi, cum et illud postea visu facillimum deprehenderim, ut testes sunt *Dominus in Sina* et *Mater*. Hocque modo instructus, secunda mox voce dictavi : *Psallat Ecclesia mater inlibata*. Quos versiculos, cum magistro meo Marcello præsentarem, ille, gaudio repletus, in rotulos eos congessit et pueris cantandos aliis alios insinuavit. » (*Patrologie*, t. CXXXI, col. 1003, collationné par nous sur les manuscrits de Saint-Gall et de Munich.) = A quelle époque précise les premières proses de Notker ont-elles été composées ? Nous avons deux dates certaines qui nous permettent de répondre à cette question : Jumièges a été ravagé par les Normands en 851, et, d'un autre côté, nous connaissons l'année où est mort cet Yson auquel Notker a présenté son livre. Ce fut en 871. C'est donc entre 851 et 871 que furent composées les premières Notkériennes.

2. Cf., sur cette origine, les textes suivants, que l'on pourrait aisément multiplier : 1° « Graduale et Alleluia Ambrosius composuit, sed Gregorius papa ad missam cantari instituit, qui etiam

II. — PROSES DE LA PREMIÈRE ÉPOQUE OU NOTKÉRIENNES

1º. **Caractère essentiel des premières proses.** Les proses n'ont été, à l'origine, que des paroles écrites, DANS UN BUT MNÉMOTECHNIQUE, sur les mélodies jubiliques, sur les vocalises compliquées, sur les neumes du dernier Alleluia du graduel. C'est ce que prouvent tous les textes publiés ci-dessus, mais surtout les manuscrits liturgiques où l'on peut lire fréquemment des rubriques comme celle-ci : « De Alleluia *Pascha nostrum*, *Exultet nunc omnis chorus* » (Bibl. Nat. lat. 1120, fº 117). « *Pascha nostrum*, » c'est le verset alleluiatique du graduel de Pâques ; « *Exultet nunc omnis chorus*, » c'est la prose écrite sur les *jubili* sans

in festivis diebus neumam, quæ jubilum dicitur, jubilare statuit. Sed abbas Notkerus de Sancto Gallo SEQUENTIAS PRO NEUMIS COMPOSUIT, quas Nicholaus papa ad missam cantari concessit. » (Honorii Augustodunensis *Gemma animæ*, Bibl. Nat. lat., 11579, fº 85 vº, etc., etc. — C'est par erreur que, dans ce texte comme dans plusieurs autres, Notker est appelé abbé de Saint-Gall.) = 2º « QUANDO SEQUENTIA SEQUITUR, POSTERIUS ALLELUIA NON HABET PNEUMA ; SED CHORUS IN LOCO EJUS SEQUENTIAM CONCINIT, quæ idem significat, id est æternæ vitæ gaudium atque delicias. Unde illa nova solet habere verba et inusitata, quia cœli gaudium secretum est... QUÆDAM ECCLESIÆ MYSTICE PNEUMATIZANT SEQUENTIAM SINE VERBIS. » (*Speculum de Mysteriis Ecclesiæ*, attribué à Hugues de Saint-Victor, cap. VII; Migne, t. CLXXVII, col. 319.) = 3º « Post responsorium sequitur Alleluia, gaudium ineffabile designans... Alleluia repetitur cum pneumate, et significat laudem Patris. SIGNIFICATUR AUTEM PER SEQUENTIAM IDEM QUOD PER PNEUMA, unde in antiquis sequentiis sunt verba incognita, quia ignotus est nobis modus laudandi Deum in patria. » (Bibl. Nat. lat., 14801 : *Tractatus domini Hugonis cardinalis* « *De ordine missæ* », fº 132 vº.) = 4º Additur sequentia, et non protrahitur secundum Alleluia, sed SEQUENTIA LOCO EJUS CANITUR, per quam æterna gaudia et sanctorum laudes designantur. Unde scriptum est : « Beati qui habitant in domo tua, Domine ; in sæcula sæculorum laudabunt te. » Unde et sequentia maxime in consecrationibus et dedicationibus ecclesiarum dicitur, verba continens laudabilia et dulcedine cantus plena, in signum sancto-

paroles qui accompagnaient à l'origine le dernier Alleluia de ce graduel [1].

* Ce mot « Alleluia » est resté longtemps attaché et, pour ainsi dire, adhérent aux débuts d'un certain nombre de proses. Il nous est présenté le plus souvent sous sa forme ordinaire (*Alleluia*) ; mais, quelquefois aussi, nous le trouvons très bizarrement coupé en deux tronçons : « *Alle* cœleste necnon et perhenne *luia* » (Bibl. Nat. lat. 1120, f⁰ 135 v⁰), « *Alle* nostra pangunt organa *luia* (Bibl. Nat., Nouv. acq. 1117, f⁰ 78). Etc.

* Durant les temps de pénitence et de deuil, l'Église ne chante pas l'Alleluia. Durant ces temps aussi, elle ne chante jamais de prose, parce qu'en réalité la prose n'est qu'une suite et un développement de l'Alleluia.

rum igne sancti Spiritus ardentium et dulciter concordantium, ut in ista sequentia dicitur : « Rex Salomon fecit templum. » (Guibert de Tournai, *Tractatus de officio Episcopi et Ecclesiæ cærimoniis; Maxima Bibliotheca Patrum*, Lyon, 1677, XXV, p. 408.) = 5° « Antiquitus enim mos erat, ut SEMPER CANTARETUR ALLELUIA CUM PNEUMA : sed postea idem papa [Nicolaüs] instituit, LOCO ILLIUS PNEUMÆ, in præcipuis festivitatibus, sequentias dici. QUANDO ERGO NON DICITUR ALLELUIA, NON DEBET SEQUENTIA DICI, QUONIAM LOCO PNEUMÆ EJUS DICITUR, et idem significat. » (Guillaume Durand, *Rationale*, IV, cap. XXII; éd. de Lyon, 1574, f° 124 r°.) = 6° « Nocherius, abbas Sancti Galli in Theutonia, primo SEQUENTIAS PRO NEUMIS IPSIUS ALLELUIA COMPOSUIT, et Nicolaüs papa ad missas cantare concessit. » (Guillaume Durand, *l. c.*) = 7° « QUÆDAM ECCLESIÆ MYSTICE PNEUMATIZANT SEQUENTIAS SINE VERBIS aut saltem aliquos versus earum. » (Guillaume Durand, *l. c.* Cf., plus haut, le texte attribué à Hugues de Saint-Victor). = 8° « Hodie sequentiæ cum voce significativa dicuntur. » (Guillaume Durand, *l. c.*) = 9° « IN QUIBUSDAM ECCLESIIS, IN QUIBUS NEUMA NON DICITUR..., LOCO JUBILI ET NEUMÆ TROPHI ET SEQUENTIÆ DECANTANTUR » (Id. ibid., V, cap. II, §§ 32, éd. de Lyon, 1576, f° 216 v°, 217 r°.) Etc., etc. = Ce n'est pas ici le lieu de relever les erreurs évidentes qui sont contenues en quelques-uns des textes précédents. Nous le ferons ailleurs.

1. Cf., dans le même tropaire et dans les manuscrits de la Bibl. Nat. lat. 1118 et 1121, des rubriques absolument analogues : « De Alleluia *Verba mea* : Adest. — *De* Alleluia *Paratum cor* : Alme rex. » Etc., etc.

2º. **Différence spécifique entre la *Séquence* et la *Prose*.** Il convient de bien distinguer, l'un de l'autre, ces deux noms *sequentia* et *prosa*. Le premier (*sequentia*) est un terme UNIQUEMENT MUSICAL qui désigne scientifiquement les neumes alleluiatiques, la queue, la *sequela τοῦ alleluia*. Le mot *prosa*, au contraire, signifie les PAROLES qui ont été un jour placées sur ces vocalises pour venir en aide à la mémoire des chantres et pour faciliter l'exécution des mélodies[1]. Les deux noms ont fini par s'employer l'un pour l'autre[2].

3º. **La prose est un trope.** Il y a une corrélation évidente entre les proses, d'une part, et, de l'autre, ces interpolations des textes liturgiques qui ont été si usitées aux IXᵉ-XIᵉ siècles et qu'on appelle les « tropes ». Cette corrélation a frappé les liturgistes du moyen âge, et Guillaume Durand a pu dire : « In quibusdam ecclesiis... in quibus neuma non dicitur... loco jubili et neumæ TROPHI ET SEQUENTIA decantantur[3] ». Les proses peuvent être légitimement considérées comme le trope du dernier Alleluia du graduel.

* Un certain nombre de tropes (ceux notamment du *Kyrie*, de l'intérieur du Graduel, de l'Offertoire, de la Communion et des répons de Matines) ont également reçu le nom de *prosæ* ou de *prosulæ*[4] et offrent, en effet, une véritable analogie avec les proses.

4º. **Noms divers qu'on a donnés aux proses :**

---

1. Un certain nombre de Tropaires présentent, d'une part, les neumes alleluiatiques sans paroles et, de l'autre, les paroles des proses avec une notation musicale qui est identique à celle de ces neumes : *Incipiunt melodiæ, seu sequentiæ*, d'une part, et, de l'autre, *Incipiunt prosæ* (Bibl. Nat. lat. 887, 1087, etc.).
2. Dès le XIIᵉ siècle, on lit dans un Traité qu'on a attribué à Hugues de Saint-Victor : « Quando *sequentia* sequitur, posterius alleluia non habet pneuma; sed chorus, in loco ejus, *sequentiam* concinit » (*Speculum de mysteriis Ecclesiæ*, cap. VI. *Patrologie* de Migne, t. CLXXXVII, col. 359) *Prosa* serait ici le mot propre.
3. *Rationale*, V, cap. II, § 32, éd. de Lyon, 1576, f° 216 v° et 217 r°.
4. V. notamment les mss. de la Bibl. Nat. lat. 1120 et 1121.

les Notkériennes et les Adamiennes. Les proses sont encore appelées, avec plus ou moins de précision, *cantilenæ, cantica, odæ, hymni, carmina, laudes*[1].

* Aux proses de la première époque, qui sont issues de celles de Notker, nous donnerons le nom de *notkériennes*, et nous les opposerons par là à celles de la deuxième époque ou *adamiennes*, dont nous parlerons plus loin.

5º. Des livres où l'on trouve le texte des plus anciennes proses. Les *Tropaires*, les *Séquentiaires*, les *Prosiers*. Étant donnée l'analogie entre les proses et les tropes, il ne faut pas s'étonner si les livres où l'on trouve les premières proses ont reçu, le plus souvent, le nom de *tropaires*[2]. On a pu aussi leur donner (au moins partiellement) le nom de *séquentiaires* à cause des *melodiæ* de l'Alleluia qui y tiennent une place importante, et celui de *prosaires* ou *prosiers*, à cause des *prosæ* qu'ils renferment[3].

* Les tropaires ont été surtout exécutés depuis le IXᵉ jusqu'au XIIᵉ siècle inclusivement. Parmi ceux qui sont parvenus jusqu'à nous, les plus nombreux sont ceux du XIᵉ[4].

* Les deux principaux centres de la fabrication des tropaires ont été Saint-Gall, aux IXᵉ-Xᵉ siècles, et Saint-Martial de Limoges au XIᵉ. Entre ces deux centres de fabrication, entre leurs produits, il y a des différences notables qu'il conviendra de mettre un jour en meilleure lumière.

* Le modèle le plus parfait, le véritable type d'un tropaire-prosier, est peut-être le tropaire de Saint-Evroult (XIIᵉ siècle)

---

1. Karl Bartsch : *Die lateinischen Sequenzen des Mittelalters in musikalischer und rhytmischer Beziehung.* Rostock, 1868; p. 5.
2. *Troparium, troparius, tropharius, troponarium, trophonarius,* etc.
3. V. notre *Histoire de la Poésie liturgique*; les *Tropes*, Paris, 1887, p. 69.
4. Ibid. : « Table des tropaires », pp 111-146.

qui est aujourd'hui conservé à la Bibliothèque Nationale sous le n° 10508 du fonds latin [1].

* En tête des prosiers notkériens on a parfois placé la préface suivante : « Precamur nostras, Deus, animas et conscientias digne munda, ut jam nunc nostra Christus veniens corda sibi inveniat parata [2]. »

6°. **Dispositions diverses qu'offrent les proses dans les tropaires.** La disposition des proses a singulièrement varié dans les tropaires. A Saint-Gall on avait volontiers adopté le système des « deux colonnes ». Dans la première de ces colonnes, qui était la plus large, on écrivait les proses avec la simple indication de leurs *melodiæ*; dans la seconde, on reproduisait les *melodiæ* elles-mêmes [3].

7°. **De la musique des proses, en général. La même phrase musicale chantée deux fois sur des paroles différentes.** Si développés que fussent les neumes alleluiatiques, ils n'étaient pas tels cependant qu'on y pût adapter, sans quelque expédient, des paroles de quelque étendue. Ces neumes, par bonheur, devaient être chantés avec certains points d'arrêt, avec certaines pauses de distance en distance. Sur chacune des phrases neumatiques qui étaient délimitées par ces pauses, on calqua d'abord un *versiculus*, un verset de la prose. Puis, on se persuada aisément que l'on pouvait, sans aucun inconvénient, chanter SUR LA MÊME PHRASE MUSICALE un second *versiculus*, un second verset de même étendue. C'est ce qu'on fit. Sur chaque phrase de la *melodia*, on plaça de la sorte deux versets, deux demi-strophes qui eurent ainsi la même musique ou qui, pour nous servir ici d'un langage plus popu-

---

1. Voy. le f° 44 et ss.
2. Bibl. Nat. lat. 1139 f° 7 r°, etc. Cette prière était faite, comme il est aisé de s'en convaincre, pour précéder directement les proses qu'on chantait durant l'Avent.
3. Bibl. de Saint Gall, 376 et 378 (xi° siècle), etc.

laire, se chantèrent exactement sur le même air. En voici un double exemple, qui est tiré d'une des plus belles notkériennes[1] :

{ 1. Hinc, fratres cari, simul lætemur sacratissimo diei hujus festo (22 syllabes),
2. Qua fortis leo, Dæmone victo, surgens tumulo, illuxit omni mundo (22) ;

{ 1. Et, sanctarum exemplo moniti mulierum, quæramus Christum (19 syllabes),
2. Invenimus quem cito, virtutum aromata si præparamus (19).

Les deux versets *Hinc fratres* et *Qua fortis* se chantaient sur les mêmes notes ; les deux versets *Et sanctarum* et *Invenimus* n'avaient également qu'une seule et même mélodie. Telle est toute l'économie musicale des premières proses.

8°. **Musique des proses composées par Notker lui-même. Quatre groupes distincts.** Les *melodiæ* employées par Notker n'ont pas été empruntées, TOUTES, à des *sequelæ* de l'Alleluia, à des *sequentiæ* préexistantes. Notker en a certainement composé de nouvelles, ou s'est parfois servi de celles qui étaient l'œuvre de ses contemporains. Il y a plus : parmi les mélodies préexistantes dont Notker a fait usage, il y en a un certain nombre qui n'étaient pas des *sequentiæ*, des queues *de l'Alleluia*, mais qui, suivant toutes probabilités, étaient de véritables chants profanes[2]. En résumé, les cinquante mélodies de Notker peuvent être réparties en quatre groupes : 1° mélodies alleluiatiques préexistantes, antiques *sequelæ* de l'Alleluia, *jubili* (plus ou moins modifiés) avec l'indication précise du graduel auquel elles se rapportent : *Justus ut palma, Regnavit Dominus, Beatus vir, Nimis honorati*, etc.; 2° mélodies alleluiatiques où il faut voir une œuvre nouvelle

---

1 *Laudantes triumphantem Christum* (Mone, *Hymni latini*, I, p. 197, etc.).
2. Cf. Bartsch, *l. c.*, pp. 6-18.

de Notker ou de quelques-uns de ses contemporains. Elles sont généralement désignées dans les tropaires par des termes scientifiquement musicaux, tels que *frigdolæ*, etc. Il y en a aussi parmi elles qui sont préexistantes, comme par exemple les *Romanæ*, œuvre du chantre Romanus dont nous avons parlé plus haut, et les *Metenses*, œuvre de Pierre de Metz; 3º mélodies alleluiatiques qui avaient déjà servi pour d'autres séquences. C'est ainsi, par exemple, que l'*Eia recolamus* était chanté sur l'air d'*Eia turma*, etc., etc. 4º mélodies préexistantes, mais non alleluiatiques, comme *Virgo plorans*, *Duo*, *tres*: *Puella turbata*: *Planctus sterilis*, etc.

* Après Notker, les choses, à plus d'un égard, ont dû souvent se passer de même, et il y eut, notamment, aux xe-xie siècles, un certain nombre de proses qui furent composées sur le même air (*de ipsa sequentia*) que certaines autres[1]. Lorsqu'au xiie siècle on ajouta aux recueils de Saint-Gall une prose en l'honneur de saint Thomas Becket, on la mit sur l'air de la fameuse séquence *Sacerdotem Christi Martinum*. Etc., etc.

9º. Le chœur chantait *ad libitum* l'antique *melodia* avec ou sans paroles. Nous aurons lieu de constater tout à l'heure, au sujet de l'exécution des proses, qu'on exécutait *ad libitum* la « séquence » ou la « prose ». C'est ce qui explique la présence simultanée dans un seul et même tropaire des séquences sans paroles et des proses avec leur musique (*Incipiunt sequentiæ, incipiunt prosæ*[2]). Les séquences (*sequelæ* τοῦ Alleluia) sont parfois accompagnées, comme nous l'avons dit, des premiers mots des proses qui en sont dérivées[3].

10º. Les antiques vocalises sans paroles ne sont pas abandonnées. Il y eut des régions (Italie,

---

1. Bibl. Nat. lat. 1120, f° 107, etc.
2. Ibid. 887, 1087, etc.
3. Ibid. 1121, f° 58 et ss.

Espagne, etc.) où les proses ne pénétrèrent que fort peu ou fort tard ; mais, dans les pays mêmes où elles ont été le plus usitées, elles n'ont pas fait cesser complètement l'usage des antiques vocalises et des *jubili* de l'alleluia.

* Après l'invention des proses, un certain nombre d'églises continuèrent à se servir de ces neumes et de ces *melodiæ* sans paroles : « *Quædam ecclesiæ mystice pneumatizant sequentiam sine verbis.* » Ainsi parle un liturgiste du xiie siècle[1], et c'est ce que répète plus tard, en son *De cantu et musica sacra*, le savant Martin Gerbert qui avait vu tant de manuscrits liturgiques : *Neque ideo pneumata sive neumæ cessarunt, postquam sequentiæ introductæ sunt, cum potuerunt sibi mutuo substitui.* Au xviiie siècle encore, dans l'église Saint-Étienne de Metz, les chanoines, d'une part, et, de l'autre, les religieuses de Sainte-Glossinde chantaient ensemble la prose *Congaudet angelorum* : mais les religieuses chantaient les paroles tandis que les chanoines chantaient uniquement les neumes[2].

11º. Texte des proses de la première époque. — Système des *clausulæ* redoublées: *Entrée* et *Finale*. Si, après avoir étudié la mélodie d'une notkérienne, on en étudie le texte dont il est impossible de l'isoler, on s'apercevra tout d'abord qu'une prose de la première époque est essentiellement composée d'un certain de paires de *clausulæ* ou *versiculi*.

* Cet ensemble de *clausulæ* accouplées est généralement, dans chaque prose, précédé d'un « Prologue » ou « Entrée » et suivi d'une « Finale ».

* Les *clausulæ*, comme nous l'avons déjà montré plus haut, sont, DEUX PAR DEUX, composées d'un même

---

1. *Speculum de mysteriis Ecclesiæ*, attribué à Hugues de Saint-Victor, cap. vii. *Patrologie* de Migne, t. CLXXVII, col. 359.
2. Dom de Vert, *Explication simple, littérale et historique des cérémonies de l'Église*, IV, p. 98.

nombre de syllabes et chantées, DEUX PAR DEUX, sur les mêmes notes : « *Versus sequentiarum, BINI ET BINI, sub eodem cantu dicuntur quia ut plurimum BINI ET BINI per rhytmos sub paribus syllabis componuntur*[1]. » Il y a là un procédé qui peut se comparer (ainsi qu'on l'a observé avant nous) avec le parallélisme de la poésie hébraïque.

* Il y a, dans chaque *clausula*, des pauses intermédiaires. Ces pauses doivent être identiques dans l'un et dans l'autre des deux *versiculi* accouplés. Les mots ne doivent pas être coupés par ces pauses[2].

* Le nombre des doubles versets, des paires de *clausulæ*, est, en moyenne, de six ou sept par prose. Les proses de dix *clausulæ* et au delà sont assez rares.

12º. **Type d'une prose de la première époque.** Un exemple[3], mieux que toutes les définitions, fera saisir toute l'économie de ces proses de la première époque et comprendre pratiquement ce que c'est qu'une « entrée », une « finale », une paire de *clausulæ*, etc., etc.

SABBATO ANTE SEPTUAGESIMAM

PROLOGUE OU ENTRÉE. — Nostra tuba

I. { Regatur fortissime Dei dextra, et preces audiat 17
   { Aure placatissima et serena : ita enim nostra 17.

---

1. Guillaume Durand, *Rational*, IV, cap. XXI; édition de Lyon, 1574, fº 123 vº.
2. Cette observation est de Karl Bartsch. On y peut encore joindre les suivantes qui sont du même érudit : « L'accord entre les deux *clausulæ* ne se borne pas au nombre des syllabes, mais s'applique également au mouvement rythmique dans le texte. L'accent tonique d'une syllabe doit correspondre à l'accent tonique de la syllabe correspondante dans l'autre demi-strophe. » (Bartsch, *l. c.* p. 69). Et plus loin : « Les proses sont assujeties à un rythme. Le plus goûté est le trochaïque; mais il y en a d'autres où domine le rythme iambique ou glyconien. » (Ibid., pp. 87 et 103).
3. Nous empruntons cet exemple au ms. 376 de la Bibliothèque de Saint-Gall, p. 349. Les petits chiffres placés à la fin des

II. { Laus erit accepta, voce si quod canimus, canat pariter et pura conscientia. 26.
Et, ut hæc possimus, omnes divina nobis semper flagitemus adesse auxilia. 26.

III. { Illo namque sine valet mens nulla dignum sibi cogitare et meditari humana. 27.
Asta nobis : est via præposita ; relinquentes latam quæ ducit ad loca tartarea, 27.

IV. { Christi vestigia sequamur clara, et non caduca gaudia, 19.
Hic quia est vita, illic mors atra, et sempiterna tormenta. 19.

V. { O bone Rex, pie, juste, misericors, qui es via et janua, 20.
Portas regni, quæsumus, nobis reseres, dimittasque facinora, 20.

Finale. — Ut laudemus Nomen nunc tuum atque per cuncta sæcula.

13°. Proses sans répétition de *clausulæ*. La répétition des *clausulæ* n'est pas d'une nécessité absolue, et il est un certain nombre de proses où l'on ne peut en constater la présence[1]. Guillaume Durand dit que les *clausulæ* vont, *ut plurimum*, deux par deux. Mais il ne dit pas *semper* ni *ubique*.

* Parmi les proses qui ne présentent pas de répétition, on peut citer comme type le *Læta mente* qui a été avant nous transcrit par Schubiger (*Sängerschule*, mélodie n° 19), par Mone (*Hymni latini*, I, p. 222) et par Bartsch (*l. c.*, p. 103). En voici le texte que nous avons naguère collationné à Saint-Gall : « Læta mente canamus Deo nostro Alleluia, — Qui defectam peccatis semper novat Ecclesiam — Et eam pallidulam de radio veri solis illuminat, — Et terræ de

---

clausulæ indiquent le nombre de syllabes dont elles sont, DEUX PAR DEUX, composées. — Cette même prose se trouve, avec de notables variantes, dans les manuscrits de Saint-Martial (Bibl. nat. lat. 1118, f° 201 ; 887, etc.).

1. Cf. l'excellent chapitre de Bartsch qui est intitulé : *Mélodies sans répétition* (*l. c.*, p. 20 et ss.).

Mesraim eduxit fornacibus ignitis — Quique in omni tribulatione eam exaudit, — Insuper nutrit pane et cultum docet suum. — Quin de petra melle dulci eam adimplet. » (Saint-Gall, ms. 376, p. 368). Cette *sequentia brevis* est pour le quatrième dimanche après Pâques. On peut rapprocher de cette prose les trois pièces suivantes, également sans répétition, et qui sont destinées au 2e et 3e dimanches après Pâques et au dimanche entre l'Ascension et la Pentecôte : *Laus tibi sit, En regnator* et *O quam mira*[1]. Il convient toutefois d'observer que ces *prosæ minores* ne se chantaient qu'en des dimanches de peu de solennité, et que cette destination explique leur brièveté même et l'absence de répétition.

* L'*entrée* et la *finale* ne sont pas généralement assujeties à la loi des répétitions. On leur réserve, d'ordinaire, une phrase mélodique spéciale qui ne se chante qu'une fois. Il y a des proses qui n'ont pas d'*entrée* (Mone, *Hymni latini*, I, p. 198) et d'autres qui manquent de *finale* (Bartsch, *l. c.*, p. 29).

* On peut dire que l' « entrée » correspond à l'ancien Alleluia du graduel, et c'est ce qui résulte nettement de l'étude du ms. de Saint-Gall, n° 381 (xie siècle). Il est moins assuré que la « finale » corresponde à l'*Amen*.

14°. **L'assonance dans les proses.** Les plus anciennes Notkériennes n'étaient pas assonancées, et Notker n'en a fait de telles que vers la fin de sa vie[2]. Mais l'habitude s'établit bientôt de les assonancer principalement en *a* (à cause du mot Alleluia).

* Suivant une loi qui est presque générale, la consonne finale qui suit l'*a* ne détruit pas l'assonance. C'est ainsi que

---

1. Le texte s'en trouve également dans le ms. 376 de Saint-Gall (pp. 366, 367 et 372). Cf. Mone (*Hymni latini*, I, pp. 221, 231 et 233) et Schubiger (*Sängerschule*, n°s 17, 18 et 24).
2. Cf. Bartsch, *l. c.*, p. 130.

des mots comme *potentiam, salvandas, dixerat*[1], *dexteram, furias* et *regnat*[2] assonnent très régulièrement avec des mots terminés en *a*.

15°. Le *cursus*. Il y aura un jour à étudier de près la fin des *clausulæ* ou *versiculi*, pour constater si les dernières syllabes de chaque verset ne sont pas régulièrement soumises à la loi du *cursus*[3].

16°. Proses brèves. Certaines proses sont d'une brièveté notable. Nous n'en connaissons pas de plus courte que la suivante employée pour le Commun des Martyrs : « *In unius martir*[*is*] *:* « *Martir Dei, regem celi deplora* (sic), *ut nostra deleat facinora. Per tuam intercessionem veniam mereamur culparum, leti per cuncta secula seculorum. Amen.* » (Bibl. Nat. lat. 1118, f° 229 v°.) C'est, tout naturellement, une prose sans répétition.

17° Proses dramatiques. Quelques proses offrent un caractère dramatique. Il n'en est pas de plus célèbre, à ce point de vue, que le *Victimæ Paschali laudes* qui est entré un jour, comme un élément très important, dans l'Office primitif de la Résurrection, dans le Trope de l'introït de Pâques, dans ce *Quem quæritis* dont nous avons longuement écrit l'histoire[4]. Le type le plus intéressant est peut-être le texte que D. Martène nous a fait connaître d'après un *Ordinarium Narbonense*[5].

---

1. Bibl. Nat. lat. 1132, f° 116 r° et v° ; 1121, etc.
2. Ibid., 1138, f° 21 v° ; 22 r° ; 37 v° ; 83 r°, etc.
3. Le *cursus* (que M. Valois a constaté, pour la première fois, dans les bulles des Papes et que M. Louis Havet essaie aujourd'hui de retrouver jusque dans les grands classiques latins) consiste dans l'emploi, à la fin d'une phrase ou d'un membre de phrase, de certaines combinaisons de syllabes où l'accent tonique a une place déterminée.
4. Les *Tropes*, pp. 223, 225, etc.
5. « Sint duo pueri super altare, induti albis et amictibus, cum stolis violatis et sindone rubea in facies eorum et aliis in humeris,

En dehors du *Victimæ Paschali laudes*, il ne sera pas superflu de signaler plusieurs autres proses quasi-dramatiques. Tel est, par exemple, le Dialogue entre le Père et le Fils, qu'a publié Gall Morel[1], et dont les liturgistes ne paraissent pas avoir jusqu'ici utilisé le témoignage.

18° **Proses à refrain.** Il existe un certain nombre, mais assez limité, de ces proses[2].

19°. **Proses dominicales; proses *ad evangelium*; proses du samedi saint.** Les *prosæ dominicales*, qui occupent dans les tropaires une place spéciale, ne sont pas, comme on a pu le croire, les proses des dimanches ordinaires, mais, d'une façon plus restreinte, celles des dimanches après la Pentecôte[3].

---

qui dicant: *Quem quæritis in sepulchro ?* Quo dicto, omnes Mariæ insimul respondeant *Jesum Nazarenum.* Deinde pueri dicant : *Non est hic....* Facta responsione a pueris, omnes Mariæ insimul vertant se versus chorum, et Magdalena cantet sola : ℣. *Victimæ paschali laudes.* Deinde Jacobi : ℣. *Agnus redemit oves.* Postea Salome : ℣. *Mors et Vita duello.* Hoc dicto, duo canonici, tanquam Apostoli, sint parati retro pulpitum, et dicant omnes insimul : ℣. *Dic nobis, Maria.* Deinde Magdalena sola respondeat : ℣. *Sepulchrum Christi viventis.* Et quando dicitur *Angelicos testes*, vertat se ad altare sola ac demonstret cum digito Angelos prædictos, stantes super altare, pronunciando versum supradictum. Monstratis angelis, vertat se ad chorum, et dicat : *Surrexit Christus, spes mea.* Finito versu, chorus dicat : *Credendum magis soli* ac etiam : *Scimus Christum surrexisse.* His omnibus finitis, regentes chorum incipiant : *Te Deum laudamus.* » (*De antiquis Ecclesiæ ritibus*, III, col. 483-484).

1. N° 69, p. 41. « *Pater :* Exsurge, gloria mea ; postula a me et dabo tibi regna. Exsurge, gloria mea. Intende, prospere procede et regna. Exsurge, gloria mea. — *Filius :* Pater, in hoc cognovi quia voluisti me, et ecce exsurgam diluculo... — *Pater :* Fili, tu semper mecum fuisti et omnia mea tua sunt... — *Filius :* Pater, verbum tuum Veritas est ; respice in terram et reple eam bonis tuis... — *Pater :* Fili, rivos ejus inebriavi...— *Populus :* Jesu, testis in cœlo fidelis, partem in prima resurrectione da nobis, ut ubi es tu, et nos simus, exultantes in gloria tua » (Attribué à Notker ?).

2. Bartsch, *l. c.*, p. 140.

3. Bibl. Nat. lat. 1121, *Deus justus*, f° 198 r°; *Omnes gentes*, ibid;

* Les proses *ad vesperas* ou *ante evangelium*[1] doivent, selon toute probabilité, être entendues des *prosulæ* qui se chantaient avant le *Magnificat*.

* Le Samedi saint (l'Alleluia étant, pour ainsi parler, de retour dans l'Église depuis le graduel de la messe) il était enfin possible d'entonner quelqu'un de ces chants qui étaient le développement de l'Allelluia. C'est particulièrement le Samedi soir qu'on les chantait. Voici le texte de l'un d'eux[2] : « Alleluia hoc pium recitat plebs nova nunc læta — Quia resonant trophæa Christi jam preciosa — Et nox instat in qua tartara lugent hevacuata. — Tu, contra, renata ex aqua, jubila Domino cantica inclyta. — Tibi vita nunc perpetua, ut re iterata se solvat peccamina (*sic?*) » Ce ne sont point là de véritables proses.

20°. **De l'exécution des proses. Divers procédés à l'usage de diverses églises. Chant alterné et rôle de l'orgue.** Les proses n'étaient point partout exécutées de la même façon. En certaines églises, on chantait la *sequentia* toute seule et sans paroles d'aucune sorte : c'était le système où l'on se montrait le plus respectueux de la véritable antiquité liturgique.

* D'autres fois (et c'était le cas le plus fréquent) on chantait TOUTE la prose avec TOUTE sa mélodie.

* Enfin, l'on chantait parfois les anciennes vocalises alléluiatiques en y intercalant QUELQUES FRAGMENTS de la prose. Un demi-chœur, en ce cas, exécutait un fragment de la *sequela* sans paroles, et l'autre demi-chœur lui répondait en chantant un fragment de la *sequela* avec paroles. C'est ce qui résulte clairement d'un texte de Guillaume Durand :

Te decet hymnus, f° 198 v°; *In te speravi*, f° 197 r°, etc., etc. Cf. Bibl. Nat. lat. 1138, f° 129 et ss., et Nouv. acq. 1135, f° 64 v°, etc.

1. Bibl. Nat. lat. 1338, f° 27 v°.
2. Ibid. 1138, f° 34 v°.

« Quædam ecclesiæ pneumatizant sequentias sine verbis, AUT SALTEM ALIQUOS VERSUS EARUM. » (*Rational*. IV. cap. XXII. éd. de Lyon. 1574, f° 120 v°). Ces mots de Guillaume Durand sont justifiés par la présence, en nos vieux tropaires, de mélodies alléluiatiques où l'on a intercalé certains fragments des proses correspondantes [1]. Ces intercalations se produisaient surtout dans les séquences que l'on chantait le jour de Pâques et les jours de grandes fêtes [2].

* On en vint, dans un certain nombre d'églises, à chanter alternativement un *versiculus* avec les seuls neumes. et l'autre avec les paroles de la prose. L'usage qui prévalut fut d'alterner l'orgue avec le chant.

* Dans le cas où l'on chante TOUTE la prose, elle est, en certaines églises, chantée par tout le chœur : « *Sequentia* COMMUNITER ab omnibus decantata. » (Guillaume Durand, *Rational*. V. cap. II. § 32, éd. de Lyon, 1576. f° 267 r°). Une prose, entre cent autres, commence ainsi qu'il suit : « *Exultet nunc* OMNIS CHORUS [3], » etc.

* En d'autres églises, la prose est chantée alternativement par deux chœurs : « *Pangat chorus* ALTERNATIM *clara modulamina* [4]. » « Clara carmina sona, turma, lira boans

---

1. Bibl. Nat. lat. 887. f° 89 v°; 1087,. f° 109 r°; 1118, f° 133 v°; 1121, f° 60 r°; 1134, f° 107 r°; 1137, f° 37 v°, etc.
2. Voici l'exemple d'une prose ainsi « entrelardée », et il convient d'avertir notre lecteur que nous remplaçons ici les neumes sans paroles par des points : « Celebranda. Alleluia... Ecce puerpera genuit Emmanubel regem in sæcula... Deum oraculis Prophetarum promissum magnum in sæcula.. Nobis det ut omnia quæ sunt Patris et sua præmia æterna.. Salus et victoria illi sit et gracia omnia per sæcula... » (Bibl. Nat. lat 887, f° 88 v°). — Les versets dont on chante ainsi les paroles, nous semblent souvent choisis de façon à former un tout complet. — Dans le ms. 1137, chacune des *clausulæ* ainsi chantées était précédée du signe ℣ (*versus*).
3. Prose de saint Martin, Bibl. Nat. lat. 1120, f° 117 r°, etc. etc.
4. Epistolier de Besançon ; Bibl. de la Propagande à Rome, MVI 27, f° 234.

ALTERNATIMQUE jubila[1]. » C'est ce qu'a nettement exprimé Honoré d'Autun en sa *Gemma animæ* : « Sequentiam chori ALTERNATIM jubilant[2]. »

* On peut enfin supposer que l'Entrée et la Finale étaient chantées par tous les exécutants, et que les *clausulæ* étaient exécutées alternativement par deux demi-chœurs, l'un de moines, l'autre d'enfants. Karl Bartsch qui a, le premier, mis ce fait en lumière s'appuie sur ce texte de la prose *Laudemus cuncti* : « *Nunc vos, o socii, cantate lætantes* Alleluia, — *Et vos, pueruli, respondete semper* Alleluia. » L'Entrée et la Finale de cette même prose auraient été, au contraire, chantées par les deux demi-chœurs réunis.

* Nous n'avons pas encore trouvé de documents qui nous permettent d'établir à quelle époque précise l'orgue[3] a exécuté la mélodie d'un *versiculus*, tandis que le chœur chantait le *versiculus* correspondant. Nous avons un texte d'Ekkehard V qui, dans sa *Vita B. Notkeri*[4], constate ce fait capital : « *Jubilus quem quidam* IN ORGANIS *jubilant.* » Le meilleur argument en faveur de cette thèse, c'est l'usage actuel qui remonte à une époque fort ancienne, mais encore indécise. Il est

---

1. Bibl. Nat. lat. 1338, f° 32 v°.
2. Bibl. Nat. lat. 11579, f° 79 v°.
3. Il ne sera peut-être pas superflu de citer un certain nombre de textes sur l'emploi de l'orgue dans l'exécution des séquences : « Omnis nunc caterva tinnulum jungat laudibus ORGANI pneuma » (Prose *Epiphaniam* : Bibl. Nat. lat. 1132, f° 117 r°). « Syllabatim CUM ORGANA pleps nonnulla perstrepat melodia » (Prose *O Alma Trinitas*, ibid., f° 121). « Eia Musa, dic, quæso, præclara chorea — Blandificaque libens perstrepe ORGANA. » (Bibl. Nat. lat. 13252, f° 45 v°) etc. Cf. le texte des Statuts de la Sainte-Chapelle de Bourges en 1407 cités par G. Bertrand en son *Histoire ecclesiatique de l'orgue* (p. 45). « In omni missa discantabuntur *Kyrie, Gloria,* PROSA, NISI ORGANIZENTUR. Voy. aussi le témoignage d'Egidius de Zamora (XIII° siècle) en son *Ars musica* : « Hoc instrumento utitur Ecclesia in diveris cantibus, IN PROSIS, IN SEQUENTIIS, in hymnis » (G. Bertrand, *l. c.*, p. 44).
4. *Acta sanctorum Aprilis*, t I, p. 587.

à tout le moins certain que les organistes, dans les contrats qu'ils passaient avec les paroisses, s'engageaient formellement à jouer au *Kyrie*, au Gloria, à la séquence, au *Sanctus* et à l'Agnus Dei[1].

* Indépendamment de l'orgue, on peut croire à l'emploi de certains autres instruments de musique qui soutenaient le chant de la séquence : « Da, chamena nunc, sonora *cum lyra*, modulamina[2] ». « Artificis *plectro* per ita syllabatim stringere neumata[3] ». « *Fidibus cunctis* rimica armonia tinnula concina cautica[4] ». Mais ce dernier texte présente, comme beaucoup d'autres, un sens assez douteux, et la question mérite d'être plus complètement élucidée.

20º. Proses favorites. Certaines proses ont eu plus de succès que d'autres, et l'on a composé sur leur musique un certain nombre d'autres proses. C'est ce que Bartsch appelle les « séquences favorites[5] » et que nous avons naguère appelé les « séquences ou les proses types ». Telle est la magnifique séquence *Fulgens præclara* que l'on chantait le jour de Pâques et qu'on appelle « *prosarum pulcherrima*[6] » ; telle est la prose de la Pentecôte : *Sancti Spiritus assit nobis gratia*, que nous citons plus loin ; telle est encore l'*Ave præclara maris stella*, etc., etc.

* Il y eut, en revanche, un certain nombre de proses qui n'eurent aucune vogue et qu'on ne chantait presque

---

1. « Magister Henricus de Saxonia receptus est in organizatorem ecclesiæ... et tenebitur ludere in XXIII festis sibi declaratis, in primis vesperis, in missa (*Kyrie, Gloria*, sequentiam, *Sanctus, Agnus*. » (Registres capitulaires de Notre-Dame, Arch. Nat. LL, 112, f° 52 v°, année 1415, cités par G. Bertrand en son *Histoire ecclésiastique de l'orgue*, p. 44).
2. Bibl. Nat. lat. 1120, f° 152 r°.
3. Ibid. 1338, f° 66 r°.
4. Ibid. 1338, f° 9 r°.
5. *Loc. cit.*, p. 110. Il leur a consacré une étude spéciale, qui est des plus remarquables.
6. Bibl. Nat. lat. 1135, f° 3 r°.

jamais : « Aliæ sequentiæ quæ non sunt valde in usu : *Lætatus sum, Cælica caterva*, etc. [1].

21º. **Physionomie littéraire des proses. Caractères principaux. Qualités et défauts.** A se placer uniquement au point de vue littéraire, les plus anciennes proses offrent plusieurs caractères qu'il convient de mettre en relief. Elles sont narratives, théologiques, joyeuses. Elles sont narratives, quand elles sont consacrées aux Saints [2]; théologiques, quand elles ont pour objet les grandes fêtes de l'année chrétienne, et toujours joyeuses, parce qu'elles ne sont en réalité qu'une paraphrase ou, pour mieux dire, un prolongement de l'alleluia. Le nom qui leur conviendrait le mieux, ce serait *laudes*, et il en est un grand nombre qui commencent à peu près comme les suivantes : « Gaudete, Justi, in Domino, — Hac clara die collaudantes Christum consonis — Vocibus et organis [3]. » = « Laudes Christo, die nunc isto, celebrent omnes, etc. [4] » = « Eia et eia nos simul jubilemus [5] ». C'est par centaines qu'on peut compter ces sortes de débuts ou d'entrées.

* Une règle fréquemment observée consiste à terminer par une prière les proses de la première époque. « Une histoire terminée par une prière », telle serait peut être la définition que l'on pourrait donner d'un certain nombre de proses consacrées aux Saints.

* Il faut ajouter que les proses sont impersonnelles. On y dit partout *nos*, et fort rarement *ego*.

* Les défauts des Notkériennes sont peut-être plus choquants que leurs qualités ne sont appréciables. Le

---

1. Bibl. Nat. lat. 1121, f° 70 r°.
2. On peut prendre ici pour type les proses publiées par Mone en ses *Hymni latini* : N° 712 (Saint Barthélemy); n° 845 (Saint Benoit); n° 962 (Saint Grégoire), etc., etc.
3. Mone, n° 938.
4. Ibid., n° 1212.
5. Ibid., n° 4.

système des *clausulæ* à répétition est une sorte de lit de Procuste. Pour que ces *clausulæ* eussent deux par deux le même nombre de syllabes et pour qu'elles fussent régulièrement assonancées en *a*, il a fallu multiplier les épithètes et, par conséquent, les chevilles. On a également regardé comme un devoir de les charger de mots rares et obscurs, pour leur faire exprimer plus exactement « les chants sans paroles du Paradis ». Œuvre de rhéteurs de couvent, elles nous énervent par une redondance et un pédantisme auxquels on ne saurait rien comparer, et nous serions tenté de nous montrer trop sévères pour des œuvres où (comme le disait souvent D. Guéranger), il y a une véritable verve avec une profonde doctrine, et qui sont animées d'un beau souffle de foi. En toute impartialité, il est seulement permis de dire qu'elles ont été multipliées à l'excès[1], et qu'elles ont, comme les autres tropes, compromis trop souvent l'austère beauté de l'antique liturgie.

22º. Proses en langue vulgaire. On a pu citer quelques proses en langue vulgaire, et l'exemple le plus souvent invoqué est la célèbre « cantilène de sainte Eulalie » où les érudits ont pu constater les mêmes lois que dans la séquence latine correspondante. Dans le manuscrit de Saint-Gall 546 (xvᵉ siècle), on lit deux proses allemandes : l'une (p. 1) sur l'air *Congaudent angelorum* : « Sich mit frowend der inglen » ; l'autre (p. 29), sur l'air *Ave præclara* : « Das wort *ave*, etc. ». Mais ni la cantilène de sainte Eulalie, ni les proses allemandes, très postérieures, que nous venons de citer, n'ont été chantées LITURGIQUEMENT et l'on peut les assimiler, comme emploi, aux Cantiques actuels de nos catéchismes ou de nos missions.

23º. Les dernières Notkériennes. On a composé

---

1. Dans le seul manuscrit de la Bibl. Nat. lat. 1118, il n'y en a pas moins de vingt-trois pour Pâques et le temps pascal (fº 170 vº et ss.). Etc., etc.

des Notkériennes très tard[1] et il est permis d'affirmer qu'on en a fait de nouvelles jusqu'au xve siècle. Mais on a conservé les anciennes plus longtemps encore, et l'Église, encore aujourd'hui, chante l'admirable *Victimæ Paschali laudes*.

III. — PROSES DE LA SECONDE ÉPOQUE OU ADAMIENNES[2]

1°. Origine des proses de la seconde époque. Circonstances particulières qui leur ont donné naissance. La *rime double*, celle qui atteint les deux

---

1. V. dans le recueil de Gall Morel (n° 462, d'après le ms. 546 de S. Gall), une notkérienne du xve siècle sur sainte Catherine de Sienne : « Salve, beata Katherina de Senis », etc. Il faut ajouter que cette pièce est d'une facture absolument détestable, et qu'il en est ainsi de la plupart de ces imitations sans couleur et sans style.
2. Il nous paraît utile, pour l'intelligence de ce qui va suivre, d'écrire ici, jusqu'à 1060-1080, une Histoire très abrégée de la Versification latine dans ses rapports avec la Poésie liturgique. Nous nous bornerons à ces quelques propositions dont nous pouvons fournir la preuve d'après les plus authentiques et les plus nombreux documents : « 1° Il existe un certain nombre de vers métriques qui ont été adoptés par l'Église et qui sont, petit à petit, devenus des vers rythmiques. — 2° C'est d'abord, c'est surtout dans les Hymnes que cette évolution s'est accomplie. Elle a duré plusieurs siècles. — 3° Pour savoir comment elle s'est accomplie, il suffit de prendre pour exemple un de ces vers métriques dont nous venons de parler et qui sont les types, les étalons des vers rythmiques (iambiques dimètres, *septenarii* trochaïques, etc.) — 4° On a commencé par réduire chacun de ces vers au même nombre de syllabes, afin de pouvoir, couplet par couplet, les chanter exactement sur la même mélodie. En second lieu, on n'a plus observé l'antique loi des élisions. En troisième lieu, on a donné aux voyelles accentuées la valeur des longues. L'assonance enfin s'est peu à peu imposée à tous les vers de cette versification nouvelle. — 5° Si donc, au bout de quelques siècles, nous considérons les anciens vers métriques, nous nous convaincrons qu'un grand changement s'est opéré en chacun d'eux. Ils sont devenus rythmiques. Le *septenarius* trochaïque s'est transformé en une *clausula*

dernières syllabes[1], avait pénétré en France dès 1060-1080[2], et y avait remplacé, en un certain nombre de vers métriques ou rythmiques, l'homophonie par la dernière voyelle, ou *l'assonance.*

* Mieux que toutes les définitions, des exemples feront ici comprendre la différence entre un vers *assonancé* et un vers *rimé.* « In hoc sacrato conduntur membra sepulchro » est un vers assonancé. « Hic jacet Ai*nardus* redolens ut pistica *nardus* » est un vers rimé.

* L'antique hexamètre, que nous venons de prendre pour pour type, ne fut pas, à beaucoup près, le seul vers qui subit l'influence de la rime. C'est ce que nous allons essayer de mettre en lumière.

2º. De l'influence trochaïque. Histoire de la strophe rythmique de six vers. Parmi les combinaisons rythmiques (trochaïque, iambique, etc.) qui furent, vers cette époque, ornées de la rime double, l'une des plus anciennes et, à coup sûr, la plus féconde et la plus heureuse consista dans l'accouplement de deux *septenarii* trochaïques[3] qui rimaient entre eux, suivant la disposition suivante : « Non amittit clari*tatem* — Stella fundens rad*ium*.

rythmique de quinze syllabes, soumise aux lois de l'accent et de l'assonance. L'iambique dimètre est devenu un vers rythmique de huit syllabes à pénultième brève, etc. — 6º L'assonance est remplacée par la rime à la fin du xiᵉ siècle, et c'est le dernier changement qu'on ait à noter dans cette histoire un peu compliquée de la versification liturgique au moyen âge. Tel est l'état où Adam l'a trouvée. »

1. Il serait plus exact de dire la dernière syllabe et l'avant-dernière avec ou sans sa consonne initiale.
2. Nous avons pu établir cette date d'après les « Rouleaux des morts » qui sont souvent rédigés en vers et qui sont datés, non seulement de l'année, mais du mois et du jour.
3. Le type *métrique* du *septenarius* trochaïque est dans ce vers de Sénèque : « Comprecor vulgus silentum vosque ferales Deos » et dans cet autre de Prudence : « Omnis aegritudo cedit, languor omnis pellitur. »

— Nec Maria casti*tatem* — Pariendo fi*lium*. » Vers qui peuvent et doivent être écrits ainsi qu'il suit :

> Non amittit clari*tatem*
> Stella fundens rad*ium*,
> Nec Maria casti*tatem*
> Pariendo fi*lium*.

* Cette belle strophe de quatre vers donna à un ingénieux versificateur de la fin du xie siècle l'idée de redoubler le premier hémistiche de chacun de ces deux vers (*Non amittit claritatem*, d'une part, et, de l'autre : *Nec Maria castitatem*).

* De là cette incomparable strophe de six vers, honneur de la poésie latine du moyen âge, et qui a heureusement sa similaire dans la poésie française :

> Mira floris pulchri*tudo*
> Quem commendat pleni*tudo*
>   Septiformis gra*tiæ*;
> Recreemur in hoc fl*ore*
> Qui nos gustu, nos od*ore*,
>   Nos invitat spe*cie*[1].

3°. **Passage des proses de la première époque à celles de la seconde. Nomenclature des vers employés par Adam.** Un prosiste inconnu observa, en étudiant de près la contexture des anciennes proses, que chacune des deux *clausulæ* accouplées se composait fréquemment de vingt à vingt-cinq syllabes. Si ce chiffre n'était pas une moyenne exacte, il n'était pas, à coup sûr, trop loin de l'être. C'est ce dont les exemples suivants[2] donneront une idée plus nette :

---

1. Dans cette strophe, les vers 1 et 2, 4 et 5 ont la pénultième longue ; les vers 3 et 6, la pénultième brève avec l'accent sur l'antépénultième.
2. Le premier de ces exemples est emprunté à la prose *Christus*

{ 1. Christe Jesu, fili Dei, mediator nostræ naturæ et divinæ (21 syllabes).
2. Terras, Deus, visitasti æternus, æthera novus homo transvolans (21 syllabes).

{ 1. Sprevit rabiem sævam offerens gratum Christo juge sacrificium (21 syllabes).
2. Carnifex obstupuit : athleta ferrum, vincla, flagra lætus excipit (21 syllabes).

* Or, la première moitié de la strophe trochaïque, précédemment citée (*Mira floris pulchritudo — Quem commendat plenitudo — Septiformis gratiæ*), ces trois vers comprenaient 23 syllabes. La seconde moitié (*Recreemur in hoc flore — Qui nos gustu, nos odore, — Nos invitat specie*) en renfermait exactement autant.

* Dès lors, il n'y avait aucun inconvénient à remplacer les anciennes paires de *clausulæ* notkériennes par des paires de *septenarii* dont le premier hémistiche avait été redoublé. De là, la belle strophe si bien frappée par Adam de Saint-Victor (*Mira floris*, etc.), qui est celle dont il s'est le plus volontiers servi dans la plupart de ses proses et dont nous pourrions facilement multiplier les exemples :

> Infinitus et Immensus,
> Quem non capit ullus sensus
> Nec locorum spatia,
> Ex æterno temporalis
> Ex immenso fit localis,
> Ut restauret omnia[1]. Etc., etc.

hunc diem qui est antérieure au xie siècle (Mone, *Hymni latini*, n° 176). Nous prenons le second dans la prose *Martyris Christi*, qui est attribuée à Notker (Gall Morel, *Lateinische hymnen des mittelalters*, n° 280).

1. Dans les vers 1 et 2, 4 et 5 de la strophe de 6 vers, etc., et généralement dans tous les vers à pénultième longue ou accentuée et d'origine trochaïque, les versificateurs corrects se sont imposé la loi d'accentuer les syllabes impaires (1, 3, 5, 7), etc.

* Au besoin, on triplera[1], on quadruplera[2] le premier hémistiche de l'antique *septenarius*, et l'on obtiendra ainsi des strophes d'étendue et de physionomie aussi variées que celles des proses de la première époque.

* La combinaison trochaïque n'est pas, à beaucoup près, la seule qu'aient adoptée et fait valoir les prosistes de la seconde époque : ils en ont employé vingt autres. A côté du *septenarius* trochaïque, d'autres vers, d'origine antique, furent admis dans les proses nouvelles. Il en fut ainsi de l'asclepiade[3] et surtout de l'iambique dimètre[4], qui étaient devenus rythmiques depuis un assez long temps et qu'on avait déjà assujettis à la rime double. Tous ces vers et beaucoup d'autres furent entrelacés ensemble avec une merveilleuse habileté et variété, et le seul Recueil publié plus haut en fournit cent exemples[5].

1. « Jesu, puer immortalis, — Ex æterno temporalis, — Nos ab hujus vitæ malis — Tu potenter erue. — Tu post vitam hanc mortalem — Sive mortem hanc vitalem, — Vitam nobis immortalem — Clementer restitue » (Prose IV), etc.
2. « Jesu victor, Jesu vita,—Jesu vitæ via trita, — Cujus morte mors sopita, — Ad paschalem nos invita — Mensam cum fiducia. — Vive panis, vivax unda, — Vera vitis et fecunda, — Tu nos parce, tu nos munda, — Ut a morte nos secunda — Tua salvet gratia » (Prose XI, etc.).
3. « Invicti martyris mira victoria — Mire nos excitat ad mira gaudia » (Prose XXX).
4. « Supernæ matris gaudia — Representet Ecclesia : — Dum festa colit annua, — Suspiret ad perpetua » (Prose XLV).
5. Voici le tableau, que nous croyons complet, des vers employés par Adam : 1° Vers rythmiques de douze syllabes à pénultième brève (dérivés par corruption de l'asclepiade métrique) : « Deprome jubilum, mater Ecclesia. » (Prose XXX.) = 2° Vers rythmiques de onze syllabes à pénultième brève : « Post auditam fidei constantiam » (Prose XXIII.) = 3° Vers rythmiques de dix syllabes à pénultième brève (dérivés ? du dactylique trimètre) : « Quam subtile Dei consilium! — Quam sublime rei mysterium! » (Prose I) = 4° Vers rythmiques de huit syllabes à pénultième longue (dérivés du premier hémistiche du *septenarius* trochaïque) : « Cor angustum dilatemus » (Prose XLIII). = 5° Vers rythmiques de huit syllabes à pénultième brève (dérivés de l'iambique dimètre) : « Laudemus omnes inclyta — Bartholomæi merita » (Prose XXXVII). = 6° Vers rythmiques de sept syllabes à pénultième

4º. **Musique des « Adamiennes »**. Pour ces proses nouvelles qui étaient rythmées comme on vient de le voir, il fallut, de toute nécessité, composer une musique nouvelle. L'exécution musicale resta à peu près la même qu'au temps des Notkériennes[1].

5º **Du rôle d'Adam de Saint-Victor dans cette évolution des proses.** C'est de cette versification qu'Adam s'est servi dans toutes ses proses. En a-t-il été l'inventeur? Nous ne le pensons pas, et nous nous persuadons au contraire que toutes les lois en avaient été fixées avant lui. Mais il est, à coup sûr, celui qui en a fait le plus habile emploi, qui l'a le plus heureusement vulgarisée et qui enfin l'a illustrée par les œuvres les plus parfaites. C'est pourquoi nous avons cru qu'il était légitime d'attacher aux proses de la seconde époque le nom d'Adamiennes, de même que nous avons légitimement attribué celui de Notkériennes à celles de la première époque[2].

6º. **Une Adamienne comparée à une Notkérienne. Rapprochement et contraste des deux types.** Pour donner une idée précise des caractères qui sont particuliers aux proses de la seconde époque et permettent de ne

brève, dérivés du second hémistiche du *septenarius* trochaïque) : « Tam praeclara passio — Repleat nos gaudio » (Prose XLI). = 7º Vers rythmiques de sept syllabes à pénultième longue : « Suscipe deprecantes » (Prose XL). = 8º Vers rythmiques de six syllabes à pénultième longue. « Saeclis profuturi... Lumen redditturi » (Prose XL). = 9º Vers rythmiques de six syllabes à pénultième brève : « Suggestor sceleris — Pulsus a superis », etc. (Prose XXXIX). = 10º Vers rythmiques de quatre syllabes (dérivés du *septenarius* trochaïque, première moitié du premier hémistiche) : « Turba credit, — Error cedit, — Fides crescit, etc. (Prose XLI). = Nous n'avons, à dessein, choisi nos exemples que dans les proses qui appartiennent CERTAINEMENT à Adam.

1. Les proses de la seconde époque n'ont conservé que fort irrégulièrement l'*Entrée* et la *Finale* antiques.
2. Adam s'est certainement inspiré des notkériennes et les a parfois imitées d'assez près (V. dans les *Hymni latini* de Mone, les nᵒˢ 667, 668, que l'on devra comparer avec nos proses XLIII et XLIV).

jamais les confondre avec celles de la première, nous allons placer en regard deux des plus célèbres compositions du moyen âge qui sont consacrées au même sujet, et que l'on pourra scientifiquement considérer comme les types très exacts des deux « manières ».

Type d'une Prose de la 1ʳᵉ époque :

ENTRÉE. Sancti Spiritus assit nobis gratia,

I.
- Quæ corda nostra sibi faciat habitaculum, 15.
- Expulsis inde cunctis vitiis spiritalibus. 15.

II.
- Spiritus alme, illustrator hominum, 12.
- Horridas nostræ mentis purga tenebras. 12.

III.
- Amator sancte sensatorum semper cogitatuum, 16.
- Infunde unctionem tuam, clemens, nostris sensibus. 16.

IV.
- Tu purificator omnium flagitiorum, Spiritus, 17.
- Purifica nostri oculum interioris hominis : 17.

V.
- Ut videri supremus Genitor possit a nobis, 15.
- Mundicordes quem soli cernere possunt oculi. 15.

VI.
- Prophetas tu inspirasti, ut præconia Christi præcinuissent inclyta ; 23.
- Apostolos confortasti uti trophæum Christi per totum mundum veherent. 23.

Type d'une Prose de la 2ᵉ époque :

I

Veni, Sancte Spiritus,
Et emitte cœlitus
Lucis tuæ radium :
Veni, pater pauperum,
Veni, dator munerum,
Veni, lumen cordium.

II

Consolator optime,
Dulcis hospes animæ,
Dulce refrigerium ;
In labore requies,
In æstu temperies,
In fletu solatium.

III

O lux beatissima,
Reple cordis intima
Tuorum fidelium :
Sine tuo numine
Nihil est in homine,
Nihil est innoxium.

VII. { Quando machinam per Verbum suum fecit Deus cæli, terræ, marium, 21.
Tu super aquas, foturus eas, numen tuum expandisti, Spiritus. 21.

VIII. { Tu animabus vivificandis aquas fecundas ; 15.
Tu aspirando das spiritales esse homines. 15.

IX. { Tu divisum per linguas mundum et ritus adunasti, Domine ; 19.
Idolatras ad cultum Dei revocas, magistrorum optime. 19.

X. { Ergo nos, supplicantes tibi exaudi propitius, Sancte Spiritus, 21.
Sine quo preces omnes cassæ creduntur et indignæ Dei auribus, 21.

XI. { Tu qui omnium sæculorum sanctos tui numinis docuisti instinctu amplectendo, Spiritus, 30.
Ipse hodie apostolos Christi donans munere insolito et cunctis inaudito sæculis, 30.

Finale. Hunc diem gloriosum fecisti.

(Mone, *l. c.* I, 254, etc. Revu par nous sur le manuscrit de Saint-Gall, n° 376, p. 373, etc.).

IV

Lava quod est sordidum,
Riga quod est aridum,
Sana quod est saucium ;
Flecte quod est rigidum,
Fove quod est frigidum,
Rege quod est devium.

V

Da tuis fidelibus,
In te confitentibus,
Sacrum Septenarium :
Da virtutis meritum
Da salutis exitum,
Da perhenne gaudium.

(Cette pièce bien connue est une des quatre proses qui ont été admises dans la liturgie romaine avec le *Victimæ Paschali laudes*, le *Lauda Sion* et le *Dies iræ*. Nous l'avons choisie à dessein, parce qu'elle a remplacé le *Sancti Spiritus assit nobis gratia* dans nos Missels du XVIIe siècle, etc. — Le *Veni, Sancte Spiritus* est une œuvre de la fin du XIIe siècle).

7°. Les Proses après Adam. Après Adam de Saint-Victor, il n'y a plus rien d'original à signaler dans l'histoire des proses. Les procédés restent les mêmes ; mais la rhétorique et la formule font tous les jours de nouveaux progrès, et la poésie s'enfuit devant elles. Le style se disloque et la versification perd sa vigueur. L'Église elle-même s'alarme des envahissements de cette dangereuse et fausse liturgie, et cherche à restreindre l'usage de ces séquences qu'elle avait seulement tolérées[1]. Dès la fin du xiiie siècle, la décadence se précipite, et nous n'avons pas à en écrire l'histoire.

8°. Utilité de l'étude des proses. Conclusion. Quelque regrettable que soit cette décadence et quelque longue qu'elle ait été, il est cependant certain que l'étude des proses, de la seconde aussi bien que de la première époque, est une de celles qui sont le plus fécondes pour éclairer l'histoire des idées religieuses au moyen âge, pour établir l'antiquité et la tradition d'un dogme, d'une croyance pieuse, voire même d'une superstition ou d'une erreur. Les théologiens et les hagiographes, en particulier, ne pourront jamais se dispenser de remonter à cette source, de même que les symbolistes, de même aussi que les artistes et les archéologues. Le P. Cahier en a fait un excellent emploi à toutes les pages de ses *Caractéristiques des Saints*, et il y a encore à glaner largement après lui. On peut dire, enfin, sans aucune exagération, que les proses ne renferment peut-être pas un seul élément qui ne puisse être scientifiquement utilisé. Telle est notre conclusion.

---

1. Le Synode de Cologne, en 1536, prend de sévères mesures contre les proses *indoctæ*, etc. (Bartsch, *l. c.*, p. 245).

TABLE DES PROSES[1]

Adest dies specialis.................... 235
Ad honorem patris Maglorii.................... 235
Ad honorem Trinitatis.................... 235
Ad honorem tuum, Christe.................... 235
* Animemur ad agonem.................... 237
Ante thorum virginalem.................... 240
Aquas plenas amaritudine.................... 240
Augustini magni patris.................... 240
Augustini præconia.................... 241
Augustino præsuli.................... 241
Aurora diem nuntiat (hymne).................... 241
Ave, Maria, gratia plena.................... 242
* Ave, Mater Jesu Christi.................... 242
Ave, mundi spes, Maria.................... 245
* Ave, Virgo singularis, — Mater nostri salutaris.... 161
* Ave, Virgo singularis, — Porta vitæ, stella maris.. 166
Celebremus victoriam.................... 245
Christo laudes persolvat.................... 245
Clara chorus dulce pangat.................... 246
Clare Sanctorum senatus.................... 246
Cœli cives, applaudite.................... 246
Cœli solem imitantes.................... 246
Congaudeant hodie.................... 246

1. On a imprimé en italiques les premiers vers des proses dont l'attribution à Adam est contestable ou fausse. = L'astérisque indique les proses dont le texte a été intégralement publié.

Congaudentes exsultemus — Vocali concordia	247
Congaudentes exsultemus. — Exsultantes celebremus	247
* Cor angustum dilatemus	216
* Corde, voce pulsa cœlos	138
* Cordis sonet ex interno	197
Deo laudes extollamus	247
De profundis tenebrarum	248
Ecce dies attollenda	248
* Ecce dies celebris	26
* Ecce dies præoptata	107
* Ecce dies triumphalis	143
* Ex radice caritatis	121
* Exsultemus et lætemur	82
* Gaude prole, Græcia	205
* Gaude, Roma, caput mundi	127
* Gaude, Sion, et lætare	97
* Gaude, Sion, quæ diem recolis	210
Gaude, superna civitas	248
* Genovefæ solemnitas	102
Gratiani grata solemnitas	248
* Gratulemur ad festivum	92
* Gratulemur in hac die	171
Hac die festa concinat	249
* Hæres peccati, natura filius iræ (épitaphe)	230
* Heri mundus exsultavit	87
Hodiernæ lux diei	249
In eadem specie visum	249
* In excelsis canitur	17
* In natale Salvatoris	4
Interni festi gaudia	249
Jerusalem et Sion filiæ	250
Jesse virgam humidavit	250
Jesu, tuorum militum (hymne)	250
Jocundare, plebs fidelis	250

* Jubilemus Salvatori — Quem cœlestes laudant chori	14
* Jubilemus Salvatori — Qui spem dedit peccatori...	113
* Lætabundi jubilemus............................	148
Lætabundus................................	251
Laudemus Apollinarem.....................	251
* Laudemus omnes inclyta........................	180
* *Laudes crucis attollamus*......................	253
* Laus erumpat ex affectu........................	193
* *Lux advenit veneranda*.........................	256
* *Lux est ista triumphalis*.......................	260
Lux est orta gentibus.......................	264
* Lux illuxit dominica...........................	30
* Lux jocunda, lux insignis.......................	56
Magne pater Augustine (hymne).............	264
Mane prima sabbati.........................	264
Martyris egregii............................	265
Martyris Victoris laudes.....................	265
Missus Gabriel de cœlis.....................	265
* Mundi renovatio................................	43
* *Nato nobis Salvatore*...........................	266
* O Maria, stella maris..........................	176
Orbis totus................................	267
Pangat chorus in hac die....................	268
Paranymphus salutat Virginem.............	268
Per unius casum grani.......................	268
Pia mater plangat Ecclesia...................	268
Plausu chorus lætabundo....................	269
Potestate, non natura.......................	269
* Postquam hostem et inferna...................	51
* Præcursorum summi regis.....................	269
* Profitentes Unitatem...........................	70
Promat pia vox cantoris.....................	270
* Prunis datum admiremur.......................	154
Quam dilecta tabernacula...................	270

* Qui procedis ab utroque............................	61
Regis et pontificis................................	271
* Rex Salomon fecit templum.......................	75
* Roma Petro glorietur.............................	132
Rosa novum dans odorem........................	271
Salve. Crux. arbor vitæ præclara................	272
* Salve, dies dierum gloria.........................	34
* Salve, mater Salvatoris...........................	186
* Sexta passus feria................................	38
* Simplex in essentia...............................	66
Spiritus Paraclitus................................	272
* Splendor Patris et figura.........................	9
* Stola regni laureatus.............................	220
* Supernæ matris gaudia............................	226
* Templum cordis adornemus.......................	116
Trinitatem reserat................................	272
Trinitatem simplicem.............................	272
Triumphalis lux illuxit...........................	273
Tuba Sion jocundetur............................	273
Venerando præsuli Remigio.......................	273
Veni, Sancte Spiritus.............................	273
Veni, summe consolator..........................	274
Veni, Virgo virginum.............................	274
Verbi vere substantivi............................	274
Virginis Mariæ laudes............................	274
* Virgo, mater Salvatoris...........................	21
Vox sonora nostri chori...........................	275
* Zyma vetus expurgetur............................	46

TABLE

PAR ORDRE ALPHABÉTIQUE DES MATIÈRES

A

Accent. Du rôle de l'accent tonique dans la versification rhytmique, 275 et 309. — Théorie de Gaston Paris sur l'accent « secondaire », 275, 276. — De l'accent tonique dans les Notkériennes, 298.

Adam de Saint Victor, † 1192. 1. Sa vie. Notice sur Adam d'après les manuscrits de la Bibliothèque Nationale, lat. 14970 et 15058, p. VIII. (Nous avons publié dans notre première édition, Paris, 1858, t. I, p. LXIV et ss. une Biographie détaillée d'Adam, que nous avons réimprimée dans notre *Littérature catholique et nationale*, 1893, in-8, pp. 197-220.) — II. Ses œuvres. Authenticité de ses proses. — Des quatre « autorités » qui lui ont attribué telle ou telle de ces pièces. Valeur de ces autorités, VII, VIII. — Caractères auxquels on peut reconnaitre qu'une prose appartient véritablement à Adam ; pièces douteuses, pièces fausses, XIII. — Lois de la rythmique d'Adam, XII. — Table complète des vers dont il a fait usage, 313, 314. — Règles qui ont présidé à l'établissement de notre texte : documents victorins et non victorins ; classification par familles, XIV et ss. — Comme quoi Adam a imité les Notkériennes, 304. — Son épitaphe, 229-231. — Son rôle exact dans l'évolution des proses au XII° siècle. Jugement général sur son œuvre, 314.

Adamiennes. C'est le nom que nous avons donné aux proses

de la seconde époque. Pourquoi ? 309. — Circonstances qui leur ont donné naissance. — Influence trochaïque. — Histoire de la strophe de six vers qui joue un rôle si important dans la constitution des Adamiennes. Exemples cités, 310-313. — Influence d'autres mètres transformés en rythmes (asclépiade, iambique dimètre, etc.). Entrelacements de rythmes, 313. — Musique des Adamiennes, 314. — Une Adamienne comparée à une Notkérienne : le *Veni Sancte Spiritus* comparé avec le *Sancti Spiritus assit nobis gratia*, 315, 316. Voy. *Proses*.

ALAIN de Lille, † 1203, 45.

ALLELUIA. Du verset alleluiatique ou « verset de l'Alleluia », 280. — Du dernier Alleluia du Graduel et du rôle considérable qu'il a joué dans la genèse des premières proses, 280, 281. — Histoire des vocalises (*neumæ*, *jubili*) qui accompagnaient le dernier Alleluia du Graduel et qui ont un jour donné naissance aux proses, 281 et ss. — Comment le mot *Alleluia* est resté adhérent au début d'un certain nombre de proses. Exemples, 291.

AMALAIRE (Vers 840). Citation de son *De Officiis ecclesiasticis*, 281.

ANNALES DE SAINT-VICTOR par Jean de Thoulouse (XVIIe siècle). Autorité de cet ouvrage, VIII, XI.

ANTIPHONAIRE de Saint Grégoire. Copie apportée par le chantre Romanus à l'abbaye de Saint-Gall, 284.

ANTIQUITÉS DE SAINT-VICTOR. Nouvelle édition, au XVIIIe siècle, des *Annales de Saint Victor*, VIII.

ASCLEPIADE. Vers métrique qui, dans la versification liturgique, est passé peu à peu à l'état rythmique, 313.

ASSONANCE. Différence entre l'assonance et la rime ; exemples, 309, 310. — Comme quoi l'assonance porte sur la dernière voyelle, et comment des mots tels que *potentiam*, *dixerat* et *salvandas* assonnent, dans les Notkériennes, avec les mots terminés en *a*, 300, 301.

B

BARTHÉLEMY (Charles), traducteur du *Rational* de Guillaume Durand et d'une partie des proses d'Adam, 8, etc., etc.

BARTSCH (Karl). Son livre : *Die lateinischen Sequenzen des mittelalters in musicalischer und*

rhytmischer Beziehung, 279, 283, etc., etc.
BONAVENTURE (saint) ✝ 1274. Son *Expositio Missæ*, 282.

C

CANTICA, un des noms donnés aux proses, 293.
CANTILENÆ, synonyme de *neumæ* et de *jubili*. Nom donné aux proses elles-mêmes, 293. V. *Jubili* et *Neumæ*.
CANTILÈNE DE SAINTE EULALIE, 308.
CANTIMPRÉ (Thomas de) ✝ 1263. Auteur du *Bonum universale de apibus* et du *De naturis rerum*. Il attribue à Adam le *Potestate non natura*, 240.
CARMINA, un des noms donnés aux proses, 293.
CHARLEMAGNE considéré comme le réformateur du chant liturgique, 284, 285.
CLAUDE DE GRANDRUE (*de grandi vico*), bibliothécaire de Saint Victor à la fin du XV siècle. Donne un titre inexact au recueil du ms. 14872 (ancien Saint-Victor 577), VII, VIII, X.
CLAUSULÆ. Théorie des *clausulæ* ou *versiculi* dans l'économie des Notkériennes. — Le texte de chacune de ces proses se compose d'une série de *versiculi* ou de *clausulæ* accouplés,

qui ont *deux par deux* le même nombre de syllabes et se chantent *deux par deux* sur le même air, 297, 298. — Exemple typique de ces *clausulæ* ainsi appariées, 298, 299. — Proses où les *clausulæ* ne sont pas redoublées : exemple tiré du *Læta mente*, etc., 299, 300.
CLÉMENT (Félix). Ses *Carmina e poetis christianis excerpta* (Paris, Gaume, 1854, in-18). — Publication, dans ce Recueil, d'un certain nombre de proses d'Adam dont F. Clément a donné plus tard la traduction, 8 et *passim*.
CLICHTOVE (Josse), ✝ 1543. Son *Elucidatorium ecclesiasticum*. La première édition est celle d'Henri Estienne en 1515. Une autre parut à Bâle en 1517, et deux autres plus complètes en 1520 et en 1556. C'est de cette dernière que nous avons fait usage. Clichtove a publié, dans la quatrième partie de son *Elucidatorium*, un certain nombre de proses d'Adam dont il a souvent altéré le texte, 8, 25, 29, 41, 45, 54, 60, 65, 69, 91, 101, 106, 125, 131, 137, 153, 179, 184, 191, 201, 209, 224.
COLUBER ADÆ MALESUASOR. Deuxième prose qu'ait composée Notker, 289.

CURSUS. Définition du Cursus qui est « l'emploi, à la fin d'une phrase ou d'un membre de phrase, de certaines combinaisons de syllabes où l'accent tonique a une place déterminée », 301.

D

DANIEL (Herman Adalbert). Son *Thesaurus hymnologicus*, (Hall, 1841 et suiv.), 11, 41, 68.
DENIS (Saint), patron de Paris. Etude sur la prose *Gaude prole*, *Græcia* et sur les corrections dont elle a été l'objet, 203, 204.
DISTINCTIONES NEUMATUM, synonyme de *neumæ*. Voy. *Neumæ*
DRAME. Proses de forme dramatique, 301, 302.
DURAND (Guillaume), évêque de Mende au XIII° siècle, † 1296. Son *Rationale divinorum officiorum*, traduit par Charles Barthélemy, 8, etc.

E

ELUCIDATORIUM ECCLESIASTICUM, de Josse Clichtove, XI. V. Clichtove.
ENTRÉE ou Prologue des Notkériennes, 297. — L'entrée était chantée par tous les exécutants, 305. — Correspond-elle à l'ancien Alleluia? 300. — Il n'y a pas d'*entrée* dans les proses de la seconde époque, 314.
EPITAPHE d'Adam, 229-231.
ETIENNE de Baugé, évêque d'Autun de 1112 à 1140. Citation de son *Tractatus de Sacramento altaris*, 281.
EXÉCUTION des proses, 296, etc.

F

FINALE des Notkériennes, 297. — Elle était chantée par tous les exécutants, 305. — Correspond-elle à l'ancien *Amen*? 300. — Il n'y a point de *finale* dans les proses de la seconde époque, 314.
FULGENS PRÆCLARA, notkérienne célèbre qui se chantait le jour de Pâques et qui est qualifiée de *prosarum pulcherrima*, 306.
FRIGDOLÆ, 296.

G

GALL MOREL. V. Morel
GERBERT (Martin), abbé de Saint-Blaise dans la Forêt-Noire † 1793, auteur du traité *De cantu et musica sacra a prima Ecclesiæ ætate usque ad præsens tempus* (1774), 297.
GOURDAN (Le P. Simon), victorin, † 1725. Ses *Vies et Maximes saintes des hommes illustres*

qui ont fleuri dans l'abbaye de Saint-Victor. Valeur critique de cet ouvrage, VIII, XI.

GRADUEL. Composition du Graduel depuis Saint Grégoire, 279, 280. — Des vocalises (*jubili*, *neumæ*) qui accompagnaient le dernier alleluia du Graduel et qu'on chantait à l'origine sur la seule voyelle *a* du mot Alleluia. — C'est sur ces vocalises qu'on a imaginé un jour de placer des paroles, et ce sont ces paroles qui ont été les premières proses, 281-289. — Etude spéciale sur les graduels de Saint-Victor, et sur ceux de l'église de Paris. Importance de ces deux « familles » pour établir le texte d'Adam, XI, XII, XVI, XVII, XVIII.

GRÉGOIRE II, pape † 731. Envoie en France des « chantres » pour réformer le chant ecclésiastique, 283.

GUÉRANGER (Dom), abbé de Solesmes, † 1875. Ses *Institutions liturgiques* (1840, 1841, 1851), 204. — Il a publié dans son *Année liturgique* le texte et la traduction d'un certain nombre de proses d'Adam que nous avons mentionnées en leur place, 8, etc., etc.

GUIBERT DE TOURNAI, franciscain, † 1270. Citation de son *De officio Episcopi et Ecclesiæ cærimoniis*, 282.

GUILLAUME DE SAINT-LO, abbé de Saint-Victor en 1345, † 1349. Liste des proses d'Adam dont on lui a fait honneur et qui n'est point son œuvre. Etude critique sur cette liste, VII, VIII, IX.

H

HONORÉ D'AUTUN, † après 1130. Citation de son *Sacramentarium*, 280, 281.

HUGUES DE SAINT-VICTOR † 1141 ; citation du *Speculum de Mysteriis Ecclesiæ* qui lui a été attribué, 282. — Mentionne une prose d'Adam en son sermon IV *De nativitate virginis Mariæ*, 160.

HYMNI, nom donné aux proses, 293.

I

IAMBIQUE DIMÈTRE. Ancien vers métrique, qui est passé peu à peu, dans la poésie liturgique, à l'état de vers rythmique. — Son influence sur la versification des proses, 310, 313.

INSTITUTIONS LITURGIQUES de D. Guéranger, 1840, 1841, 1851, 204.

J

JUBILI. C'est un des noms de ces vocalises ou de ces neumes qui accompagnaient le dernier Alleluia du Graduel et qui sont la première origine des proses, 281. — Histoire des *jubili*, 281-283. — Leur symbolisme, 281, 282. — *Jubilare* est un verbe qui signifie exécuter les *jubili*, les neumes, les vocalises de l'Alleluia, 282.

JUMIÈGES, célèbre abbaye normande où pour la première fois *aliqui versus ad sequentias erant modulati*. — Comment l'Antiphonaire de Jumièges, où cette innovation était visible, parvint un jour à l'abbaye de Saint-Gall, 287, 289.

L

LÆTA MENTE, prose sans répétition de *clausulæ*, 299, 300.

LAUDES, un des noms donnés aux proses, 293.

LAUDES DEO CONCINAT ORBIS UNIVERSUS, première prose composée par Notker, 289.

LIBER SEQUENTIARUM de Notker, 289.

M

MANUSCRITS qui ont servi de base à la présente édition. 1° Bibliothèque Nationale : étude spéciale sur les manuscrits du fonds latin, 14872 (anc. S. Victor. 577), 15038 (anc. S. Victor, 842), 14970 (anc. S. Victor, 554). et, en particulier, sur les mss. 14452 et 14819 (Graduels de S. Victor), 14448 (Missel de S. Victor) et 15615 (Graduel de Paris au XIII° siècle). Valeur critique de chacun de ces documents, VII-XVI. — Le ms lat. 1139 (fonds de S. Martial de Limoges forme un groupe à part et renferme peut-être les plus anciennes transcriptions des œuvres poétiques d'Adam. Son importance et son utilité, XVII-XX. = 2° Bibliothèque de l'Arsenal. Des deux manuscrits 110 et 197, et de leur valeur réelle, XV, XVI, etc., etc.

MARIALS où l'on cite la prose d'Adam : *Salve, mater salvatoris — Grand Marial* de Paris, en 1539, etc., 185.

MELODIÆ ou SEQUENTIÆ qui accompagnaient le dernier Alleluia du Graduel et qui sont l'origine première des proses, 281, 282. Voy. *Sequentiæ*.

METENSES. C'est le nom donné aux séquences composées à Metz par le « chantre Pierre » que le pape Adrien avait envoyé en France pour y réformer le chant sacré, 285-287, 296.

MÈTRE. Les rhytmes latins ne sont, dans la versification liturgique, que des mètres latins corrompus ou transformés, 309, 310.

METZ, considéré comme un des foyers de la science liturgique et musicale, 285. — Pierre, un des *cantuum gnari*, que le pape Adrien avait envoyé à Charlemagne, fonde l'école musicale de Metz, 285. — Les Sequences composées par Pierre s'appellent *Metenses*, 285-287.

MISSET (l'abbé). Ses articles dans les *Lettres chrétiennes* sur les proses d'Adam, VIII, IX, XI, XII, XXI, XXII. — Nous lui devons les corrections suivantes que nous avons signalées en leur place dans notre seconde édition : Prose I, vers 60 ; III, 23 ; V, 11 et 52 ; VI, 18, 38, 41, 52 ; VII, 14 et 32 ; IX, 39 ; X, 7 et 10 ; XI, 38 ; XIII, 26, 34, 41 ; XVII, 22, 58, 60 ; XX, 12 ; XXI, 59, 89 ; XXIII, 10, 19, 82 ; XXV, 36, 54 ; XXVI, 63, 68 ; XXIX, 32 ; XXX, 43, 54, 57 ; XXXI, 19, 41, 81 ; XXXII, 41, 72 ; XXXIII, 67 et 70 ; XXXIV, 20 et 29 ; XXXV, 40 ; XXXVIII, 27 et 68 ; XXXIX, 22 ; XLIII, 40 et 75.

MONE (F.-J.). Ses *Hymni latini medii ævi* (1853-1855), 11, 39, 101, 126, etc.

MOREL (Gall). Ses *Lateinische Hymnen des Mittelalters*, (1866), 12, 33, 41, 50, 71, 142, 160, 175, 202.

N

NEUMÆ, NEUMATA, PNEUMATA, NEUMATUM DISTINCTIONES ; vocalises (qu'on appelle aussi *jubili, sequentiæ* ou *melodiæ*) qui accompagnaient le dernier Alleluia du Graduel et qui sont la première origine des proses, 281. — Histoire des neumes de l'alleluia, 281-283, 297. — *Neumatizare*, c'est exécuter les *melodiæ*, les *jubili*, les neumes de l'alleluia, 282.

NOTKER BALBULUS « *qui sequentias composuit* ». Moine de l'abbaye de Saint-Gall † 912. Notice biographique et littéraire, 287-289. — Notker était à la fois un musicien et un poète. — Les cinquante proses qu'il a composées peuvent, au point de vue musical, se répartir entre quatre groupes,

295, 296. — Préface du *Liber sequentiarum*, 283, etc.

Notkériennes. C'est le nom que nous avons donné aux proses de la première époque. Pourquoi? 309. — Leurs caractères distinctifs, leurs éléments, leurs qualités, leurs défauts, 308, 309, etc. — Notkérienne-type, 298, 299. — Une Notkérienne (*Sancti Spiritus assit nobis gratia*) comparée à une Adamienne (*Veni, Sancte Spiritus*), 315, 316. Voy. Proses.

Notices bibliographiques consacrées dans le présent volume, à chacune des proses d'Adam. Leur agencement, leur division, xxi.

O

Odæ. Un des noms qu'on a donnés aux proses, 293.

Orgue. Du rôle de l'orgue dans l'exécution des proses, 305, 306.

P

Paris (Gaston). Sa théorie sur le rôle de l'accent dans la versification rhytmique et sur l'accent « secondaire », 275, 276.

Paululus (Robert), † vers 1170.

Citation de son *De Officiis ecclesiasticis*, 282.

Pierre. Un des *cantuum gnari* qui furent envoyés par le pape Adrien à Charlemagne pour réformer en France le chant ecclésiastique. Il fonde l'école de Metz, 284-286, 296.

Pneumatizare = exécuter les *jubili*, les *pneumata* de l'Alleluia, 297.

Proses. L'histoire des proses se divise en trois époques : I. Origine des proses, pp. 279-289. II. Proses de la première époque ou Notkériennes, pp. 289-309. III. Proses de la seconde époque ou Adamiennes, pp. 309-317.

I. Origine des proses. Les proses ont pour origine les mélodies ou vocalises (appelées aussi *sequentiæ*, *jubili* ou *neumæ*) qui suivaient le dernier Alleluia du Graduel et se chantaient sans paroles sur la dernière voyelle *a* du mot *Alleluia*. — Ces mélodies sans paroles étaient d'une exécution difficile, et l'on s'avisa, vers le milieu du ixe siècle, de leur adapter des paroles. Ce furent les premières proses, 286 et ss. — Notker Balbulus considéré comme l'auteur des premières proses, 287 et ss. — En réalité les proses avaient été inventées avant lui, et l'Antiphonaire de Jumièges qui fut apporté à Saint-Gall vers 860, contenait déjà des paroles adaptées aux neumes de l'Alleluia, 287, 288.

II. PROSES DE LA PREMIÈRE ÉPOQUE OU NOTKÉRIENNES. Les proses n'ont été, à l'origine, que des paroles écrites sur les vocalises préexistantes du dernier Alleluia du Graduel, et c'est là leur caractère essentiel, 290, 291. — Le mot *sequentia* est un terme musical et qui désigne scientifiquement les vocalises ou *jubili* de l'Alleluia ; le mot *prosa*, au contraire, n'a signifié, à l'origine, que les paroles placées sur ces *jubili* ou *neumæ*. Les *prosæ*, en de très anciens manuscrits, sont nettement distinctes des *sequentiæ*. C'est à tort qu'on les a, plus tard, confondues les unes avec les autres, 282, 283. — Etude sur le texte des proses de la première époque : théorie des *clausulæ* redoublées, 297. — Proses sans redoublement de *clausulæ* : *Læta mente*, etc., 299, 300. — Musique des Notkériennes. De la répétition de la phrase musicale, et comme quoi les *versiculi* ou *clausulæ*, qui avaient *deux par deux* le même nombre de syllabes, se chantaient *deux par deux* sur le même air, 294, 295. — De l'exécution des proses de la première époque : tantôt on chante la *sequentia* seule, tantôt la *prosa* avec toute sa mélodie. Parfois encore, on chante les anciennes mélodies alleluiatiques en y intercalant quelques fragments de la prose, 303. — La prose est tantôt chantée par tout le chœur, *communiter*; tantôt par deux demi-chœurs, *alternatim*, 304, 305. — L'usage qui a prévalu est d'alterner l'orgue avec le chant, 304. — Du rôle de l'orgue et des autres instruments dans l'exécution des proses, 306. — Proses chantées sur l'air de proses antérieures, ou même sur des mélodies profanes, 296. — Diverses espèces de Notkériennes : *prosæ dominicales*, 302; *prosæ breves*, 300; proses dramatiques, 302; *prosæ ad Vesperas*, 303; *prosæ ante Evangelium*, 303; proses favorites ou proses-types, 306; proses en langue vulgaire, 308. — Physionomie littéraire des Notkériennes ; leurs qualités et leurs défauts, 307. Type d'une prose de la première époque : *Nostra tuba*, 298, 299.

PROSES DE LA SECONDE ÉPOQUE OU ADAMIENNES. Circonstances particulières qui leur ont donné naissance. Influence de la versification rythmique, et, en particulier, du rythme trochaïque, 309. — Histoire de la strophe de six vers qui a joué un rôle si considérable dans la poésie liturgique. Exemples, 310-313. — Passage des proses de la première époque à celles de la seconde, 311 et ss. — Comment les anciennes *clausulæ* ont été remplacées par le *septenarius* trochaïque dont le premier hémistiche avait été préalablement redoublé, 312, 313. — Influence et rôle des autres rythmes, 313. — Des proses d'Adam, en particulier, et des règles qui ont présidé, dans le présent volume, à la détermination de leur authenticité et à l'établissement de leur texte, VII et ss, XIV et ss. — Classement des manuscrits par familles, etc., XV et ss. — Texte des proses qui appartiennent certainement à Adam, 1 et ss. — Proses attribuées à Adam. Leur énumération complète, d'après l'ordre alphabétique de leur premier vers. Motifs qui ont déterminé leur élimination ; texte des plus remarquables et de celles dont l'attribution est le plus probable, 235-276. — Les proses après Adam. Histoire rapide de leur décadence, 317. — Une Adamienne-type (*Veni, Sancte Spiritus*) comparée à une Notkérienne-type (*Sancti Spiritus assit nobis gratia*), 315, 316.

PROSIERS, 293.

PROTRAHERE ALLELUIA = exécuter les neumes, les *jubili*, les vocalises de l'Alleluia, 282.

PSALLAT ECCLESIA MATER INLIBATA, une des premières proses composées par Notker, 289.

Q

QUEM QUÆRITIS, trope de l'introït de Pâques, 301, 302.

R

REMY D'AUXERRE, † vers 908. Citation de son *Expositio de celebratione Missæ*, 280.

RIME. En quoi elle diffère de l'assonance. Exemples, 309, 310.

ROBERT PAULULUS, † vers 1170. Citation de son *De Officiis ecclesiasticis*, 282.

ROMAIN. Un des deux *cantuum gnari* qui furent envoyés par le pape Adrien à Charlemagne pour réformer en France le chant ecclésiastique. Il fonde l'école de Saint-Gall, 284-286, 296.

ROMANÆ (*sequentiæ*), 296.

ROULEAUX DES MORTS. C'est avec leur texte qu'on a pu établir la date exacte de l'introduction de la rime dans la versification latine du moyen âge, 310.

RUPERT, abbé de Tuy, † 1135. Citation de son *De divinis Officiis*, 280, 281.

RYTHME. Le mouvement rythmique dans les Notkériennes, 298. — Théorie de la rythmique d'Adam, XII, 275, 276. — Fautes contre cette rythmique qui nous ont décidé à éliminer certaines proses de l'œuvre d'Adam, 235-276.

S

SACERDOTEM CHRISTI MARTINUM, prose de la première époque, 296.

SAINT-GALL (Abbaye de). On peut la considérer comme un des foyers de la science liturgique et musicale, 285. — Un des deux *cantuum gnari* que le pape Adrien envoie à Charlemagne pour réformer en France le chant ecclésiastique, Romain, fonde l'école de Saint-Gall et compose des séquences nouvelles, qu'on appelle *romanæ*, 285. — Saint-Gall et Saint-Martial de Limoges ont été les deux centres principaux, à deux époques diverses, de la production des Notkériennes, 293.

SAINT-LÔ (Guillaume de), abbé de Saint-Victor en 1345, † 1349. Liste des proses d'Adam dont on lui a fait honneur et qui n'est pas son œuvre. Etude critique sur cette liste, VII-IX.

SAINT-VICTOR (Adam de), † 1192. Voy. *Adam*. — Hugues de Saint-Victor, † 1141. Voy. *Hugues*.

SAINTE-GENEVIÈVE. De l'importance des Missels de Sainte-Geneviève pour l'établissement du texte d'Adam, XVII, XVIII.

SAMEDI SAINT (prose du), 303.

SANCTI SPIRITUS ASSIT NOBIS GRATIA, Notkérienne publiée in-extenso, et qu'on oppose comme type au *Veni, Sancte Spiritus* donné pour type des Adamiennes, 315, 316.

SEPTENARIUS TROCHAIQUE. Son rôle dans l'histoire de la versification latine du moyen âge. Son influence sur la formation des Adamiennes, 309 et ss.

SEQUENTIÆ. On appelle de ce nom les neumes ou vocalises qui accompagnaient le dernier Alleluia du Graduel et en formaient le cortège, la queue, la *sequela*, 282. — Le mot *sequentia* est donc un terme essentiellement musical. Les *sequentiæ*, ce sont des vocalises ; les *prosæ*, ce sont des paroles qu'on a plus tard adaptées à ces vocalises, 292. — Histoire des *sequentiæ* de l'Alleluia. Difficultés de leur exécution. Pierre et Romain, les deux *cantuum gnari* envoyés par le pape Adrien à Charlemagne pour réformer en France le chant ecclésiastique, ces deux fondateurs des Écoles de Metz et de Saint-Gall s'exercent en particulier sur les *sequelæ*, et en composent à l'envi de nouvelles. Les Messines et les Romaines, 284. — Comme quoi ces *sequentiæ* ont un jour donné naissance aux proses avec lesquelles il ne faut pas les confondre, 281-283, 292. — Les premières paroles adaptées aux *sequentiæ* sont celles d'un Antiphonaire de Jumièges qu'un moine de cette abbaye a apporté à Saint-Gall vers 860 : Notker n'a fait, en réalité, que les imiter et les parfaire, 287-289. — Persistance des *sequentiæ* après l'invention des proses, 296, 297. — Parfois encore, on les chante seules et sans paroles ; mais, d'autres fois, on les chante en y intercalant quelques fragments de la prose. Exemples, 303. — Sequences brèves, 306. — Sequences-types, 306.

SÉQUENTIAIRES, 293.

STROPHE DE SIX VERS. Histoire de cette strophe : exemples, 310 et ss.

SYLLABISME. Son rôle dans le passage des mètres aux rythmes latins, 309.

T

THOULOUSE (Jean de), victorin du XVIIe siècle. Ses *Annales de Saint-Victor*, VIII, XI.

TOURNAI (Guibert de), franciscain, † 1270. Citation de son *De officio Episcopi et Ecclesiæ cærimoniis*, 282.

TROCHAÏQUES (mètres et rythmes). De l'influence trochaïque sur la versification liturgique. — Histoire du *septenarius* et de la strophe de six vers, 310 et ss.

TROPAIRES. Dispositions diverses qu'offrent les proses dans les tropaires, 293, 294. — Les deux principaux centres de la fabrication des tropaires ont été Saint-Gall et Saint-Martial de Limoges, 293. — Tropaire-type de Saint-Evroult 293.

TROPES. Définition. La prose n'est qu'un trope, 292.

V

VENI, SANCTE SPIRITUS, Adamienne-type, comparée avec la Notkérienne-type *Sancti Spiritus assit nobis gratia*, 315, 316.

VERS métriques et rythmiques, 309, 310. — Enumération des vers rythmiques dont s'est servi Adam, avec l'indication de leurs sources métriques, quand elles sont certaines, 313, 314.

VERSET ALLELUIATIQUE, 280.

VERSICULI. Le mot *versiculi* est synonyme de *clausulæ*. — Le texte des Notkériennes se compose d'une série de *versiculi* ou de *clausulæ* qui ont *deux par deux* le même nombre de syllabes et qui se chantent *deux par deux* sur le même air, 297, 298.

VERSIFICATION. Histoire sommaire de la Versification latine au moyen âge dans ses rapports avec la Poésie liturgique, 309, 310. — Des lois de la versification rythmique. Théorie de Gaston Paris sur l'accent secondaire, 275, 276.

VICTIMÆ PASCHALI LAUDES, type d'une prose dramatique, 301, 302.

VOCALISES DE L'ALLELUIA, 281-283. V. *Sequentiæ*, *Melodiæ*, *Jubili*, etc.

TABLE DES MATIÈRES

	Pages
Dédicace..................................	v
Avertissement au lecteur	vii
Texte des proses d'Adam : I Propre du Temps......	1
— — II Propre des Saints.....	79
— — III Commun des Saints....	213
Proses attribuées a Adam, mais dont l'attribution est contestable ou fausse......................	233
Appendice : « Les proses avant Adam ». I Origine des proses..............	277
— — II Proses de la première époque ou Notkériennes................	290
— — III Proses de la seconde époque ou Adamiennes	309
Table des proses	319
Table par ordre alphabétique des matières......	323

www.ingramcontent.com/pod-product-compliance
Lightning Source LLC
Chambersburg PA
CBHW050751170426
43202CB00013B/2382